Produkthaftung im polnischen, tschechischen und slowenischen Recht

Saarbrücker Studien
zum Privat- und Wirtschaftsrecht

Herausgegeben von Johann Paul Bauer,
Michael Martinek (geschäftsführender Herausgeber)
und Helmut Rüßmann

Band 26

PETER LANG
Frankfurt am Main · Berlin · Bern · Bruxelles · New York · Oxford · Wien

Katharina Siegel

Produkthaftung im polnischen, tschechischen und slowenischen Recht

PETER LANG
Europäischer Verlag der Wissenschaften

Die Deutsche Bibliothek - CIP-Einheitsaufnahme

Siegel, Katharina:

Produkthaftung im polnischen, tschechischen und slowenischen Recht / Katharina Siegel. - Frankfurt am Main ; Berlin ; Bern ; Bruxelles ; New York ; Oxford ; Wien : Lang, 2002
(Saarbrücker Studien zum Privat- und Wirtschaftsrecht ; Bd. 26)
Zugl.: Saarbrücken, Univ., Diss., 2000
ISBN 3-631-36958-1

D 291
ISSN 1433-8866
ISBN 3-631-36958-1

www.peterlang.de

Meinen Eltern

VORWORT

Die vorliegende Arbeit wurde im Sommersemester 2000 von der Rechtswissenschaftlichen Fakultät der Universität des Saarlandes als Dissertation angenommen. Nach diesem Zeitpunkt erschienene Literatur konnte bei der Veröffentlichung nur teilweise berücksichtigt werden.

Mein aufrichtiger Dank gilt in erster Linie Herrn Prof. Dr. Hans Claudius Taschner, der die Arbeit in allen Phasen ihrer Entstehung mit stetigem Rat und Zuspruch begleitet hat. Dank schulde ich auch Herrn Prof. Dr. Dr. Michael Martinek für wertvolle Hinweise.

Herzlich danke ich außerdem allen, die mich bei der Erstellung der Arbeit unterstützt haben, ganz besonders Rolf.

Bonn, im April 2001

Inhaltsverzeichnis

Einleitung

Das Ziel dieser Arbeit besteht darin, die Rechtslage in der Republik Polen, der Tschechischen Republik sowie in der Republik Slowenien im Hinblick auf die Haftung für fehlerhafte Produkte darzustellen. Es wird untersucht, inwieweit eine Rechtsangleichung an das EU-Recht im Bereich der Produkthaftung in Polen, der Tschechischen Republik und Slowenien bereits erfolgt ist, erfolgen soll oder überhaupt erfolgen kann.

Die Betrachtungen erfolgen insbesondere unter dem Aspekt, daß sowohl die Republik Polen als auch die Tschechische Republik und die Republik Slowenien einen Beitritt zur Europäischen Union anstreben.

I. Die Europa-Abkommen

Nach Art. 49 EUV kann jeder europäische Staat beantragen, Mitglied der Europäischen Union zu werden. Er richtet seinen Antrag an den Rat; dieser entscheidet einstimmig nach Anhörung der Kommission und nach Zustimmung des Europäischen Parlaments, das mit der absoluten Mehrheit seiner Mitglieder beschließt. Die Aufnahmebedingungen und die durch eine Aufnahme erforderlich werdenden Anpassungen der Verträge, auf denen die Union beruht, werden durch Abkommen zwischen den Mitgliedstaaten und dem antragstellenden Staat geregelt. Das Abkommen bedarf der Ratifikation durch alle Vertragsstaaten gemäß ihren verfassungsrechtlichen Vorschriften.

Zur Gründung einer Assoziation zwischen den Europäischen Gemeinschaften und ihren Mitgliedstaaten einerseits und der Republik Polen andererseits wurde am 16. Dezember 1991 ein Europa-Abkommen geschlossen.[1] Am 4. Oktober 1993 folgte der Abschluß eines solchen Abkommens mit der Tschechischen Republik.[2] Zwischen den Europäischen Gemeinschaften und ihren Mitgliedstaaten einerseits und der Republik Slowenien andererseits wurde am 10. Juni 1996 ein Europa-Abkommen zur Gründung einer Assoziation geschlossen.[3]

Die Ratifizierungsverfahren sind abgeschlossen.[4] Das Europa-Abkommen mit der Republik Polen trat am 1. Februar 1994 in Kraft, das Europa-Abkommen mit der Tschechischen Republik am 1. Februar 1995 und das Europa-Abkommen mit der Republik Slowenien am 1. Februar 1999.

Europarechtlich sind diese Abkommen als Assoziierungsabkommen nach Art. 310 EG-Vertrag einzustufen. Unter Assoziierung ist in diesem Zusammenhang eine besondere Form der Integration zu verstehen, die der Vorbereitung des Beitritts des jeweiligen Landes dient. Auch wenn diese Abkommen eine Übergangszeit von zehn Jahren vorsehen, schließt sich hieran kein automatischer Beitritt an.[5] Eine Aufnahme kann nur nach Verhandlungen folgen, in denen geklärt wurde, ob der jeweilige Staat die politischen, wirtschaftlichen und rechtlichen Verpflichtungen des EG-Vertrages sowie der Beschlüsse von Maastricht übernehmen kann.

---

[1] BGBl. 1993 Teil II, S. 1316 ff.

[2] BGBl. 1994 Teil II, S. 3320 ff.

[3] Abl. EG Nr. L 51 vom 26.2.1999, S. 3 ff.

[4] Kuschel, Hdb. Wirtschaft und Recht in Osteuropa Bd. 2, Syst 05 PL, Rdnr. 1.

[5] A. a. O., Rdnr. 2.

II. Der Inhalt der Abkommen

Durch diese Abkommen hat die Europäische Gemeinschaft eine neue Basis für ihre politischen und wirtschaftlichen Beziehungen mit der Republik Polen, der Tschechischen Republik und der Republik Slowenien geschaffen. Langfristiges Ziel dieser Abkommen ist die Schaffung eines geeigneten Rahmens für die schrittweise Integration dieser Länder in die Gemeinschaft. Um dieses Ziel zu erreichen, müssen bestimmte notwendige Voraussetzungen erfüllt sein. Diese werden in den einzelnen Abkommen konkretisiert. Die Abkommen enthalten Bestimmungen über die Marktöffnung im Warenverkehr, die industrielle Kooperation, die Niederlassungsfreiheit, den grenzüberschreitenden Dienstleistungsverkehr, den Kapitalverkehr, die Wanderung von Arbeitnehmern, Verpflichtungen zur Angleichung des EG-Rechts sowie über die politische, finanzielle und sonstige Zusammenarbeit.

Aus Art. 68 EA-Polen, aus Art. 69 EA-Tschechische Republik sowie aus Art. 70 EA-Republik Slowenien folgt, daß die Angleichung der bestehenden und künftigen Rechtsvorschriften an das Gemeinschaftsrecht eine wesentliche Voraussetzung für die wirtschaftliche Integration in die Gemeinschaft darstellt. Als Bereiche, in denen insbesondere eine Angleichung der Rechtsvorschriften zu erfolgen hat, nennen Art. 69 EA-Polen, Art. 70 EA-Tschechische Republik sowie Art. 71 EA-Republik Slowenien neben dem Wirtschafts- und Sozialrecht auch das Verbraucherschutzrecht. Ein fester zeitlicher Rahmen für eine Angleichung ist nicht vorgesehen.
Sowohl aus Art. 92 EA-Tschechische Republik als auch aus Art. 93 EA-Republik Slowenien folgt außerdem, daß eine Zusammenarbeit erfolgt, um eine vollständige Vereinbarkeit des tschechischen und des slowenischen Verbraucherschutzsystems mit dem der Gemeinschaft herzustellen.
Es läßt sich daher festhalten, daß die Republik Polen, die Tschechische Republik sowie die Republik Slowenien zur Angleichung des EG-Rechts - und damit zur Transformation der vorgegebenen und verbindlichen Ziele in das nationale Recht - verpflichtet sind. Somit ist auch eine Umsetzung der Regelungen der EG-Produkthaftungsrichtlinie von 1985[6] in das polnische, das tschechische sowie das slowenische Recht erforderlich.[7]

III. Die EG-Produkthaftungsrichtlinie von 1985

Das Produkthaftungsrecht entstand vor dem Hintergrund zunehmender industrieller Massenproduktion und der damit verbundenen Risiken. Nicht zuletzt Katastrophen wie die um das Medikament „Contergan" machten eine Regelung dringend notwendig. Damit stellte sich die Frage, ob und unter welchen Voraussetzungen der Warenhersteller für Schäden, die durch die Fehlerhaftigkeit seines Produktes verursacht wurden, dem Verbraucher oder Benutzer eines Produktes auf Ersatz haften solle.
Der Ministerrat der Europäischen Gemeinschaft verabschiedete am 25.7.1985 die „Richtlinie zur Angleichung der Rechts- und Verwaltungsvorschriften der Mitgliedstaaten über die Haftung für fehlerhafte Produkte".

---

6 RL Nr. 85/374/EWG zur Angleichung der Rechts- und Verwaltungsvorschriften der Mitgliedstaaten über die Haftung für fehlerhafte Produkte, ABl. EG Nr. L 210 vom 7.8.1985, S. 29 ff., im folgenden abgekürzt mit EG-Produkthaftungsrichtlinie.

7 Taschner, PHI 1997, S. 68, 72.

Vor Verabschiedung und Umsetzung der EG-Produkthaftungsrichtlinie beruhte das überkommene Produkthaftungsrecht in den Mitgliedstaaten der Europäischen Gemeinschaften entweder auf der Grundlage der außervertraglichen Deliktshaftung oder auf einer vertragsrechtlichen Basis, was aber eher die Ausnahme darstellte.[8]

Zudem wurden in einzelnen Rechtsordnungen der europäischen Staaten besondere Ausprägungen der Haftung für Produktrisiken geschaffen, was auf dem Umstand beruhte, daß mit zunehmender industrieller Herstellung auch das Risiko der Fertigung fehlerhafter Produkte - und damit die Verletzungsgefahr von Verbrauchern - stieg.

Die EG-Produkthaftungsrichtlinie ist ausdrücklich auch auf Verbraucherschutzerwägungen gestützt, obwohl sie nicht zum eigentlichen EG-Verbraucherschutzrecht gehört.[9] Denn der Ministerrat hat sich beim Erlaß der EG-Produkthaftungsrichtlinie auf Art. 100 des EG-Vertrages gestützt. Daneben wird in ihrer Präambel aber auch der EG-Vertrag in seiner Gesamtheit angeführt. Rechtsgrundlage für den Erlaß der EG-Produkthaftungsrichtlinie sind mithin alle einschlägigen Vorschriften des Vertrages.

Als Gründe für den Erlaß der EG-Produkthaftungsrichtlinie werden die Vermeidung von Verfälschung des Wettbewerbs, Beeinträchtigung des freien Warenverkehrs innerhalb des Gemeinsamen Marktes sowie die Vermeidung von Unterschiedlichkeiten des Verbraucherschutzes angeführt.[10]

Eine Verfälschung des Wettbewerbs auf dem Gemeinsamen Markt kann aus unterschiedlich hohen Kosten für die Industrie, die durch Unterschiede in der Strenge der Haftung für fehlerhafte Produkte bedingt sind, resultieren. Der freie Warenverkehr erfährt dadurch eine Beeinträchtigung, daß Unterschiede im Haftungssystem Auswirkungen auf den Fluß von Waren haben können. Der Verbraucher ist nicht geschützt, wenn eine Herstellerhaftung nicht besteht. Eine Unterschiedlichkeit der Haftungssysteme führt zu einer Ungleichbehandlung der Verbraucher als Marktbürger.[11]

Wie aus Art. 19 und Art. 22 der EG-Produkthaftungsrichtlinie folgt, wurde durch sie kein einheitlich geltendes Haftungsrecht geschaffen, sondern nur eine Verpflichtung der Mitgliedstaaten zum Erlaß inhaltlich entsprechender nationaler Vorschriften. Die EG-Produkthaftungsrichtlinie enthält jedoch Regelungen zu bestimmten grundsätzlichen Fragen, die zwingend in das nationale Haftungsrecht der Mitgliedstaaten übernommen werden müssen.

Nach der EG-Produkthaftungsrichtlinie sind die Mitgliedstaaten verpflichtet, die Rechtsgrundlage für eine verschuldensunabhängige, außervertragliche Haftung für Personen- und Sachschäden zu schaffen, die aus der Verwendung fehlerhafter Produkte resultieren. Ausdrücklich sind der Begriff des Produktes, der Herstellerbegriff, der Begriff des Fehlers, das Inverkehrbringen des Produktes und die Beweislastverteilung in der EG-Produkthaftungsrichtlinie geregelt. Eine indirekte Regelung enthält die EG-Produkthaftungsrichtlinie hinsichtlich der zu ersetzenden Schäden. Der Schutzbereich der EG-Produkthaftungsrichtlinie umfaßt den Ersatz von Mangelfolgeschäden. Es werden also die Sach- und indirekten Vermögensschäden, die außerhalb des schadenverursachenden Produkts entstanden sind, sowie Personenschäden ersetzt. Der Schaden an

8 Hohloch in ZEuP 1994, S. 408, 413.
9 Hernfeld, Recht europäisch, S. 116.
10 Taschner, Einführung Rdnr. 8.
11 Ibid.

dem fehlerhaften Produkt selbst wird nicht ersetzt.
Daneben enthält die EG-Produkthaftungsrichtlinie Verweisungen auf die nationalen Gesetze. Was unter einem immateriellen Schaden oder Mitverschulden zu verstehen ist, bestimmt sich allein nach einzelstaatlichem Recht. Dasselbe gilt etwa für den Begriff der Kausalität, abgesehen von der Beweisregelung des Art. 4 EG-Produkthaftungsrichtlinie.

Schadensersatzpflichtig ist nach der EG-Produkthaftungsrichtlinie grundsätzlich der Hersteller, worunter nach Art. 3 sowohl der Hersteller eines End- als auch eines Teilproduktes, jede Person, die sich als Hersteller ausgibt, und der Importeur zu verstehen sind. Der Begriff des Produktes umfaßt nach Art. 2 der EG-Produkthaftungsrichtlinie alle beweglichen Sachen, ursprünglich mit Ausnahme landwirtschaftlicher Naturprodukte und von Jagderzeugnissen. Was unter einem Produktfehler zu verstehen ist, regelt die EG-Produkthaftungsrichtlinie in Art. 6 und 7: "Ein Produkt ist fehlerhaft, wenn es nicht die Sicherheit bietet, die man ....zu erwarten berechtigt ist." Die Fehlerhaftigkeit bestimmt sich folglich anhand objektiv berechtigter Sicherheitserwartungen der Allgemeinheit. Daneben ist für diese Begriffsbestimmung aber auch die Benutzungserwartung eines objektiven Herstellers von Bedeutung.[12] Zu berücksichtigen sind bei einer solchen Abwägung darüber hinaus die Darbietung des Produktes sowie der Zeitpunkt, zu dem das Produkt in den Verkehr gebracht wurde.
Die EG-Produkthaftungsrichtlinie legt ferner in Art. 4 die Beweislastverteilung fest. Grundsätzlich gilt danach, daß der Geschädigte den Schaden, den Fehler sowie den ursächlichen Zusammenhang zwischen Fehler und Schaden zu beweisen hat. Ferner hängt es von dem jeweiligen nationalen Gericht ab, inwiefern Beweiserleichterungen - etwa der Anscheinsbeweis des deutschen oder die res-ipsa-loquitur-Regel des Rechts Großbritanniens - zugunsten des Klägers eingreifen.

IV. Die Rechtslage in Deutschland

Am 1. Januar 1990 trat in der Bundesrepublik Deutschland das Gesetz über die Haftung für fehlerhafte Produkte[13] - Produkthaftungsgesetz - in Kraft, mit dem Deutschland die Richtlinie des Rates der Europäischen Gemeinschaften zur Angleichung der Rechts- und Verwaltungsvorschriften über die Haftung für fehlerhafte Produkte umsetzte.
Durch dieses Gesetz wurde erstmalig ein Teil des Produkthaftungsrechts kodifiziert. Das Gesetz ersetzt nicht die bisher von der Rechtsprechung entwickelte deliktische Produkthaftung; Ansprüche aus dem Produkthaftungsgesetz und dem Deliktsrecht stehen grundsätzlich in Anspruchskonkurrenz und können damit nebeneinander geltend gemacht werden.[14]

A. Die deliktische Produkthaftung

Aus der allgemein formulierten Generalklausel des § 823 Abs. 1 BGB entwickelte die Rechtsprechung eine deliktische Produkthaftung. Das deutsche Produkthaftungsrecht ist seitdem als Haftung für die Verletzung einer Verkehrssicherungspflicht einzustufen.[15] Der

[12] Schmidt-Salzer/Hollmann, Kommentar EG-Produkthaftungsrichtlinie Produkthaftung, Art. 6, Rdnr. 43.
[13] BGBl. 1989 Teil I, S. 2198 ff.
[14] Graf von Westphalen, Produkthaftungshandbuch, Bd. 1, § 20, Rdnr. 23.
[15] Schmidt-Salzer, Kommentar EG-Richtlinie, Produkthaftung Einleitung, Rdnr. 25.

Hersteller haftet auf dieser Grundlage für durch fehlerhafte Waren verursachte Schädigungen an Rechtsgütern Dritter. Anknüpfungspunkt für eine solche Haftung ist die Verletzung einer Gefahrsteuerungs- und Abwendungspflicht,[16] die dem Produzenten bei der Herstellung oder dem Inverkehrbringen von Waren obliegt. Voraussetzung einer solchen Haftung ist ein Verschulden des Herstellers. Sein Verschulden wird jedoch vermutet, so daß er den Entlastungsbeweis führen muß: Der BGH hat in dem Hühnerpest-Urteil[17] einen Ersatzanspruch gegen die Herstellerin bejaht. Die Ersatzpflicht der Herstellerin stützte er allein auf § 823 Abs. 1 und 2 BGB: Die Ursache eines Produktfehlers liege im Bereich der Produktion, und der Herstellungsablauf werde vom Hersteller bestimmt und organisiert. Dieser sei "näher" am Sachverhalt und könne diesen somit leichter aufklären. Aus diesem Grund müsse der Hersteller insbesondere beweisen, daß auch der Betriebsleitung kein Versäumnis vorzuwerfen sei.[18] In dem späteren Derosal-Urteil[19] hat der BGH die Beweislastverteilung konkretisiert: Der Geschädigte müsse beweisen, daß sein Schaden auf einem Produktmangel beruhe, dessen Ursache im Gefahrenbereich des Herstellers liege. Der Hersteller habe demgegenüber zu beweisen, daß diese Ursache nicht auf seinem eigenen Fehlverhalten oder dem eines anderen Betriebsangehörigen beruhe. Bei Konstruktions- oder Instruktionsfehlern ist das Verschulden des Herstellers regelmäßig in der unzureichenden Organisation des Herstellungsprozesses zu sehen. Für diese Mängel kann sich der Hersteller grundsätzlich nicht entlasten.[20] Er kann den Entlastungsbeweis bei Fabrikationsfehlern führen, wenn er im Einzelfall nachweist, daß es sich bei dem fehlerhaften Produkt um einen sogenannten Ausreißer handelt. Ein solcher ist anzunehmen, wenn trotz aller Sicherheitsvorkehrungen und trotz erheblicher Kontrollen der Fehler nicht zu vermeiden war.[21] Auf der Grundlage von § 823 I BGB ist folglich eine Haftung des Herstellers für alle Arten eines Organisationsverschuldens möglich.[22]

Im Rahmen der deliktischen Produkthaftung erfolgt mithin eine Umkehr der Beweislast zugunsten des Geschädigten.

B. Die vertragliche Produkthaftung

Daneben kann aber auch eine Haftung des Herstellers auf vertragsrechtlicher Grundlage in Betracht kommen. Die Produkt-Vertragshaftung hat innerhalb des Instituts der Produkthaftung jedoch nur untergeordnete Bedeutung.[23]

Dies liegt vor allem am Zweck der vertragsrechtlichen Vorschriften. Insbesondere die Vorschriften über die Mängelgewährleistung zielen vorrangig darauf ab, die Verletzung

---

16 Mertens in MüKo § 823, Rdnr. 276.

17 BGHZ 51, 91 = BGH, NJW 1969, S. 269 ff.
In diesem Fall hat bekanntlich die Klägerin, die eine Hühnerfarm betrieb, ihre Hühner von einem Tierarzt gegen Hühnerpest impfen lassen. Einige Tage später brach aber die Hühnerpest aus, über 4000 Hühner verendeten. Der Tierarzt hatte den Impfstoff von der beklagten Herstellerin bezogen, wo er nach der richterlichen Feststellung mit Bakterien verunreinigt worden war, welche die Hühnerpestviren reaktiviert hatten. Die Herstellerin trat für die Arbeiter und die Leiterin der Virus-Abteilung den Entlastungsbeweis an.

18 BGHZ 51, 91, 102 ff. = BGH, NJW 1969, S. 269, 274, 275.

19 BGHZ 80, 186, 189 ff. = BGH, NJW 1981, S. 1603, 1604.

20 BGH, NJW 1957, S. 1315.

21 BGH, NJW 1969, S. 269, 275; 1975, S. 1827, 1828.

22 Denkbar wäre eine Haftung des Herstellers für ein Fehlverhalten seiner Betriebsangehörigen auch auf der Grundlage des § 831 BGB.

23 Taschner/Frietsch Einführung, Rdnr. 29.

vertragsrechtlicher Pflichten - nämlich die Übergabe einer fehlerfreien, zum vereinbarten Gebrauch bestimmten Sache - zu regeln. Institut hierfür sind zunächst Wandelung, Minderung, Nachlieferung oder Schadensersatz wegen Nichterfüllung. Lediglich eine verschuldensunabhängige Vertragshaftung wegen des Fehlens einer zugesicherten Eigenschaft oder eine verschuldensabhängige Vertragshaftung wegen positiver Vertragsverletzung im Rahmen von Mangelfolgeschäden stimmen mit dem Schutzbereich der Produkthaftung überein.
Jedoch setzen vertragsrechtliche Ansprüche eines Produktgeschädigten auf der Grundlage der §§ 459 II, 463, 480 II BGB sowie aus positiver Vertragsverletzung immer eine vertragliche Beziehung voraus und können daher gegen den Hersteller nur dann geltend gemacht werden, wenn er zugleich Partei des Kaufvertrages ist. Das wird aber im Zuge der Wertschöpfungskette von Produktion bis Gebrauch bzw. Verbrauch häufig nicht der Fall sein, da arbeitsteilig die Positionen von Produzent und Lieferant im Regelfall auseinanderfallen. Dies hat zur Folge, daß diese beiden Institute die Anforderungen einer Produzentenhaftung gegenüber jedermann nicht zu erfüllen vermögen.
Sind Hersteller und Verkäufer im Einzelfall personengleich, besteht zwischen der Produkthaftung und den vertraglichen Gewährleistungsansprüchen echte Anspruchskonkurrenz, bei der auch hinsichtlich der Verjährung jeder Anspruch seinen eigenen Regeln folgt.[24]

[24] BGH 67, 359, 361; Thomas in Palandt § 823 Rdnr. 202; Röhl in JZ 1979, S. 369, 374.

Polen - Die Haftung für fehlerhafte Produkte

In Polen wurde bis zum heutigen Tag noch kein Produkthaftungsgesetz erlassen. Die Haftung des Herstellers für durch fehlerhafte Sachen hervorgerufene Schäden ist auch nicht als spezieller Haftungstatbestand im polnischen allgemeinen Zivilrecht verankert, Wie es etwa im ehemaligen Jugoslawien seit 1978 der Fall war.[25]
Es wurden jedoch seit 1992 dem Parlament wiederholt Entwürfe zur Einführung einer Produkthaftung vorgelegt. In der polnischen Rechtslehre ist die Einführung einer verschuldensunabhängigen Produkthaftung jedoch nicht unumstritten. Dies scheint der Grund dafür zu sein, daß Polen - im Gegensatz zur Tschechischen Republik und zu Slowenien - trotz mehrerer in das Parlament eingebrachter Gesetzesentwürfe noch kein Produkthaftungsgesetz erlassen hat.
Vor dem Hintergrund der Beitrittsbestrebungen Polens zur Europäischen Union und der damit erforderlichen Angleichung der Rechtssysteme sollte die Produkthaftung entsprechend den Vorgaben der EG-Produkthaftungsrichtlinie im polnischen Recht verankert werden.

Eine Haftung des Herstellers kommt in Polen bisher nur auf der Grundlage der allgemeinen zivilrechtlichen Vorschriften in Betracht. Der durch ein fehlerhaftes Produkt Geschädigte kann seine Ansprüche auf vertraglicher sowie auf deliktischer Grundlage geltend machen. In der polnischen Rechtslehre werden daneben weitere Rechtsinstitute diskutiert, im Rahmen derer eine Haftung des Hersteller in Frage kommen kann.

I. Das Zivilgesetzbuch

Das polnische Zivilgesetzbuch wurde am 25. April 1964 vom polnischen Parlament verabschiedet. Eine umfassende Änderung erfuhr es erst im Rahmen des Prozesses der Marktöffnung durch die Novelle von 1990.
Das Zivilgesetzbuch in seiner alten Fassung verkörperte in vielen Vorschriften die sozialistische Ideologie und entsprach dem zentralistischen System der Volkswirtschaft[26]. Insbesondere enthielt es die Unterscheidung zwischen vergesellschaftetem und nichtvergesellschaftetem Verkehr, wobei unter dem vergesellschafteten Verkehr der Rechtsverkehr zwischen den Einheiten der sozialisierten Wirtschaft zu verstehen ist.[27] In Art. 1 § 1 ZGB a. F. kam diese Unterscheidung der Zivilrechtssubjekte deutlich zum Ausdruck: "Dieses Gesetzbuch regelt die Zivilrechtsverhältnisse zwischen Einheiten der vergesellschafteten Wirtschaft, zwischen natürlichen Personen sowie zwischen Einheiten der vergesellschafteten Wirtschaft und natürlichen Personen". Darüber hinaus fand sich diese Unterscheidung in einer Vielzahl von Sondervorschriften in allen vier Büchern des ZGB.[28]
Diese Unterscheidungen hatten häufig auch eine Ungleichbehandlung der Zivilrechts-

---

[25] Vgl. dazu den Länderteil Slowenien.
[26] Dies wird in Art. 386 ZGB a.F. besonders deutlich: "Einheiten der vergesellschafteten Wirtschaft müssen sowohl an Vertragsschlüssen als auch an ihrer Ausführung mitwirken und hierbei die sich aus den Volkswirtschaftsplänen ergebenden Pflichten, die Wirtschaftlichkeit der Produktion und des Betriebsumsatzes und die Bewahrung der Volkswirtschaft vor Verlusten berücksichtigen".
[27] Pazdan, Osteuropa Recht 1991, Heft 1, S. 15, 17.
[28] Glatz, ROW 1993, S. 44, 45.

subjekte zur Folge.
Auch zahlreiche Generalklauseln fußten nicht auf Sitten- und Moralvorstellungen, sondern vielmehr auf der sozialistischen Ideologie. Art. 4 ZGB a.F. schrieb etwa fest, daß "die Vorschriften des Zivilrechts in Übereinstimmung mit den Grundsätzen des Verfassungssystems und mit den Zielen der Volksrepublik Polen auszulegen sind".

Unter dem Druck der sich in den 80er Jahren verschärfenden Wirtschaftskrise wuchs die Erkenntnis, daß eine Entstaatlichung der Wirtschaft unumgänglich sei.[29] 1986 wurde vom Vorsitzenden des Ministerrats beim Justizminister eine Kommission zur Reform des ZGB eingesetzt. Diese sollte unter Berücksichtigung der sich bereits gewandelten und sich noch wandelnden ökonomischen Bedürfnisse rechtliche Grundlagen für ein marktwirtschaftliches System schaffen. Mit der Einführung des Grundsatzes der Freiheit der wirtschaftlichen Betätigung in Art. 6 der polnischen Verfassung im Jahre 1989 wurde die Grundvoraussetzung für die Etablierung der Marktwirtschaft in Polen geschaffen.[30] Die Freiheit der wirtschaftlichen Betätigung galt nach dieser neuen Vorschrift ohne Rücksicht auf die Eigentumsform. In der neuen polnischen Verfassung vom 2. April 1997 ist dieser Grundsatz in Art. 22 verankert.
Die Anpassung an die geänderten politischen und wirtschaftlichen Verhältnisse sollte jedoch nicht durch eine einmalige Aufhebung der gesamten bis dahin geltenden Gesetzgebung vollzogen werden. Wie auch in anderen osteuropäischen Staaten entschied sich die polnische Regierung für eine schrittweise Schaffung eines Rechtssystems, das die neuen Verfassungsgrundsätze umsetzte.[31]
Diese Kommission legte dem Parlament im Juli 1990 eine Gesetzesnovelle zur Reform des Zivilrechts vor, die das Parlament beschloß und die vom Senat bestätigt wurde.
Von wesentlicher Bedeutung im Rahmen dieser Gesetzesänderung war die Umgestaltung der Eigentumsordnung sowie die Stärkung der Privatautonomie.[32] Ein Schwerpunkt der Gesetzesnovelle war daher die Gleichstellung aller Zivilrechtssubjekte[33]. Dieser Grundsatz kommt im neuen Art. 1 § 1 ZGB zum Ausdruck, der festlegt, daß "dieses Gesetzbuch die Zivilrechtsverhältnisse zwischen natürlichen Personen und juristischen Personen regelt".
Darüber hinaus entfielen zahlreiche Sondervorschriften, vor allem solche, die Privilegien staatlicher Rechtssubjekte regelten.[34] Dies umfaßte insbesondere auch die Aufhebung bzw. Änderung aller Normen, die spezielle Regelungen für den Rechtsverkehr zwischen den Einheiten der vergesellschafteten Wirtschaft enthielten.
Es wurden jedoch auch einige Ausnahmen vom Grundsatz der Gleichbehandlung der Zivilrechtssubjekte vom polnischen Gesetzgeber bewußt aufrechterhalten bzw. neu eingeführt. Durch Sonderregelungen zum Schutz der schwächeren Vertragspartei wurde insbesondere der Gedanke des Verbraucherschutzes aufgenommen. Dies kommt etwa in Art. 558 § 1 ZGB zum Ausdruck, wonach grundsätzlich eine Erweiterung, Beschränkung

---

[29] Vgl. hierzu auch Frackowiak in Müller-Graff, Problems and Prospects of the law to the market economy in Poland, S. 123, 128, 129.
[30] Rynkowski/Soja, ROW 1998, S. 235, 237.
[31] Włodyka in Schlechtriem, Privatrecht und Wirtschaftsverfassung, S. 61.
[32] Glatz, ROW 1993, S. 44, 45, 54.
[33] Eine solche Gleichberechtigung stellt die Grundvoraussetzung für die Einführung von Regelungen zum Verbraucherschutz dar.
[34] Gralla, Jahrbuch für Ostrecht 1991, S. 96, 108.

oder ein Ausschluß der Gewährleistung durch die Parteien zulässig ist, es sei denn, an den Verträgen sind Verbraucher beteiligt; in diesen Fällen ist die Beschränkung oder Ausschließung der Gewährleistungshaftung nur zulässig, wenn besondere Bestimmungen dies vorsehen.

Daneben ist das polnische ZGB durch den 1990 in das Schuldrecht eingeführten Grundsatz der Vertragsfreiheit wesentlich geprägt.[35] Nach Art. 353 ZGB können die Vertragsparteien ihr "Rechtsverhältnis nach ihrem Ermessen gestalten, wenn nur sein Inhalt oder Zweck nicht der Natur dieses Rechtsverhältnisses, dem Gesetz und den Grundsätzen des gesellschaftlichen Zusammenlebens widerspricht". Diese Vorschrift wurde auf der Grundlage des geänderten Art. 6 der Verfassung erlassen. Während der Zeit der Volksrepublik Polen wäre eine Einführung des Grundsatzes der Freiheit wirtschaftlicher Betätigung nicht möglich gewesen, da dieser Bereich ausschließlich durch den Staat geregelt wurde.[36]

Änderungen erfolgten außerdem im Bereich der Vorschriften über das Eigentum, über das Unternehmen[37], über die gerichtliche Zuständigkeit in Wirtschaftssachen, über die Verjährung[38] sowie über landwirtschaftlich genutzte Grundstücke.

Besondere Bedeutung hat die Änderung über die gerichtliche Zuständigkeit in Wirtschaftssachen. Seit dem 1. Oktober 1989 haben die neuen Wirtschaftsgerichte die Funktionen der Staatlichen Wirtschaftsarbitrage sowie der Zivilgerichte übernommen, soweit der Prozeßgegenstand dem Wirtschaftsrecht zuzuordnen ist. Das besondere Verfahren bei Streitigkeiten zwischen Einheiten der vergesellschafteten Wirtschaft vor einer Arbitragekommission ist eines der Grundmerkmale des sozialistischen Rechtskreises gewesen. Das Arbitragesystem sollte vor allem der Einhaltung der Volkswirtschaftspläne bei der Abwicklung von Vertragsbeziehungen zwischen den Unternehmen dienen. Die Arbitragekommissionen fällten ihre Entscheidungen daher unter Berücksichtigung bestimmter Ziele der Staatspolitik sowie der planwirtschaftlichen Zweckmäßigkeit.[39] Sie unterlagen direkt der Aufsicht des Staates.[40]

Das Recht der Schuldverhältnisse wurde nur unerheblich geändert. Von Bedeutung waren in diesem Zusammenhang lediglich die Änderungen der Vorschriften über den Kontraktationsvertrag[41]. Des weiteren wurden ein Schriftformerfordernis für einen Darlehens-

---

[35] Gralla, WIRO 1995, S. 59.

[36] Rynkowski/Soja, ROW 1998, S. 235, 237.

[37] In diesem Bereich wurden Vorschriften in das ZGB eingeführt, die Inhalt und Umfang eines Unternehmens definieren sowie diesbezügliche Kauf-, Pacht- und Nutzungsverträge.

[38] Neben der Aufhebung der Sonderbestimmungen zugunsten des vergesellschafteten Verkehrs und der Staatlichen Wirtschaftsarbitrage ist die Verjährung nach der neuen Regelung als echte Einrede ausgestaltet. Das Gericht ist nicht mehr von Amts wegen (Vgl. Art. 117 § 3 ZGB a.F.) verpflichtet, den Verjährungseintritt zu beachten, sondern nur bei entsprechendem Antrag einer Prozeßpartei (Vgl. Art. 117 § 2 ZGB).

[39] Schulze, Monatsheft für osteuropäisches Recht 1989, S. 283, 284.

[40] Raban, WIRO 2000, S. 92, 93.

[41] Nach Art. 613 ZGB n.F. ist hierunter ein Vertrag zu verstehen, durch welchen sich ein landwirtschaftlicher Produzent verpflichtet, für den Kontraktationspartner eine bestimmte Menge von landwirtschaftlichen Produkten einer bestimmten Art zu erzeugen und ihm zu liefern; demge-

vertrag von über fünf Millionen Zloty, Art. 720 § 2 ZGB eingeführt, außerdem detaillierte Vorschriften zum Wertpapierrecht. Das Schuldrecht weist in weiten Teilen große Ähnlichkeiten mit dem deutschen und schweizerischen Recht auf.[42]

Das ZGB gliedert sich in vier Bücher: Den Allgemeinen Teil, das Eigentum und andere dingliche Rechte, die Schuldverhältnisse sowie das Erbrecht. Die im Rahmen einer Haftung für fehlerhafte Produkte relevanten Vorschriften - Haftung für unerlaubte Handlungen sowie das Kaufrecht - sind im VI. bzw. im XI. Titel des Dritten Buches des ZGB geregelt.
Grundsätzlich beruhen die Schadensnormen des ZGB auf der Einteilung in deliktische Haftung (Artt. 415-449 ZGB) und Vertragshaftung (Artt. 471-486 ZGB).
Für beide Haftungsarten gelten jedoch die allgemeinen Regelungen zum Schadensersatz der Artt. 361 bis 363 ZGB.

II. Produkthaftung nach dem Zivilgesetzbuch

Eine Haftung des Herstellers für durch fehlerhafte Produkte verursachte Schäden kommt nach polnischem Recht auf deliktischer sowie auf vertraglicher Grundlage in Betracht. In der Rechtsprechung finden sich eine Vielzahl von Entscheidungen, die die Haftung des Herstellers zum Gegenstand haben. Haftungsgrundlage war bei allen Entscheidungen die deliktsrechtliche Generalklausel.

A. Produkthaftung auf deliktischer Grundlage - Art. 415 ZGB

Das Deliktsrecht ist in Teil VI des Dritten Buches über Schuldverhältnisse in den Artt. 415 bis 449 ZGB geregelt. Die Artt. 415 bis 438 ZGB enthalten Anspruchsgrundlagen für einzelne Fallgestaltungen der Schadensverursachung, die Artt. 439 bis 443 ZGB allgemeine Regelungen für alle Arten von unerlaubten Handlungen. Sonderregelungen für Fälle eines immateriellen Schadens sind in den Artt. 444 bis 449 ZGB festgelegt.
Eine deliktische Haftung des Herstellers wird sowohl auf der Grundlage von Art. 415 ZGB als auch auf der Grundlage der Artt. 415, 416, 429 und 430 ZGB diskutiert.

Nach Art. 415 ZGB ist derjenige, der einem anderen schuldhaft einen Schaden zufügt, zum Schadensersatz verpflichtet.
Nach der Rechtsprechung, die bei der Entwicklung einer deliktischen Produzentenhaftung in Polen eine bedeutende Rolle gespielt hat[43], sowie der ganz überwiegenden Ansicht in der Rechtslehre[44] kommt im Rahmen der Haftung des Herstellers der Generalklausel des Art. 415 ZGB entscheidende Bedeutung zu. Auf der Grundlage dieser Norm haben die Gerichte Haftungsgrundsätze festgelegt, nach denen der Hersteller eines fehlerhaften

genüber verpflichtet sich der Kontraktationspartner, diese Produkte zum vereinbarten Zeitpunkt abzunehmen, den vereinbarten Preis zu zahlen und gegebenenfalls die festgelegten Zusatzleistungen zu erbringen, wenn der Vertrag oder besondere Vorschriften die Verpflichtung zur Erfüllung einer solchen Leistung vorsehen.

[42] Gralla, WIRO 1995, S. 59, 60.

[43] Hohloch, Rozprawy z polskiego i europejskiego prawa prywatnego (Abhandlung zum polnischen und europäischen Privatrecht) 1994, S. 105, 111.

[44] Nesterowicz, Cencenario Del Codigo Civil, S. 73, 91; Jagielska, Rejent 1995, Nr. 9, S. 179, 182; Pyrzynska, Monitor Prawniczy 1996, S. 276, 277.

Produktes haftet. Diese Grundsätze werden in ständiger Rechtsprechung angewendet. Die Entscheidungen der polnischen Gerichte, die im Zusammenhang mit durch fehlerhafte Produkte hervorgerufenen Schäden ergangen sind, richten sich im Regelfall gegen den Hersteller.[45] Dies begründet die Rechtsprechung unter anderem damit, daß der Hersteller eine Tätigkeit ausübt, die besonders gefahrenträchtig ist und daher ein hohes Maß an Sorgfalt voraussetzt.[46] In der polnischen Rechtsliteratur wird in diesem Zusammenhang darüber hinaus ausgeführt, daß keine Gründe ersichtlich seien, denen zufolge sich der Hersteller "hinter der Haftung des Verkäufers soll verstecken können".[47]
In der jüngeren Rechtsprechung finden sich darüber hinaus auch mehrere Entscheidungen zur Haftung des Importeurs. Dies ist eine erhebliche Weiterentwicklung angesichts des Umstands, daß in der Vergangenheit die Möglichkeit einer Klage des Geschädigten gegen ausländische Warenhersteller generell nicht gegeben war.[48]

Nach Art. 416 ZGB ist eine juristische Person zum Ersatz des Schadens verpflichtet, den eins ihrer Organe schuldhaft verursacht hat. Die Artt. 429 und 430 ZGB ordnen eine Haftung für Schäden an, die durch beauftragte Personen während der Ausführung des übertragenen Geschäfts verursacht wurden.

Im Gegensatz zum Vertragsrechtsregime kann sich jeder Geschädigte auf einen Anspruch nach dem Deliktsrecht berufen, unabhängig davon, ob eine Vertragsbeziehung besteht oder nicht. Auf dieser Grundlage kann der Geschädigte folglich nicht nur Ansprüche gegen den Verkäufer, sondern vielmehr grundsätzlich gegen jede Person der Wertschöpfungskette von der Produktion bis zum Gebrauch bzw. Verbrauch des Produktes und damit etwa gegen den Hersteller, den Verkäufer, den Importeur sowie den Vermittler des Geschäftes geltend machen. Dies bedeutet gleichzeitig, daß auch jeder, der mit dem fehlerhaften Produkt in Berührung kommt und durch dieses Schäden erleidet, Entschädigung verlangen kann.

1. Die Voraussetzungen eines Anspruchs nach Art. 415 ZGB

Voraussetzungen eines Anspruchs nach Art. 415 ZGB sind das Vorliegen eines Schadens, ein widerrechtliches Handeln oder Unterlassen, Kausalität zwischen der widerrechtlichen Handlung oder Unterlassung und dem verursachten Schaden sowie ein Verschulden des Schädigers.[49] Eine Haftung des Produzenten auf deliktischer Grundlage setzt folglich einen Schaden, der durch die Fehlerhaftigkeit eines Produktes kausal verursacht wurde, sowie ein Verschulden des Herstellers voraus.

---

[45] Vgl. die Übersicht zur ergangenen Rechtsprechung in diesem Länderteil unter „aa. Die Entscheidung der Rechtsprechung im Hinblick auf das Tatbestandsmerkmal der Rechtsgutverletzung".

[46] Nesterowicz in der Anmerkung zum Urteil des Obersten Gerichts vom 6.8.1981, OSPiKA (Rechtsprechung der Obersten polnischen Gerichte und der Staatlichen Wirtschaftsarbitrage) 1983, Nr. 23.

[47] Ibid.

[48] Garlicki in der Anmerkung zum Urteil des Obersten Gerichts vom 28.4.1964, OSPiKA 1965, Nr. 198.

[49] Janik, PHI 1988, 96; Włodyka in Rehbinder/Włodyka, Die zivilrechtliche Haftung für mangelhafte Waren, S. 99, 100.

a. Der Schaden

Ein Anspruch auf Grundlage der deliktischen Produzentenhaftung nach Art. 415 ZGB erfordert zunächst das Vorliegen eines Schadens; nicht ausreichend ist der bloß drohende Eintritt eines Schadens.[50]
Das polnische Recht enthält keine Definition des Schadens. Nach der Rechtslehre ist unter einem Schaden grundsätzlich eine Einbuße an rechtlich geschützten Gütern zu verstehen[51], wie z. B. an Leben, Gesundheit, Freiheit, Ehre oder Vermögen.
Hinsichtlich der Schadensarten wird zwischen Vermögensschäden und Nichtvermögensschäden differenziert. In der Rechtslehre wird kontrovers diskutiert, ob unter den Begriff des Schadens nur die Vermögensschäden oder darüber hinaus auch die Nichtvermögensschäden zu subsumieren sind. Die Vertreter des engen Schadensbegriffs qualifizieren lediglich Vermögenseinbußen als Schaden; immaterielle Einbußen seien demgegenüber als "Unrecht" einzustufen. Auf Fälle von "Unrecht" sollen nach dieser Ansicht die schadensrechtlichen Normen nur analog angewendet werden.
Demgegenüber ordnet die wohl überwiegende Ansicht sowohl materielle als auch immaterielle Einbußen als Schaden ein. Die schadensrechtlichen Vorschriften sind hiernach auch auf Nichtvermögensschäden unmittelbar anwendbar.

Weiterhin wird zwischen Sachschäden und Personenschäden unterschieden. Ein Sachschaden stellt eine Einbuße dar, die unmittelbar und ausschließlich das Vermögen des Geschädigten betrifft. Ein solcher Nachteil steht in keinem direkten Zusammenhang mit der Person des Geschädigten.[52] Im Gegensatz dazu besteht ein Personenschaden bei unmittelbarer Betroffenheit des Geschädigten. Ein solcher Schaden kann indirekt aber auch materielle Vermögenseinbußen zur Folge haben. Dies ist jedoch keine zwingende Voraussetzung.[53]
Das Deliktsrecht enthält darüber hinaus in den Artt. 444 ff. ZGB besondere Vorschriften für Fälle, in denen der Geschädigte eine Körperverletzung erlitten hat oder in seiner Gesundheit geschädigt wurde. Diese Ersatzansprüche können auch im Rahmen der deliktischen Produzentenhaftung erhoben werden.[54] Gemäß Art. 444 § 1 ZGB umfaßt der Schadensersatzanspruch bei einer Körperverletzung oder Gesundheitsbeschädigung alle aus diesem Anlaß entstehenden Kosten. Der Geschädigte kann ferner im voraus von dem Schädiger den Betrag fordern, der für die Deckung der Heilungskosten notwendig ist. Bei Berufsunfähigkeit kann der Geschädigte die Kosten für die Vorbereitung auf einen anderen Beruf fordern. Hat der Geschädigte durch ein fehlerhaftes Produkt seine Erwerbsfähigkeit ganz oder zum Teil eingebüßt, kann er darüber hinaus vom Schadenersatzpflichtigen eine angemessene Rente verlangen.
Führt die Körperverletzung oder Gesundheitsbeschädigung zum Tod des Geschädigten, besteht ein Anspruch der Hinterbliebenen auf Ersatz angefallener Heilungskosten sowie auf Ersatz der Beerdigungskosten. Hinterläßt der Verstorbene Angehörige, denen gegenüber er zum Unterhalt verpflichtet war, können diese unter den Voraussetzungen des

---

50 Garlicki in der Anmerkung zum Urteil des Obersten Gerichts vom 28.4.1964, OSPiKA 1965, Nr. 198.
51 Banaszcyk in Petrzykowski Art. 361, Rdnr. 26.
52 Poczobut in v. Bar, S. 16
53 Banaszcyk in Petrzykowski Art. 361, Rdnr. 29.
54 Gnela, Odpowiedzialność za produkt (Produkthaftung), S. 137.

Art. 446 ZGB Schadensersatzansprüche geltend machen.
Bei Personenschäden kann der Geschädigte außerdem nach Art. 445 ZGB Ersatz für erlittene immaterielle Schäden verlangen.
Nach der neuen Vorschrift des Art. 448[2] ZGB kann der in seinen persönlichen Rechtsgütern Geschädigte einen angemessenen Geldbetrag als Wiedergutmachung für das erlittene Unrecht verlangen.

Im Gegensatz zu der heute bestehenden Rechtslage konnten in den Prozessen vor der Staatlichen Wirtschaftsarbitrage grundsätzlich keine Personenschäden geltend gemacht werden, da die Parteien dort keine natürlichen Personen waren.[55]

b. Die Verletzungshandlung

Ein Anspruch nach Art. 415 ZGB setzt das Vorliegen einer widerrechtlichen Handlung oder eines widerrechtlichen Unterlassens voraus. Ein Handeln oder Unterlassen ist widerrechtlich, wenn es im objektiven Sinn vom Schädiger verschuldet ist; im polnischen Recht spricht man hier auch von der Rechtswidrigkeit eines Verhaltens.
Die polnische Rechtslehre[56] unterscheidet zwischen der Rechtswidrigkeit im Rahmen der Vertragshaftung sowie der Rechtswidrigkeit im Rahmen der Deliktshaftung. Bei der Vertragshaftung sei die Rechtswidrigkeit eines Verhaltens in der Verletzung der den Vertragsparteien obliegenden vertraglichen Pflichten zu sehen, während die Rechtswidrigkeit eines Verhaltens bei der Deliktshaftung eine Verletzung von solchen Pflichten bezeichnet, die sich auf jedermann erstrecken. Es wird daher auch die Ansicht vertreten, daß der Begriff der Rechtswidrigkeit bei Bestehen einer Vertragsbeziehung "enger" zu verstehen sei, als bei der deliktischen Haftung. Denn durch den Vertrag würden dem Schuldner zusätzlich besondere Pflichten auferlegt, die neben die allgemeinen jedermann obliegenden Verpflichtungen treten.[57]

Im Rahmen der Deliktshaftung stellt die Rechtswidrigkeit eines Verhaltens eine eigene Haftungsvoraussetzung dar.
Nach Ansicht der Rechtsprechung[58] ist ein Verhalten rechtswidrig und damit objektiv schuldhaft, wenn durch eine Handlung geltende Vorschriften des materiellen Rechts, Grundsätze des gesellschaftlichen Zusammenlebens oder sonstige allgemein anerkannte Vorsichtsmaßregeln verletzt werden, die jeder beachten sollte, um einem anderen keinen Schaden zuzufügen. Das gilt somit immer dann, wenn ein Verhalten mit der verbindlichen Rechtsordnung nicht zu vereinbaren ist[59].
Im Gegensatz zu der insbesondere von der deutschen Rechtsprechung vertretenen Lehre

---

[55] Vgl. zur Institution der Staatlichen Wirtschaftsarbitrage Schulze, Monatsheft für osteuropäisches Recht 1989, 283, 284; Włodyka in Schlechtriem, Privatrecht und Wirtschaftsverfassung, S. 61, 62.
[56] Ohanowicz, Anmerkung zum Urteil des Obersten Gerichts vom 21.1.1965, OSPiKA 1967, Nr. 11; zustimmend auch Gnela, Odpowiedzialność za produkt (Produkthaftung), S. 131.
[57] Gnela, Odpowiedzialność za produkt (Produkthaftung), S. 131.
[58] Wyrok (Urteil) vom 28.4.1964, II CR 540/63, OSN (Entscheidungssammlung des Obersten Gerichts) 1965, Bd. 2, Nr. 32; Uchwała SN (Entscheidung des Obersten Gerichts) vom 21.11.1980, II CZP 50/80, OSNCP (Rechtsprechung der Obersten Gerichte, Kammer für Zivilrecht sowie Kammer für Arbeits- und Sozialversicherungsrecht) 1981, Bd. 11, Nr. 105; Wyrok SN (Urteil des Obersten Gerichts vom 4.12.1981, IV CR 433/81, OSPiKA 1983, Nr. 55.
[59] Czachórski, System prawa cywilnego (Das System des Zivilrechts) Bd. 3, Teil 1, S. 537.

vom Erfolgsunrecht, wonach ein Verhalten grundsätzlich bereits dann als rechtswidrig einzustufen ist, wenn es eine Verletzung der in § 823 BGB aufgeführten Rechtsgüter verursacht hat, muß im Rahmen der polnischen Deliktshaftung die Rechtswidrigkeit immer ebenso geprüft und nachgewiesen werden wie das subjektive Verschulden. Die schadensverursachende Handlung indiziert folglich nicht die Rechtswidrigkeit des Verhaltens.

aa. *Die Entscheidungen der Rechtsprechung im Hinblick auf das Tatbestandsmerkmal der Rechtsgutverletzung*

In der Rechtsprechung des Obersten Gerichts herrscht seit 1964 Einigkeit, daß die Einbringung einer Sache in den Markt, die mit gefährlichen Fehlern behaftet ist, als unerlaubte Handlung anzusehen ist.[60]

(1) Die Entscheidung des Obersten Gerichts vom 28. April 1964[61]

Im Zusammenhang mit der Entwicklung einer deliktischen Produzentenhaftung durch die polnische Rechtsprechung ist die Entscheidung des Obersten Gerichts vom 28. April 1964 von grundlegender Bedeutung. Ihr lag der folgende Sachverhalt zugrunde: Am 10.6.1959 kauften die Kläger ein Auto Marke "P-70". Am 10.10.1961 erlitten sie mit dem Fahrzeug einen Unfall und wurden erheblich verletzt. Ursache des Unfalls war ein versteckter Mangel, der auf einem Fehler bei der Produktion beruhte. Die Kläger forderten vom Verkäufer insgesamt 56.744 Zloty Schadensersatz für Beschädigungen des Fahrzeuges, Heilungskosten und Schmerzensgeld für erlittene psychische Schäden.
Das Gericht führte hierzu aus: Die Auslieferung eines mangelhaften Fahrzeuges ist zunächst eine Verletzung der Pflichten aus dem Kaufvertrag. Stellt die Verletzung von Vertragspflichten gleichzeitig eine Verletzung von generellen gesetzlichen Regelungen oder den Regeln über ein soziales Zusammenleben dar, kann sie ferner eine unerlaubte Handlung[62] sein.
Als Grundsatz gilt, daß eine Vertragsverletzung keinen Gesetzesverstoß begründet.[63]
Ist die mangelhafte Kaufsache für den Käufer aber nicht nur in ihrer Brauchbarkeit eingeschränkt oder aufgehoben, sondern stellt sie gleichzeitig eine Gefahr für die Umwelt dar, liegt neben der Verletzung von Pflichten aus dem Kaufvertrag auch eine Verletzung der allgemein verbindlichen Regelungen vor[64]. Insbesondere ist das Inverkehrbringen eines mangelhaften Fahrzeugs eine unerlaubte Handlung des Verkäufers, wenn der Mangel derart ist, daß er eine Katastrophe verursachen kann, wenn also das Inverkehrbringen eine Verletzung öffentlicher Sicherheitsvorschriften und Schutzvorschriften für die körper-

---

60 Wyrok SN (Urteil des Obersten Gerichts) vom 28.4.1964, II CR 540/63, OSN 1965, Bd. 2, Nr. 32; Uchwała SN (Entscheidung des Obersten Gerichts) vom 19.11.1973, II CR 512/73, OSN 1974, Bd. 10, Nr. 169; Uchwała SN (Entscheidung des Obersten Gerichts) vom 21.11.1980, II CZP 50/80, OSNCP 1981, Bd. 11, Nr. 105; Wyrok SN (Urteil des Obersten Gerichts) vom 6.8.1981, I CR 219/81, OSPiKA 1982, Nr. 122.

61 Wyrok SN (Urteil des Obersten Gerichts) vom 28.4.1964, II CR 540/63, OSN 1965, Bd. 2, Nr. 32.

62 In dieser Entscheidung war Grundlage einer deliktischen Haftung noch Art. 134 ZGB in der Fassung von 1932.

63 Uchwała SN (Entscheidung des Obersten Gerichts) vom 26.10.1956, I CO 31/56, OSN 1958, Bd. 1, Nr. 1.

64 Eine generelle gesetzliche Regelung (Generalklausel) stellen etwa Art. 5 oder 58 ZGB dar. Nach Art. 5 ZGB ist die Ausübung eines Rechts entgegen seiner sozioökonomischen Zweckbestimmung oder den Grundsätzen des gesellschaftlichen Zusammenlebens unzulässig.

liche Unversehrtheit darstellt.
Das Gericht gründet die Haftung des Verkäufers nicht auf eine Vertragsverletzung. Anknüpfungspunkt der Haftung ist vielmehr die Verletzung allgemein verbindlicher Regeln durch das Inverkehrbringen einer gefährlichen Sache. Der Verkäufer haftet also, weil er eine Gefahr geschaffen hat und diese sich in dem konkreten Schaden auch realisiert hat. Damit setzt das Gericht das fehlerhafte und daher gefährliche Produkt und den Schadenseintritt zueinander in Beziehung. Dies sind keine kaufrechtlichen Erwägungen. Das vertragliche Verhältnis zwischen den Parteien des Rechtsstreits spielt für die Haftung keine Rolle.
In der Rechtslehre wird diese Entscheidung daher auch als erster Schritt in der Entwicklung einer deliktischen Haftung für die Fehlerhaftigkeit eines Produktes gewertet. Die Grundsätze für eine Haftung des Verkäufers, die das Oberste Gericht in dieser Entscheidung formuliert, sind, wie Nesterowicz[65] zutreffend ausführt, auch auf Fälle anwendbar, in denen der Hersteller eines fehlerhaften Produktes Beklagter ist.

(2) Die Entscheidung des Obersten Gerichts vom 19. November 1973[66]

Als ein weiterer Schritt in dieser Entwicklung ist die Entscheidung des Obersten Gerichts vom 19. November 1973 zu sehen.
Diese Entscheidung basierte auf folgendem Sachverhalt: Die Kläger erwarben am 1. Juni 1970 ein gebrauchtes Fahrzeug (Laufleistung 14.600 km, Baujahr 1967). Am 31. Juli 1970 verursachten sie mit diesem Fahrzeug einen Unfall. Grund des Unfalls war das Platzen eines Reifens. Dieser platzte, weil er kein ausreichendes Profil mehr hatte, da die Reifen bereits im Jahr 1965 hergestellt worden waren.
Die Kläger beanspruchten vom Verkäufer Ersatz für die Schäden am Fahrzeug sowie Ersatz für die erlittenen körperlichen Verletzungen. Der Verkäufer war ein Staatsunternehmen, das neben dem Verkauf von Fahrzeugen diese auch importierte.
Das Gericht nahm eine Haftung des Verkäufers auf der Grundlage von Art. 415 ZGB an. Unter Bezugnahme auf die Entscheidung vom 28. April 1964 führte es zur Begründung einer Verletzungshandlung im Sinne von Art. 415 ZGB aus, daß das Fahrzeug aufgrund des Fehlers (fehlendes Profil der Reifen) nicht nur nutzlos, sondern vielmehr auch gefährlich gewesen sei. Ein solches Fahrzeug in den Verkehr zu bringen, stelle ein widerrechtliches Handeln dar. Dagegen liege hier zunächst kein Fall der Mängelgewährleistung vor, da es in erster Linie nicht um den wirtschaftlichen Ausgleich für eine unzureichende Vertragserfüllung gehe. Aus den Vorschriften über die Sachmängelhaftung folge grundsätzlich kein Anspruch auf Schadensersatz.
Aus der Entscheidungsbegründung folgt erneut, daß das Gericht dem Verkäufer eine Haftung nicht aufgrund von kaufrechtlichen Erwägungen auferlegt; vielmehr haftet er für das von ihm geschaffene Risiko, das hier in dem Inverkehrbringen einer fehlerhaften und dadurch gefährlichen Sache zu sehen ist.
Anknüpfungspunkt der Haftung ist also das Inverkehrbringen einer gefährlichen Sache. Der Gedanke der Herstellerhaftung, den Verbraucher vor den Gefahren zu schützen, die von der industriellen Produktion ausgehen, sind hier noch nicht mit eingeflossen. Es wird noch nicht auf den speziellen Fall der Herbeiführung eines Risikos durch den Herstel-

---

[65] Nesterowicz, Kwartalnik Prawa Prywatnego II, 1993, Nr. 4, 475, 481.

lungsprozeß abgestellt. Vielmehr wird in diesen frühen Entscheidungen die Inanspruchnahme des Schädigers - der in den genannten Fällen gleichzeitig der Verkäufer ist - auf den allgemeinen Gedanken der Haftung für ein geschaffenes Risiko gestützt.

(3) Die Entscheidung des Obersten Gerichts vom 21. November 1980[67]

In der Entscheidung vom 21. November 1980 war erstmalig der Hersteller der fehlerhaften Sache Ersatzpflichtiger.

Die im Urteil vom 28. April 1964 getroffene Feststellung, daß allein die Herstellung bzw. der Verkauf einer fehlerhaften und dadurch in ihrem Wert geminderten Ware noch keine unerlaubte Handlung im Sinne von Art. 415 ZGB darstellt, wurde durch das Gericht auch in dieser Entscheidung bestätigt. Es führt aus, daß ein Produzent erst dann eine unerlaubte Handlung im Sinne von Art. 415 ZGB begeht, wenn er eine Sache in den Verkehr bringt, die aufgrund eines beim Produktionsprozeß entstandenen Fehlers gefährlich ist und aufgrund dessen Schäden am Körper oder am Eigentum verursacht. Das Gericht stellt also nicht darauf ab, ob es sich um ein gefährliches Produkt an sich handelt, wie dies die jugoslawischen Gerichte getan haben.[68] Nach der polnischen Rechtsprechung kommt es nicht auf die Gefährlichkeit des Produktes an. Entscheidend ist allein, ob durch den Fehler des Produktes eine konkrete Gefahr entsteht.[69] Dies kann auch bei einem grundsätzlich als "ungefährlich" zu bewertenden Produkt der Fall sein. Holzspielzeug ist wohl nicht als ein gefährliches Produkt einzustufen, wie etwa eine Motorsäge. Ist das Holzspielzeug aber mit einem gesundheitsschädlichen Holzlack angestrichen, geht von ihm eine erhebliche Gefahr aus.

Die Produkthaftung beruht ja auf dem Gedanken, daß der Hersteller wegen eines Fehlers in der Sicherheit des Produktes gegenüber dem Geschädigten haften soll.[70] Aus der Begründung der Entscheidung des Obersten Gerichts folgt, daß auch die polnischen Gerichte die Haftung des Herstellers in der von dem Produkt ausgehenden Gefahr und damit der mangelnden Sicherheit begründet sehen. Das Gericht stellt darüber hinaus eine Verbindung zwischen der Fehlerhaftigkeit des Produktes und dem Produktionsprozeß her. Der Hersteller haftet also für die bei der Produktion entstandene Fehlerhaftigkeit und die damit verbundene mangelnde Sicherheit des Produktes. Die Haftung des Herstellers wurde erstmals durch produkthaftungsrechtliche Erwägungen begründet.

Insoweit hat diese Entscheidung sehr wahrscheinlich erhebliche Bedeutung für die weitere Entwicklung der deliktischen Produkthaftung in Polen.

Das Gericht dehnte darüber hinaus in dieser Entscheidung die deliktische Haftung für fehlerhafte Produkte auch auf Schäden am Eigentum des Geschädigten aus, da nach der Grundsatzentscheidung vom 28. April 1964 die Rechtsgüter, bei denen eine Haftung angenommen wurde, auf Körper und Gesundheit beschränkt waren.

---

66 Uchwała SN (Entscheidung des Obersten Gerichts) vom 19.11.1973, II CR 512/73, OSN 1974, Bd. 10, Nr. 169.

67 Uchwała SN (Entscheidung des Obersten Gerichts) vom 21.11.1980, III CZP 50/80, OSNCP 1981, Bd. 11, Nr. 105.

68 Vgl. hierzu die Rechtsprechung der Obersten Jugoslawischen Gerichte im Länderteil Slowenien unter "1. Die Entwicklung der Herstellerhaftung durch Rechtsprechung und Rechtslehre".

69 So auch Janik, PHI 1988, S. 96, 99.

70 Taschner/Frietsch, Einführung, Rdnr. 5.

(4) Die Entscheidung des Obersten Gerichts vom 6. August 1981[71]

Als weiterer Schritt im Rahmen der Entwicklung einer deliktischen Produkthaftung ist die Entscheidung des Obersten Gerichts vom 6. August 1981 zu werten.

In diesem Fall war der Kläger durch den Verzehr eines Sahnetörtchens, das Nadeln enthielt, verletzt worden. Das Gericht bejahte einen Anspruch des Klägers gegen den Verkäufer, der gleichzeitig auch Hersteller des Produktes war.

Nach dem Leitsatz dieser Entscheidung stellt das Inverkehrbringen eines Produktes durch den Hersteller, das eine Bedrohung für Gesundheit und Leben zur Folge hat, eine widerrechtliche Handlung im Sinne von Art. 415 ZGB dar. Insofern wurden die früheren Entscheidungen im Hinblick auf das Tatbestandsmerkmal der Verletzungshandlung bestätigt. In dieser Hinsicht kann also bereits von einer gefestigten und ständigen Rechtsprechung gesprochen werden.

Auch in der Literatur[72] wurde in dieser Entscheidung eine Festigung der Rechtsprechung zu der Herstellerhaftung gesehen. Es wurde angemerkt, daß für die Entscheidung des Gerichtes die Identität von Verkäufer und Hersteller unwesentlich war. Denn die Haftung des Schädigers wurde nicht aufgrund des Verkaufs, sondern wegen der Herstellung und des Inverkehrbringens des fehlerhaften Produktes angenommen. Dieses Verhalten stelle in erster Linie eine unerlaubte Handlung dar, vertragliche Ansprüche seien daher sekundär.

(5) Die Entscheidung des Obersten Gerichts vom 4. Dezember 1981[73]

Der Entscheidung des Obersten Gerichts vom 4. Dezember 1981 lag der folgende Sachverhalt zugrunde: Der Fernseher des Klägers entzündete sich selbst. Durch den Brand wurde der Kläger erheblich verletzt. Über die von den Fernsehern ausgehende Gefahr war das Herstellerunternehmen von Kunden vor dem Eintritt des Schadens beim Kläger informiert worden.

Das Gericht bejahte einen Anspruch des Geschädigten auf der Grundlage von Art. 415 ZGB. Es nahm Bezug auf früher ergangene Entscheidungen und führte aus, daß das Inverkehrbringen eines sich selbst entzündenden Fernsehapparates - also eines gefährlichen Produktes - eine Gefahr für die Umwelt bedeutet und daher eine Verletzungshandlung im Sinne von Art. 415 ZGB darstellt.

Darüber hinaus findet sich in dieser Entscheidung ein weiterer Ansatz zur Bestimmung einer Rechtsgutverletzung im Sinne von Art. 415 ZGB: Das Gericht stellt auf die Art des gefährlichen Fehlers ab. Es führt zunächst aus, daß der gefährliche Fehler dem Produkt zum Zeitpunkt des Inverkehrbringens innewohnen muß. Es komme nicht darauf an, ob der Mangel schon vollständig entstanden ist, es könne vielmehr auch ausreichen, wenn lediglich die Ursache für das Entstehen eines Mangels in dem Produkt angelegt ist. Nach Ansicht des Gerichtes ist es auch nicht entscheidend, daß der Fehler mit der Sachsubstanz verbunden ist; vielmehr kann ein Mangel auch in der fehlenden Warnung des Käufers durch den Hersteller vor einer durch den Gebrauch des Produktes entstehenden Gefahr liegen. Einen solchen Instruktionsfehler nahm das Gericht im vorliegenden Fall an.

---

[71] Wyrok SN (Urteil des Obersten Gerichts) vom 6.8.1981, I CR 219/81, OSPiKA 1982, Nr. 122.

[72] Nesterowicz in der Anmerkung zum Urteil des Obersten Gerichts vom 6.8.1981, OSPiKA 1983, Nr. 23.

In den Entscheidungsgründen findet sich erstmalig eine Differenzierung nach Fehlerkategorien. Das Gericht unterscheidet in der Urteilsbegründung zwischen "technologischen Fehlern", "Fabrikationsfehlern", "Instruktionsfehlern" sowie "Observationsfehlern". Der Begriff des Fabrikationsfehlers ist selbsterklärend. Ein "Observationsfehler" ist demgegenüber bei unzureichender Überwachung des Produktes vor Inverkehrbringen gegeben. Ansatzweise findet sich bereits in der Entscheidung des Obersten Gerichts vom 6. Februar 1963[74] eine Kategorisierung der verschiedenen Fehlerarten.[75]

Aus den Ausführungen des Gerichts folgt, daß bei Vorliegen eines dieser Fehler gleichzeitig auch eine Rechtsgutverletzung im Sinne von Art. 415 ZGB vorliegt. Es finden sich jedoch keine weiteren Erklärungen hierzu. Insbesondere kann aufgrund der Ausführungen in dieser Entscheidung nicht auf eine Entwicklung oder gar Einführung von Fehlerkategorien in das polnische Recht - entsprechend etwa der Entwicklung in der deutschen und amerikanischen Rechtsprechung - geschlossen werden.
Eine solche Bewertung läßt sich auch durch eine Gesamtanalyse der Entscheidungen stützen, die zur Haftung des Herstellers für fehlerhafte Produkte ergangen sind. Denn es findet sich lediglich in einer unveröffentlichten Entscheidung[76] eine Aussage zum Begriff des Mangels: Das Gericht stellt hier fest, daß sich der Begriff des Mangels, wie ihn die polnische Rechtsprechung im Zusammenhang mit der Herstellerhaftung geprägt hat, von dem Begriff des Mangels aus Art. 566 ZGB unterscheidet. Entscheidendes Kriterium für einen Fehler im Rahmen der Sachmängelhaftung ist nach Ansicht des Gerichtes nicht seine Gefährlichkeit, sondern die Wertminderung der Kaufsache für den Käufer.

Letowska[77] macht in einer Anmerkung zu dieser Entscheidung deutlich, daß das Gericht die Gefährlichkeit des Produktes unter anderem in der fehlenden Warnung der Verbraucher durch den Hersteller begründet sieht. Im konkreten Fall konnte der Käufer eines Fernsehgerätes erwarten, daß der Hersteller ihn über die von dem erworbenen Produkt ausgehenden Gefahren informiert. Bei der Beurteilung der Gefährlichkeit des Produktes stellt das Gericht also unter anderem darauf ab, ob ein Produkt den Anforderungen der berechtigter Weise vom Verbraucher zu erwartenden Sicherheit entspricht. Diese Erwägungen entsprechen dem Fehlerbegriff des Art. 6 EG-Produkthaftungsrichtlinie: Danach ist ein Produkt fehlerhaft, wenn es nicht die Sicherheit bietet, die man zu erwarten berechtigt ist. Ein vom Hersteller in den Verkehr gebrachtes Produkt, das entsprechend seiner Zweckbestimmung genutzt wird, muß so sicher sein, daß weder die körperliche Integrität des Benutzers beeinträchtigt wird noch andere Sachen beschädigt werden.[78] Das Oberste Gericht ordnete den Fernseher infolge fehlender Warnung durch den Hersteller als nicht ausreichend sicher ein und sah hierin eine Rechtsgutverletzung im Sinne des Art. 415 ZPO begründet. Die Haftungsbegründung entspricht in weiten Teilen den Erwä-

---

73 Wyrok SN (Urteil des Obersten Gerichts vom 4.12.1981, IV CR 433/81, OSPiKA 1983, Nr. 55.
74 Wyrok SN (Urteil des Obersten Gerichts) vom 6.2.1963, II CR 96/63, OSNCP 1964, Bd. 5, Nr. 95.
75 In dieser Entscheidung hatte ein Fehler der Lenkung bei einem Kraftfahrzeug, der für den Importeur auch bei einer Kontrolle des Fahrzeuges nicht erkennbar war, zu Schäden des Käufers geführt.
76 Wyrok SN (Entscheidung des Obersten Gerichts) vom 10.1.1986, I CR 378/86, unveröffentlicht.
77 Łętowska, Prawo Co Dnia vom 18. Februar 1998.
78 Taschner/Frietsch, Art. 6, Rdnr. 3.

gungen des Gemeinschaftsgesetzgebers zum Begriff des Fehlers. In diesem Punkt scheint daher eine Angleichung des polnischen Rechts an das EG-Recht möglich. Die Einführung der einzelnen Fehlerkategorien würde jedoch eine Einführung neuer Rechtsbegriffe bedeuten.

In der Literatur[79] wird diese Entscheidung als ein Schritt zur Verbesserung des Verbraucherschutzes gesehen. Das Gericht ist bei der Bewertung der zu erwartenden Sicherheit nicht vom Blickpunkt des Herstellers, sondern vom Blickpunkt des Verbrauchers ausgegangen. Dies stellt für den Geschädigten eine erhebliche Verbesserung seiner Rechtsposition dar.

(6) Die Entscheidung des Obersten Gerichts vom 18. März 1983[80]

In dieser unveröffentlichten Entscheidung hat das Oberste Gericht darauf erkannt, daß die Einführung eines Erfrischungsgetränkes in einer Glasflasche, die fehlerhaft war und aufgrund dieses Fehlers explodierte, eine unerlaubte Handlung darstellt. Ähnlich wie in der Mineralwasserflaschen-Entscheidung I des BGH[81] wurde auch in diesem Fall ein kleines Kind derart an einem Auge verletzt, daß es erblindete.

(7) Die Entscheidung des Obersten Gerichts vom 26. März 1984[82]

Diesem Urteil lag der folgende Sachverhalt zugrunde: Der Ehemann der Klägerin erwarb am 31. Januar 1977 ein Fahrzeug der Marke "Wartburg". Am 20. August 1977 kam es infolge eines Produktionsfehlers an der Lenkung zu einem Unfall. Die Klägerin erlitt ernsthafte körperliche Verletzungen, die eine dauerhafte Arbeitsunfähigkeit und die Eingruppierung in Stufe II der Schwerbehinderten nach sich zogen. Die Klägerin richtete ihre Klage sowohl gegen den Verkäufer des Fahrzeuges als auch gegen den Importeur. Ihr wurde Ersatz für die erlittenen Schäden sowie ein Rentenausgleich zugesprochen.
Gegen dieses Urteil legten die Beklagten Berufung ein. Die Berufung des Verkäufers war erfolgreich. Das Berufungsgericht vertrat die Auffassung, daß die Voraussetzungen eines Anspruchs nach Art. 415 ZGB nicht vorlägen.
Demgegenüber bestätigte das Oberste Gericht das vorinstanzliche Urteil gegen den Importeur.
Hierzu führt das Oberste Gericht aus, daß die fehlerhafte Lenkung des Kraftfahrzeuges eine Gefahr für die Umwelt bedeute und deshalb eine Rechtsgutverletzung im Sinne von Art. 415 ZGB vorliege. Diese Entscheidung bestätigt folglich die in früheren Entscheidungen entwickelten Grundsätze zu dem Tatbestandsmerkmal der Rechtsgutverletzung. Im Unterschied zu den früheren Entscheidungen bejahte das Gericht hier jedoch eine Haftung des Importeurs. Dieser habe das Risiko des Schadeneintritts geschaffen und hierfür müsse er auch einstehen.

Nach Ansicht von Nesterowicz[83] fallen unter den Begriff des Importeurs Handelsunter-

---

[79] Łętowska, Prawo Co Dnia vom 18. Februar 1998.
[80] Entscheidung des Obersten Gerichts vom 18.3.1983, IV CR 41/83; diese Entscheidung wurde nicht veröffentlicht, findet unter anderem aber Erwähnung in Nesterowicz, Kwartalnik Prawa Prywatnego, 1993, Nr. 4, S. 475, 481.
[81] BGH, NJW 1993, S. 528.

nehmen und Verkäufer, die Waren aus dem Ausland einführen. Ein Importeur kann sowohl eine natürliche als auch eine juristischen Person sein. Voraussetzung ist lediglich, daß er die Tätigkeit berufsmäßig ausübt.

bb. Bewertung der Entscheidungen; Ergebnis

Fraglich erscheint, ob aus den Entscheidungen des Obersten Gerichts zwingend folgt, daß eine unerlaubte Handlung immer erst dann anzunehmen ist, wenn das gefährliche mangelhafte Produkt auf den Markt gebracht wurde. Den Entscheidungen ist nur zu entnehmen, daß die Produktion einer mangelhaften Sache, die ihren Wert mindert, keine Verletzungshandlung im Sinne des Deliktsrechts ist. Es ist daher davon auszugehen, daß entscheidendes Kriterium für die Annahme einer solchen Verletzungshandlung vielmehr der Umstand ist, daß es im Zusammenhang mit einem fehlerhaften Produkt zu einer Verletzung der verbindlichen Gebote und Verbote gekommen ist.
Auch im Vorfeld der Einbringung eines Produktes in den Markt kann es jedoch zu Verletzungen von allgemein verbindlichen Rechtsvorschriften kommen, etwa, wenn entgegen geltender Vorgaben bestimmte qualitativ hochwertige Materialien zur Produktion nicht verwendet werden und dadurch das Produkt Fehler aufweist. In diesem Fall kann bereits, bevor das Produkt auf den Markt gebracht wird, eine Verletzungshandlung im Sinne von Art. 415 ZGB vorliegen.
Es kann daher für die Bejahung eines solchen Anspruchs nicht von Bedeutung sein, wann der Schaden auftritt bzw. wann die Möglichkeit des Schadenseintritts tatsächlich gegeben ist, da der Zeitpunkt des Schadenseintritts keine anspruchsbegründende Voraussetzung von Art. 415 ZGB ist. Dies folgt schon daraus, daß auch die Situation eines drohenden Schadens bereits eine unerlaubte Handlung darstellen kann, vgl. Art. 439 ZGB.

Als Ergebnis ist somit festzuhalten, daß nach Auffassung der polnischen Rechtsprechung eine Verletzungshandlung im Sinne von Art. 415 ZGB anzunehmen ist, wenn tatsächlich eine Verletzung der allgemein verbindlichen Rechtsvorschriften zum Schutz von Leben und Eigentum vorliegt. Dies ist jedenfalls bei Einbringung einer gefährlichen mangelhaften Sache auf den Markt gegeben. Demgegenüber ist bei bloßer Herstellung einer Sache mit Mängeln, die ihren Wert mindern, das Vorliegen einer unerlaubte Handlung zu verneinen.

cc. Das Tatbestandsmerkmal der Rechtsgutverletzung nach der Rechtspraxis der Staatlichen Wirtschaftsarbitrage

Ein weiterer Ansatz zur Entwicklung einer deliktischen Produkthaftung ist in dem Beschluß des Rates der Staatlichen Wirtschaftsarbitrage[84] vom 15. Januar 1977 zu sehen.[85] In diesem Beschluß wurden die Voraussetzungen einer Haftung für die Lieferung einer fehlerhaften Sache definiert, was gleichzeitig eine Ausdehnung des Anwendungsbe-

---

82 Wyrok SN (Urteil des Obersten Gerichts) vom 26.3.1984, II CR 57/84, OSNCP 1984, Bd. 10, Nr. 186.
83 Nesterowicz in der Anmerkung zum Urteil des Obersten Gerichts vom 26.3.1984, Nowe Prawo 1985, Nr. 4, S. 94, 97.
84 Vgl. zu der Staatlichen Wirtschaftsarbitrage in diesem Länderteil unter „I. Das Zivilgesetzbuch“.
85 Beschluß Nr. 1/1977 des Rates der Staatlichen Wirtschaftsarbitrage vom 15.1.1977.

reiches der Deliktshaftung in diesem Zusammenhang nach sich zog. Der Beschluß ist jedoch immer vor dem Hintergrund zu sehen, daß er lediglich zwischen den Einheiten der vergesellschafteten Wirtschaft galt.
Die Formulierungen dieses Beschlusses lassen sehr deutlich die herrschende sozialistische Ideologie erkennen: "...verletzt die Lieferung einer wesentlich mangelhaften Ware die diese Einheiten treffende Pflicht, das Volkseigentum zu schützen, insbesondere die Pflicht, die Prinzipien der Wirtschaftlichkeit von Produktion und Umsatz zu beachten und die Volkswirtschaft vor Verlusten zu bewahren...".

Der Beschluß enthält zunächst die Feststellung, wann im Zusammenhang mit der Lieferung einer fehlerhaften Sache eine unerlaubte Handlung zu bejahen ist. Eine solche sollte hiernach immer dann gegeben sein, wenn eine Sache geliefert wurde, die mit einem wesentlichen Mangel behaftet war. Das Vorliegen einer unerlaubten Handlung bestimmte sich mithin anhand des Merkmals der "Wesentlichkeit" eines Mangels, wobei ein Mangel immer dann wesentlich sein sollte, wenn er dazu führte, daß die Sache tatsächlich unbrauchbar war, der Mangel nicht zu beseitigen war und den vorausgesetzten Gebrauch unmöglich machte. Unbedeutende Mängel waren demgegenüber als unwesentliche Mängel einzustufen.
Vor Erlaß dieses Beschlusses wurde in der Praxis der Staatlichen Wirtschaftsarbitrage eine unerlaubte Handlung im Zusammenhang mit dem Inverkehrbringen einer mangelhaften Sache grundsätzlich nur bejaht, wenn das Inverkehrbringen eine mit Strafe bedrohte Handlung darstellte. Dies war etwa der Fall, wenn eine Sache nicht der vorgegebenen Norm entsprach. Jedoch zeichneten sich auch zu dieser Zeit die Urteile der Staatlichen Wirtschaftsarbitrage durch eine gewisse Willkür bei der Entscheidungsfindung aus. Denn häufig wurde von diesem formalen Kriterium abgewichen und eine unerlaubte Handlung bereits dann angenommen, wenn die Sache unbrauchbar oder lebensgefährlich war.[86]
Der Begründung des Beschlusses ist hinsichtlich dieses Punktes zu entnehmen, daß die Lieferung einer Sache, die mit einem wesentlichen Mangel behaftet ist, die Pflicht zum Schutze des Volkseigentums verletzt, wie sie in Art. 127 ZGB a.F. statuiert wird.
Gegen diese Definition spricht zunächst die Unbestimmtheit des Begriffs "wesentlich". Abgrenzungsprobleme sind bei einem solchen Begriff unumgänglich. Die Einordnung eines Mangels als "wesentlich" oder nicht und damit die Entscheidung, ob eine unerlaubte Handlung vorlag oder nicht, war damit in erheblichem Umfang von der Willkür der Staatlichen Wirtschaftsarbitrage abhängig.
Gegen eine Definition anhand des Kriteriums der "Wesentlichkeit" läßt sich außerdem anführen, daß auch ein "unwesentlicher" Mangel erhebliche Schäden nach sich ziehen kann, was zum Beispiel in Deutschland der "Schwimmschalter-Fall"[87] gezeigt hat. Der Verkäufer hatte in diesem Fall eine Maschine geliefert, die aufgrund eines defekten Schwimmschalters später in Brand geraten war. Der Schwimmschalter stellte im Verhältnis zu der gesamten Maschine nur ein winziges Einzelteil dar. Der Begriff des "unwesentlichen Mangels" ist im Rahmen der Produkthaftung mithin nicht zweckmäßig.

---

86 Vgl. hierzu Włodyka in Rehbinder/Włodyka, S. 101.
87 BGHZ 67, S. 359 ff.

c. Die Kausalität

Im Rahmen deliktsrechtlicher Ansprüche bestimmt sich der Kausalzusammenhang nach der allgemeinen Vorschrift des Art. 361 § 1 ZGB, wonach der Schädiger nur für die normalen Folgen der schadenstiftenden Handlung oder Unterlassung haftet.
Die polnische Rechtsprechung und der überwiegende Teil der Rechtslehre vertreten übereinstimmend die Auffassung, daß das Kriterium der "Normalität" mit dem Inhalt der Adäquanztheorie übereinstimmt. Es sind danach solche Folgen als normal einzustufen, die gewöhnlich, typisch oder sich wiederholend sind bzw. keine außergewöhnlichen Abweichungen von den die Wirklichkeit regierenden Gesetzen darstellen.[88]
Wohl in Anlehnung an das deutsche Recht ist auch im polnischen Recht ein juristisch relevanter Kausalzusammenhang zwischen einer Tatsache und einem Erfolg im Sinne der Adäquanztheorie anzunehmen, wenn die Tatsache den Erfolg in adäquater Weise verursacht hat. Dies ist nach der Formel des Reichsgerichts dann gegeben, wenn die Tatsache "im allgemeinen und nicht nur unter ganz besonders eigenartigen, unwahrscheinlichen und nach dem regelmäßigen Lauf der Dinge außer Betracht zu lassenden Umständen zur Herbeiführung des Schadens geeignet gewesen ist"[89].
Die polnische Rechtslehre führt hierzu ferner aus, daß das Kriterium der Vorhersehbarkeit - und zwar weder aus Sicht des subjektiven Schädigers noch aus Sicht eines objektiven Beobachters - keinen Einfluß auf die Bewertung hat, ob im Einzelfall eine Folge als "normal" einzustufen ist oder nicht. Das Oberste Gericht stellt in diesem Zusammenhang in einer Grundsatzentscheidung[90] fest, daß es im Rahmen der Prüfung eines adäquat kausalen Zusammenhangs ohne Bedeutung sei, ob der Schädiger den Schadenseintritt vorhergesehen hat oder zumindest hätte vorhersehen können. Dies sei vielmehr ein Kriterium, das in der Schuld zu prüfen sei.
Darüber hinaus werden auch in der polnischen Rechtslehre eine subjektive und eine gemischte Theorie vertreten.
Die EG-Produkthaftungsrichtlinie enthält keine Definition der Kausalität, so daß hier die allgemeinen nationalen Vorschriften anzuwenden sind. Im Rahmen des Produkthaftungsgesetzes kommt daher die Vorschrift des Art. 361 § 1 ZGB zur Anwendung. Wie dargestellt, stimmt der Begriff der Kausalität nach dieser Vorschrift erheblich mit dem Begriffsverständnis des deutschen Rechts überein.

d. Das Verschulden

Das polnische Deliktsrecht beruht auf dem Verschuldensprinzip. Dem Schädiger muß also im Rahmen einer Haftung nach Art. 415 ZGB ein Verschulden zur Last gelegt werden können. Im Rahmen der deliktischen Produkthaftung muß dem Schädiger folglich im Bezug auf die Fehlerhaftigkeit einer Sache in subjektiver Hinsicht ein Schuldvorwurf gemacht werden können. Dies stellt auch im polnischen Recht eines der zentralen Probleme der Produzentenhaftung dar.
Grundsätzliche Voraussetzung des subjektiven Verschuldens ist die Schuldfähigkeit des Schädigers. Ferner spielt bei der Beurteilung des subjektiven Verschuldens die psychi-

---

[88] Banaszcyk in Petrzykowski Art. 361, Rdnr. 9; Poczobut in v. Bar, S. 17.
[89] RGZ 158, S. 34, 38.
[90] Uchwała SN (Entscheidung des Obersten Gerichts) vom 10.12.1952, C 584/52, veröffentlicht in Państwo i Prawo 1953, Nr. 7-8, S. 366.

schen Seite des menschlichen Handelns sowie der Denkprozeß des Schädigers eine entscheidende Rolle.[91] Aus diesem Grund wird bei der Prüfung des subjektiven Verschuldens im Rahmen der Produzentenhaftung auf die Frage abgestellt, ob der Schädiger von der Fehlerhaftigkeit des Produktes wußte oder wissen mußte. Problematisch erweist sich diese Prüfung insbesondere, wenn der Schädiger eine juristische Person ist.
Richtet der durch ein fehlerhaftes Produkt Geschädigte seine Ansprüche gegen eine juristische Person - das Herstellerunternehmen wird regelmäßig eine solche sein -, stellt sich zunächst die Frage, auf welche rechtliche Grundlage eine solche Haftung gestützt werden kann. Das polnische Zivilgesetzbuch enthält keine Vorschrift zur Haftung einer juristischen Person für eigenes Verschulden. Es ordnet lediglich in Art. 416 ZGB eine Haftung der juristischen Person für die schuldhaft verursachten Schäden ihrer Organe an. Im Rahmen des Produktionsprozesses werden Fehler eines Produktes häufig jedoch von Arbeitern verursacht und nicht von den Organen der juristischen Person. Eine Haftung nach Art. 416 ZGB scheidet in diesen Fällen daher regelmäßig auch auf Grundlage dieser Norm aus.
Art. 415 ZGB sieht streng genommen keine Haftung einer juristischen Person für eine "fremde" Schuld vor. Kann der Schuldvorwurf nicht einer bestimmten Person gemacht werden, müßte somit grundsätzlich eine Haftung auf der Grundlage von Art. 415 ZGB am Merkmal des Verschuldens scheitern.

Im Zusammenhang mit der Haftung einer juristischen Person für die Fehlerhaftigkeit von Produkten wurde daher von der Rechtsprechung sowie der Rechtsliteratur das Institut der sogenannten "anonymen Schuld"[92], im Deutschen würde man dies wohl mit "Organisationsverschulden" übersetzen, entwickelt. In der Rechtsprechung der polnischen Zivilgerichte findet diese Konzeption bis heute Anwendung.
Ursprünglich stammt die Rechtsfigur des Organisationsverschuldens aus dem Verwaltungsrecht. Über die Rechtsfigur des Organisationsverschuldens kann ein subjektives Verschulden von juristischen Personen begründet werden, wenn sich die für den Schaden verantwortliche Person nicht ermitteln läßt. Zur Bejahung eines subjektiven Verschuldens einer juristischen Person im Rahmen der deliktischen Produzentenhaftung genügt der Nachweis des Geschädigten, daß es im Bereich der Organisation des Herstellerunternehmens zu Versäumnissen gekommen ist.[93] Solche Versäumnisse sind insbesondere in der mangelnden Kontrolle durch den Hersteller zu sehen.[94] Bei der Beurteilung, ob Versäumnisse des Herstellerunternehmens vorliegen, ist von einer für ein Unternehmen dieser Art "normalen bzw. typischen" Organisationsstruktur sowie von einem für ein solches Unternehmen "normalen bzw. typischen" Ablauf auszugehen.[95]
Es muß folglich nicht nachgewiesen werden, wer konkret in dem Herstellerunternehmen, der Hersteller selbst, seine Arbeiter oder der Hersteller der Einzelteile, für den Schaden verantwortlich ist.[96]

---

[91] Rembielinski/Pryca, SPE (Studio Prawo-Ekonomiczne) 1983, Bd. 3, S. 86, 90.
[92] Im Polnischen "wina anonimowa".
[93] Gnela, Odpowiedzialność za produkt (Produkthaftung), S. 132.
[94] Ibid.
[95] Łętowska, Prawo Co Dnia vom 18. Februar 1998.
[96] Ibid.

aa. Die Entscheidungen der Rechtsprechung hinsichtlich des Tatbestandsmerkmals des Verschuldens

Wie im Rahmen des Tatbestandsmerkmals der Rechtsgutverletzung dargestellt, gibt es in Polen eine ständige Rechtsprechung zur Haftung des Herstellers. Aus den in diesem Zusammenhang ergangenen Entscheidungen lassen sich auch Grundsätze zu dem Erfordernis des Verschuldens entnehmen.

(1) Die Grundsatzentscheidung des Obersten Gerichts vom 28. April 1964[97]

Das Oberste Gericht führt zum Merkmal des Verschuldens im Rahmen einer deliktischen Haftung für fehlerhafte Produkte in seiner oben erwähnten Grundsatzentscheidung vom 28. April 1964 aus, daß eine Haftung nach der deliktsrechtlichen Generalklausel ein Verschulden des Käufers voraussetzt, das vom Kläger nachgewiesen werden muß, also nicht vermutet wird. Es stellt ferner fest, daß in dem vorliegenden Fall dem Kläger insofern ein Verschulden zur Last gelegt werden könne, als er mit absoluter Sorgfalt hätte überprüfen müssen, daß Fahrzeuge, die in den Verkehr gebracht werden, keine Mängel aufweisen, durch die es zu Personenschäden kommen kann. Schon der kleinste Verstoß gegen diese Pflicht könne eine deliktische Haftung des Verkäufers für alle Schäden des Käufers oder dritter Personen auslösen. Diese Untersuchungspflicht des Verkäufers geht nach Ansicht des Gerichts jedoch grundsätzlich nicht so weit, daß er das Fahrzeug in Einzelteile zerlegen muß, um es auf seine Mangelfreiheit zu untersuchen. Eine Ausnahme könne aber in Fällen gelten, in denen der Verkäufer Einfluß auf die Untersuchung des Fahrzeugs durch den Importeur habe.
Der Verkäufer muß also sicherstellen, daß er keine mit einem gefährlichen Mangel behafteten Fahrzeuge in den Verkehr bringt. Bei Verletzung dieser Pflicht kann ihm ein subjektives Verschulden zur Last gelegt werden.
Bei der Herstellerhaftung handelt es sich folglich um eine reine Verschuldenhaftung. Die Durchsetzung etwaiger Ansprüche des Geschädigten wird auch nicht durch beweisrechtliche Mittel erleichtert.

(2) Die Entscheidung des Obersten Gerichts vom 19. November 1973[98]

Der Folgeentscheidung des Obersten Gerichts vom 19. November 1973 bestätigt die Grundsatzentscheidung im Hinblick auf das Tatbestandsmerkmal des Verschuldens: Die Person oder das Unternehmen, das ein Fahrzeug in den Verkehr bringt, hat die Pflicht, dieses sehr sorgfältig auf etwaige Mängel zu untersuchen. Es begründet das Erfordernis einer besonderen Sorgfalt hinsichtlich der Untersuchung unter anderem damit, daß ein Fahrzeug bereits seiner Natur nach eine gefährliche Sache ist.

Im Bezug auf den der Entscheidung zugrunde liegenden Sachverhalt sieht das Gericht die Sorgfaltspflichtverletzung des Unternehmens darin, daß es das fehlende Profil des Reifens bei der Untersuchung offensichtlich nicht festgestellt hatte. Es sei allgemein bekannt - und das auch schon vor dem Zeitpunkt, zu dem sich dieser Unfall ereignete -, daß ein fehlendes Profil der Reifen Unfälle nach sich ziehen könne und damit eine Gefahr für

---

[97] Wyrok SN (Urteil des Obersten Gerichts) vom 28.4.1964, II CR 540/63, OSN 1965, Bd. 2, Nr. 32.

die Umwelt bedeute. Dieser Umstand müsse in besonderem Maße beachtet und das Fahrzeug in dieser Hinsicht untersucht werden; andernfalls liege Fahrlässigkeit vor.
Das Gericht bestätigt folglich in dieser Entscheidung die Pflicht eines Importunternehmens, Fahrzeuge vor ihrem Inverkehrbringen auf etwaige Mängel zu untersuchen. Dies gelte für das Fahrzeug als Ganzes sowie auch für seine einzelnen Bestandteile. Bei einer Verletzung dieser Pflicht hafte das Unternehmen für die durch die Fehlerhaftigkeit des Fahrzeuges hervorgerufenen Schäden.

In dieser Entscheidung stellt das Gericht im Rahmen der Prüfung des subjektiven Verschuldens des beklagten Unternehmens nicht auf ein subjektiv schuldhaftes Verhalten einer einzelnen Person ab. Vielmehr nimmt es ein subjektives Verschulden aufgrund der Tatsache an, daß ein Fahrzeug mit defekten Reifen von einem sich professionell mit dem Import sowie dem Verkauf von Fahrzeugen beschäftigenden Unternehmen in den Verkehr gebracht wurde. Das Gericht sieht das Verschulden des Unternehmens durch die Nichteinhaltung bestimmter Sicherheitsvorkehrungen begründet, die man bei objektiver Betrachtung von einem Unternehmen dieser Art erwarten könne.
Die Haftung des beklagten Unternehmen beruht in dieser Entscheidung eindeutig noch auf dem Prinzip des Verschuldens. Der Geschädigte muß grundsätzlich ein Verschulden des Unternehmens im Hinblick auf die Fehlerhaftigkeit der Sache nachweisen. Da das Gericht die Rechtsfigur des Organisationsverschuldens anwendet, erfolgt dies aber anhand objektiver Kriterien. In der Literatur[99] wird insofern auch von einer Objektivierung der Haftung gesprochen. Eine solche Bewertung erscheint jedoch fragwürdig. Durch die Rechtsfigur des Organisationsverschulden erfolgt eine Vereinfachung der Beweisführung bezüglich des Verschuldens. Es muß nicht mehr ein Verschulden des konkreten Schädigers nachgewiesen werden. Trotzdem muß der Geschädigte den Nachweis erbringen, daß dem Herstellungsunternehmen ein Verschulden zur Last gelegt werden kann. Von einer objektiven Haftung kann daher nicht gesprochen werden. Dennoch führt die Rechtsfigur des Organisationsverschulden zu einer Verbesserung der Rechtsposition des durch ein fehlerhaftes Produkt Geschädigten.

(3) Die Entscheidung des Obersten Gerichts vom 6. August 1981[100]

Die Gründe der Entscheidung des Obersten Gerichts vom 6. August 1981 enthalten keine Aussagen zum Tatbestandsmerkmal des Verschuldens. Vielmehr wurde allein auf die Gesetzwidrigkeit des Verhaltens abgestellt. Das Gericht stellte hierzu fest, daß das Inverkehrbringen eines Produktes, das einen Fremdkörper enthält, eine Gefahr für Gesundheit oder Leben bilden könne und bereits deshalb eine unerlaubte Handlung im Sinne von Art. 415 ZGB darstelle.[101] Da es im Ergebnis einen Anspruch des Geschädigten auf Schadensersatz bejahte, ist von einer Verwirklichung der tatbestandlichen Voraussetzungen des Art. 415 ZGB durch den Schädiger auszugehen. Das Gericht scheint folglich aus dem Umstand, daß das Sahnetörtchen einen Fremdkörper enthielt, auch auf ein Ver-

---

[98] Uchwała SN (Entscheidung des Obersten Gerichts) vom 19.11.1973, II CR 512/73, OSN 1974, Nr. 169.
[99] Łętowska, Prawo Co Dnia vom 18. Februar 1998; Nesterowicz, Cencenario Del Codigo Civil, S. 73, 91; Gnela, Odpowiedzialność za produkt (Produkthaftung), S. 132, 133.
[100] Wyrok SN (Urteil des Obersten Gerichts) vom 6.8.1981, I CR 219/81, OSPIKA 1982, Nr. 122.

schulden des Verkäufers geschlossen zu haben. Das bedeutet, daß der Verkäufer in diesem Fall nicht wegen einer ihm konkret zur Last gelegten, subjektiv schuldhaft begangenen Handlung oder Unterlassung haftet; vielmehr liegt hier eine Haftung des Verkäufers für die Folgen seines Verhaltens vor.

Damit entfernt sich das Gericht in dieser Entscheidung von dem im Deliktsrecht geltenden Grundsatz des Verschuldens. Dies stellt eine wesentliche Änderung der bisherigen Rechtsprechung dar. Hohloch spricht daher auch von der Entwicklung der deliktischen Produzentenhaftung zu einer Haftung für präsumiertes Verschulden.[102]

(4) Die Entscheidung des Obersten Gerichts vom 4. Dezember 1981[103]

Die Entscheidung des Obersten Gerichts vom 4. Dezember 1981 ist im Hinblick auf das Tatbestandsmerkmal des Verschuldens von besonderer Bedeutung.

Hierzu ist der Entscheidungsbegründung zu entnehmen, daß es in der Sphäre des Herstellerunternehmens zu einer Verletzung von Sicherheitsstandards - nämlich der unterlassenen Warnung der Verbraucher - gekommen sei. Das Verschulden der Beklagten sei darin zu sehen, daß ihr Informationen über die von den Fernsehapparaten ausgehenden Gefahr einer Selbstentzündung vorgelegen hätten, und sie es dennoch unterließ, die dafür ursächliche, leicht entzündbare Isolierung auszutauschen bzw. zumindest den Verbraucher hinsichtlich der ihm drohenden Gefahr, etwa durch entsprechende Hinweise in der Gebrauchsanleitung, zu warnen. Das Gericht stellte außerdem fest, daß der Einwand des beklagten Herstellerunternehmens, es habe sich bei der Herstellung an die geltenden Vorschriften gehalten, sein Verschulden nicht ausschließe.

Das Gericht wendet auch in dieser Entscheidung die Rechtsfigur des Organisationsverschuldens an. Durch die Anwendung dieser Rechtsfigur durch Rechtsprechung und Rechtsliteratur wird aus der Verschuldenshaftung, die sich, wie dargestellt, aus einem objektiven und einem subjektiven Element zusammensetzt, eine Haftung, die ausschließlich auf dem objektiven Kriterium beruht. Denn das subjektive Element, das man als Verschulden bezeichnen könnte, entfällt, und es wird ausschließlich auf das "Verhalten" der juristischen Person abgestellt. Im Rahmen dieser Prüfung spielt also die Person, derer sich das Unternehmen beim Herstellungsprozeß bedient hat, keine Rolle mehr. Es ist lediglich der Nachweis des Kausalzusammenhangs zwischen dem Schaden und der Tätigkeit der juristischen Person als selbständiger Organisationsstruktur erforderlich.

Die Verletzung von Sicherheitsanforderungen und Verhaltensregeln sowie Unregelmäßigkeiten oder Fehler in der Organisation, die von einem objektiven Standpunkt aus bei einem Unternehmen dieser Art nicht auftreten dürfen, sind mithin die Kriterien, anhand derer im konkreten Fall ein Verschulden der juristischen Person begründet wird.

Die Rechtsfigur des Organisationsverschuldens führt zu einer Verschärfung der Herstellerhaftung. Denn entgegen dem ausdrücklichen Gesetzeswortlaut des Art. 415 ZGB wird auf das subjektive Element der Schuld geschlossen. Dies stellt sich für den Verbraucher ohne Zweifel als vorteilhaft dar. Fraglich ist jedoch, ob eine solche strenge Haftung nicht nur durch den Gesetzgeber hätte eingeführt werden sollen.

---

[101] Vgl. hierzu in diesem Länderteil „aa. Die Entscheidungen der Rechtsprechung im Hinblick auf das Tatbestandsmerkmal der Rechtsgutverletzung".

[102] Hohloch, Rozprawy z polskiego i europejskiego prawa prywatnego (Abhandlungen zum polnischen und europäischen Privatrecht) 1994, S. 105, 112.

[103] Wyrok SN (Urteil des Obersten Gerichts) vom 4.12.1981, IV CR 433/81, OSPiKA 1983, Nr. 55.

(5) Die Entscheidung des Obersten Gerichts vom 26. März 1984[104]

Im Hinblick auf das Tatbestandsmerkmal des Verschuldens ist auch die Entscheidung des Obersten Gerichts vom 26. März 1984 von erheblicher Relevanz.

In diesem Fall war die Berufung des Verkäufers gegen das vorinstanzliche Urteil erfolgreich, da ihm nach Auffassung des Berufungsgerichtes kein Verschulden zur Last gelegt werden konnte. Im Hinblick auf ein Verschulden des Importeurs stellt das Gericht fest, daß auch diesen keine Verletzung von Sorgfaltspflichten treffe. Er hätte im vorliegenden Fall bei der Entgegennahme des Fahrzeuges vom Hersteller - selbst bei einer sehr gründlichen Untersuchung des Fahrzeugs ebenso wie der Verkäufer - die Mängel nicht feststellen können. Vielmehr gehe auch die Pflicht des Importeurs grundsätzlich nicht so weit, daß er vom Hersteller gelieferte Fahrzeuge zur Untersuchung auf etwaige Fehler in Einzelteile zerlegen müsse.[105]

Das Verschulden des Importeurs sei vielmehr auf der Ebene des Herstellers zu sehen. Der Importeur sei wie der Hersteller für den Umstand verantwortlich, daß er ein Produkt mit gefährlichen Fehlern auf den Markt gebracht habe, die für den Käufer oder dritte Personen zu einer Bedrohung werden könnten.

Das Verschulden besteht nach Ansicht des Gerichtes mithin allein darin, Sachen mit gefährlichen Mängeln in den Verkehr zu bringen.

Die Begründung dieser Entscheidung hat zu erheblichen Diskussionen in der Rechtsliteratur geführt. Es wurde die Frage aufgeworfen, ob durch das Inverkehrbringen von Sachen, die mit gefährlichen Mängeln behaftet sind, ein subjektives Verschulden begründet werden kann. Nesterowicz[106] verneint dies. Er stellt in diesem Zusammenhang jedoch fest, daß wenigstens das objektive Element der Schuld gegeben sei, und daß die Rechtsprechung schon in vielen Fällen auf das subjektive Element der Schuld verzichtet habe. Er bewertet diese Entscheidung daher als einen Schritt in Richtung einer vom Verschulden unabhängigen Haftung. Dies werde besonders auch bei einem Vergleich mit früheren Entscheidungen deutlich. Das Oberste Gericht habe in seiner Grundsatzentscheidung von 1964[107] noch ausgeführt, daß es für die Annahme der subjektiven Schuld des Verkäufers, Herstellers oder Importeurs nicht ausreiche, daß eine mit gefährlichen Fehlern behaftete Sache auf den Markt gebracht wurde. Aus diesem Umstand allein könne die subjektive Schuld nicht abgeleitet werden. Vielmehr sei in jedem Einzelfall darüber hinaus festzustellen, worin die konkrete Verletzung der Sorgfaltspflicht des Schädigers bestand. Nesterowicz hebt hervor, daß die Haftung des Herstellers in den früheren Entscheidungen eindeutig als reine Verschuldenshaftung einzustufen sei.[108]

Die Haftung des Importeurs, wie sie die Entscheidung von 1984 annimmt, beruhe demgegenüber nicht mehr auf einem konkreten Verschulden des Schädigers. Vielmehr hafte der Importeur für das von ihm geschaffene Risiko, das sich im Erfolgseintritt dann reali-

---

[104] Wyrok SN (Urteil des Obersten Gerichts) vom 26.3.1984, II CR 57/84, OSNCP 1984, Bd. 10, Nr. 186.

[105] In diesem Sinne schon die Grundsatzentscheidung des Obersten Gerichts vom 28.4.1964, II CR 540/63, OSN 1965, Bd. 2, Nr. 32.

[106] Nesterowicz in der Anmerkung zum Urteil des Obersten Gerichts vom 26.3.1984, Nowe Prawo Nr. 4, 1985, 94, 95.

[107] Wyrok SN (Urteil des obersten Gerichts) vom 28.4.1964, II CR 540/63, OSN 1965, Bd. 2, Nr. 32.

[108] Nesterowicz in der Anmerkung zur Entscheidung des Obersten Gerichts vom 21.11.1980, III CZP 50/80, Nowe Prawo 1982, Nr. 11-12, 211.

siert habe. Der Grundsatz der Risikohaftung würde über "die Hintertür der Haftung des Produzenten" eingeführt.[109]
Der tatsächliche Verursacher des Fehlers wird also nicht festgestellt. In der polnischen Rechtsliteratur[110] wird daher vertreten, daß die Anwendung der Rechtsfigur des Organisationsverschuldens zu zufälligen Ergebnissen führen würde. Eine Haftung, die auf dem Prinzip des Risikos beruht, führt häufig nicht zu einer Haftung des für den Schadenseintritt konkret verantwortlichen Schädigers. Denn eine Risikohaftung ist eben keine Unrechtshaftung. Vielmehr wird aus Gründen der Risikoabwägung mit der Verwirklichung eines bestimmten, rechtmäßigen Handelns die Rechtsfolge Schadensersatz verbunden. Im Fall der Herstellerhaftung, die als Risikohaftung ausgestaltet ist, haftet der Hersteller für die mit der Produktion verbundenen Gefahren.

Diese Entscheidung wurde von weiten Teilen der polnischen Rechtslehre als Annäherung an die weltweite Entwicklung der Produzentenhaftung gewertet.

Nesterowicz bewertet diese Entscheidung als inhaltlich richtig. Das Problem sei auf einer anderen Ebene angesiedelt: Nach der geltenden Rechtslage könne eine Haftung des Importeurs ausschließlich auf Grundlage von Art. 415 ZGB begründet werden. Diese Norm setze ein Verschulden voraus. Es fehle daher an einer gesetzlichen Regelung für eine Haftung wegen der Fehlerhaftigkeit eines Produktes nach dem Risikoprinzip.

bb. Das Tatbestandsmerkmal des Verschuldens nach der Rechtspraxis der Staatlichen Wirtschaftsarbitrage

Zum Tatbestandsmerkmal des Verschuldens enthält der Beschluß folgende Aussage: "Die Lieferung einer mangelhaften Ware ist verschuldet, wenn die Einheit wußte oder wissen mußte, daß die Ware mangelhaft ist und im Zusammenhang damit dem Abnehmer oder einem weiteren Käufer der Ware Schaden zugefügt werden kann".
Im Rahmen des subjektiven Verschuldens begründet folglich nicht die Verursachung des Mangels die Haftung des Schädigers. Entscheidendes Kriterium ist vielmehr, ob der Schädiger den Mangel kannte bzw. hätte kennen müssen. Fraglich ist, ob darüber hinaus erforderlich ist, daß er auch von der Möglichkeit einer Schadensverursachung durch die fehlerhafte Ware wußte bzw. hätte wissen müssen. Dies kann aus dem Wortlaut nicht eindeutig gefolgert werden.
Der staatlichen Wirtschaftsarbitrage kommt im Hinblick auf die Entwicklung einer vom Verschulden unabhängigen Herstellerhaftung keine entscheidende Bedeutung zu.

cc. Ergebnis

Es läßt sich demzufolge festhalten, daß nach der Rechtsprechung der polnischen Gerichte das subjektive Element der Schuld des Schädigers im Zusammenhang mit dem Inverkehrbringen eines fehlerhaften Produktes bei einer unzureichenden Qualitätskontrolle des Endproduktes angenommen wird. Ein subjektives Verschulden wurde außerdem bejaht, wenn die Art und Weise der Produktion - etwa weil kein ausreichendes Maß an Sorgfalt angewandt wurde - zu Fehlern an einem Produkt führte.

---

[109] Nesterowicz in der Anmerkung zum Urteil des Obersten Gerichts vom 26.3.1984, Nowe Prawo Nr. 4, 1985, 94, 96.

Auch in der Rechtspraxis der Arbitragegerichte wurde bei der Prüfung eines subjektiven Verschulden im Zusammenhang mit dem Inverkehrbringen eines fehlerhaften Produktes auf den Herstellungsprozeß abgestellt.

2. Die Rechtsfolgen eines Anspruchs nach Art. 415 ZGB

Höhe und Umfang des Schadensersatzes richten sich bei einem deliktsrechtlichen Anspruch nach der allgemeinen Regelung des Art. 363 § 1 ZGB.
Nach dem in Art. 363 § 1 ZGB normierten Grundsatz ist Schadensersatz nach Wahl des Geschädigten grundsätzlich entweder durch Herstellung des ursprünglichen Zustands oder durch Zahlung eines entsprechenden Geldbetrages zu leisten. Ausnahmen zu diesem Grundsatz sind unter anderem in Art. 363 § 1 S. 2 ZGB enthalten; danach beschränkt sich der Anspruch des Geschädigten auf Geldersatz, wenn die Wiederherstellung des ursprünglichen Zustands unmöglich ist oder für den Verpflichteten übermäßige Schwierigkeiten oder Kosten nach sich ziehen würde. Eine Ausnahme zu diesem Grundsatz kann sich weiterhin aus der Natur des Rechtsverhältnisses ergeben.
In Art. 361 § 2 ZGB wird ferner die Unterscheidung zwischen damnum emergens und lucrum cessans getroffen. Dies ist insbesondere für die Fälle von Bedeutung, in denen der entgangene Gewinn nicht ersetzt wird, wie etwa im Rahmen von Art. 438 ZGB.

Darüber hinaus finden sich in den Art. 444 ff. ZGB besondere Regelungen für Fälle, in denen der Geschädigte eine Körperverletzung oder Gesundheitsbeschädigung erlitten hat. Nach Art. 444 ZGB hat der Geschädigte zunächst einen Anspruch auf Ersatz seiner Heilungskosten. Ein Anspruch auf Schmerzensgeld folgt aus den Art. 444 § 1, 445 § 1 ZGB. Das Gericht kann nach dieser Vorschrift dem Geschädigten als Wiedergutmachung für das erlittene Unrecht einen angemessenen Geldbetrag zuerkennen.

3. Die Verjährung

Nach Art. 442 ZGB verjähren Ansprüche auf Ersatz eines durch eine unerlaubte Handlung verursachten Schadens nach Ablauf von drei Jahren seit dem Zeitpunkt, zu dem der Geschädigte von dem Schaden und von der zu seinem Ersatz verpflichteten Person Kenntnis erlangt hat. In jedem Fall verjähren diese Ansprüche nach Ablauf von zehn Jahren von dem Tag an, an dem der Schaden zugefügt wurde. Die Verjährung wird gemäß Art. 123 ZGB durch jede unmittelbar zur Geltendmachung, Feststellung oder Sicherung eines Anspruchs vorgenommenen Handlung vor Gericht oder einem anderen zuständigen Organ unterbrochen.

B. Produkthaftung auf vertraglicher Grundlage

Neben einem Anspruch nach dem Deliktsrecht könnte der Geschädigte Ersatz von Schäden, die durch fehlerhafte Produkte verursacht wurden, auf vertraglicher Grundlage geltend machen. Ein vertraglicher Anspruch könnte sich aus den Vorschriften über die Mängelgewährleistung, den allgemeinen Vorschriften über die Nicht- oder Schlechterfüllung eines Vertrages sowie der Garantie ergeben. Diese Möglichkeiten werden in der polnischen Rechtslehre eingehend diskutiert.
Es finden sich jedoch keine Fälle, in denen die Obersten Gerichte dem durch ein fehler-

---

[110] Gnela, Odpowiedzialność za produkt (Produkthaftung), S. 132, 133.

haftes Produkt Geschädigten Ersatz auf vertraglicher Grundlage zugesprochen hätten.
In der deutschen Rechtslehre wurde ebenfalls eine Haftung des Herstellers auf vertraglicher Grundlage diskutiert. Gleichwohl haftet der Hersteller auch im deutschen Recht nach Deliktsrecht.
Anders stellt sich die Rechtslage in Frankreich dar: Die Produkthaftung ist hier als vertragliche Haftung einzuordnen; der Verkäufer sowie jede andere Person der Handelskette haftet für den versteckten Mangel (vice caché) in Form einer Garantiehaftung für den Produktfehler und den daraus entstehenden Schaden. Nach dem von der Rechtsprechung entwickelten Institut der „action directe" ist es dem Käufer möglich, Schadensersatzansprüche direkt gegen den Vorverkäufer in der Vertriebskette und sogar gegen den Hersteller geltend zu machen.[111] Der Verkäufer wird auf diese Weise übersprungen. Obwohl zwischen dem Käufer und etwa dem Hersteller kein unmittelbares Vertragsverhältnis besteht, nehmen die französischen Gerichte ein Vertragsverhältnis an, ohne dies näher zu begründen.
Eine solche Konstruktion scheint auch auf der Grundlage des polnischen Kaufrechts möglich. Dieser Ansatz hat sich jedoch nicht durchgesetzt.

Voraussetzung eines Anspruchs gegen den Hersteller auf vertraglicher Grundlage ist auch im polnischen Recht immer, daß zwischen Schädiger und Geschädigtem ein Vertrag besteht.

1. Die Haftung des Herstellers im Rahmen der Sachmängelhaftung

Bereits das Obligationengesetz von 1933 enthielt Vorschriften zur Sachmängelhaftung, die ohne große Änderungen in das Zivilgesetzbuch von 1964 übernommen wurden. Auch durch die Reform des Zivilgesetzbuches von 1990 wurden diese Vorschriften nicht maßgeblich geändert. Der Kauf ist in den Artt. 535 bis 602 ZGB geregelt; die Artt. 556 bis 576 ZGB enthalten die Vorschriften zur Sachmängelhaftung.

Zweck der Vorschriften zur Mängelgewährleistung ist auch im polnischen Recht der Schutz des Interesses des Käufers, vom Verkäufer eine seiner Leistung - der Zahlung des Kaufpreises - entsprechende Gegenleistung zu erlangen. Aus den Vorschriften über die Sachmängelhaftung folgt daher zunächst ein Anspruch des Käufers auf Wandlung oder Minderung, Artt. 556, 560 ZGB. Daneben hat der Käufer in bestimmten Fällen ein Recht auf Nachbesserung; nach Art. 561 § 2 ZGB kann der Käufer die Beseitigung eines Mangels verlangen, wenn die Kaufsache vertraglich genau bestimmt ist und ihr Hersteller gleichzeitig ihr Verkäufer ist.
Der Schutzbereich der kaufrechtlichen Vertragshaftung stimmt folglich mit dem Schutzbereich der Produkthaftung auch im polnischen Recht zunächst nicht überein. Eine Übereinstimmung der Schutzbereiche kann sich jedoch im Rahmen der vertraglichen Haftung für durch eine fehlerhafte Ware verursachte Schäden an anderen Rechtsgütern als der Kaufsache ergeben. Von Bedeutung ist in diesem Zusammenhang Art. 566 § 1 ZGB.

---

[111] Graf von Westphalen, Produkthaftungshandbuch, Bd. 2, § 123, Rdnr. 24.

a. Der Schadensersatzanspruch des Art. 566 § 1 ZGB

Nach dem Wortlaut von Art. 566 § 1 Satz 1 ZGB kann der Käufer, wenn er aufgrund eines Sachmangels der verkauften Sache vom Vertrag zurücktritt oder Minderung verlangt, den Ersatz des Schadens verlangen, den er infolge des Vorhandenseins des Mangels erlitten hat, es sei denn, daß der Schaden die Folge von Umständen ist, die der Verkäufer nicht zu vertreten hat.

Hat der Verkäufer den Schaden nicht verschuldet, kann der Käufer gemäß Art. 566 § 1 Satz 2 ZGB nur Ersatz desjenigen Schaden verlangen, den er durch den Abschluß des Vertrages in Unkenntnis des Mangels erlitten hat, insbesondere kann er Erstattung der Kosten des Vertragsschlusses, der Abnahme, Beförderung, Verwahrung und Versicherung der Sache sowie Erstattung vorgenommener Aufwendungen verlangen.

Voraussetzung eines Anspruchs auf Schadensersatz nach Art. 566 § 1 ZGB ist zunächst das Vorliegen eines Mangels. Eine Kaufsache weist gemäß Art. 556 § 1 ZGB einen Mangel auf, wenn ihr Wert oder ihre Brauchbarkeit unter Berücksichtigung des Vertragszwecks oder des Zwecks, der sich aus den Umständen oder aus der Zweckbestimmung der Sache ergibt, gemindert ist oder der Sache Eigenschaften fehlen, deren Vorhandensein der Verkäufer dem Käufer zugesichert hat oder wenn er die Sache dem Käufer in unvollständigem Zustand übergeben hat.[112] Der Begriff des Sachmangels umfaßt also Fehler, das Fehlen zugesicherter Eigenschaften und einen unvollständigen Zustand der Sache.

Bei der Prüfung, ob eine Sache mangelhaft ist, ist zunächst auf den Inhalt des Vertrages abzustellen. Läßt sich diesem keine eindeutige Aussage entnehmen, ist durch Auslegung der Zweck des Vertrages festzustellen, Artt. 65 und 556 § 1 ZGB. Bei Gattungssachen gilt darüber hinaus die Regelung des Art. 357 ZGB: Soweit sich aus der Parteivereinbarung, aus den gesetzlichen Qualitätsvorschriften oder aus den Umständen nichts anderes ergibt, müssen Gattungssachen hiernach von mittlerer Art und Güte sein.

Entscheidendes Kriterium für die Feststellung der Mangelhaftigkeit einer Sache ist ihre Brauchbarkeit.[113] Entspricht die Qualität einer Sache den einschlägigen Vorschriften i.S.v. Art. 357 ZGB, bedeutet dies nicht zwangsläufig, daß die Sache mangelfrei ist. Trotz der Verwendung der vorgeschriebenen Materialien kann eine Sache als mangelhaft eingestuft werden, wenn etwa ein Fehler in der Konstruktion vorliegt und die vertraglich vorausgesetzte Brauchbarkeit damit eingeschränkt ist.

Ein Mangel liegt nicht vor, wenn der Verkäufer dem Käufer eine andere als die vertraglich vereinbarte Sache geliefert hat. Hierbei handelt es sich vielmehr auch im polnischen Recht um einen Fall der Nichterfüllung, dessen Abwicklung nach der allgemeinen Regelung des Art. 471 ZGB erfolgt.

Dieses Begriffsverständnis des Fehlers beruht auf rein kaufrechtlichen Erwägungen. Der

---

[112] In der Rechtspraxis wurde in der Vergangenheit der Begriff des Fehlers aus den heute nicht mehr geltenden allgemeinen Verkaufsbedingungen der volkseigenen Einheiten übernommen. Demnach lag ein Fehler bei einer Abweichung von der entsprechend geltenden Industrienorm vor. In Fällen, in denen auf solche Normen nicht zurückgegriffen werden konnte, galten die Eigenschaften, die vertraglich vereinbart worden waren, wie etwa technische Angaben, Betriebsnormen, Prospekte, Kataloge oder Gebrauchsanweisungen. Vgl. hierzu Jara, WIRO 1996, 258, 261.

Gemeinschaftsgesetzgeber bestimmt demgegenüber den Begriff des Fehlers im Rahmen der Produkthaftung anhand anderer Kriterien: Entscheidendes Merkmal bei der Bestimmung eines Fehlers im Sinne des Art. 6 EG-Produkthaftungsrichtlinie ist die berechtigterweise zu erwartende Sicherheit eines Produktes. Die unterschiedlichen Kriterien, anhand derer sich die Fehlerhaftigkeit einer Sache im Kaufrecht bzw. im Produkthaftungsrecht bestimmt, zeigen erneut, daß diese beiden Rechtsmaterien einen unterschiedlichen Regelungsbereich haben. Eine Haftung des Herstellers im Rahmen des Kaufrechts zu regeln, erscheint daher nicht zweckmäßig.

b. Die Rechtsqualität von Art. 566 § 1 ZGB

Die Vorschrift des Art. 566 § 1 ZGB hat in der polnischen Rechtsprechung und Rechtslehre erhebliche Diskussionen über ihre Auslegung hervorgerufen.
Es wird diskutiert, ob den Regelungen in Artt. 566 § 1 Satz 1 und 566 § 1 Satz 2 Anspruchsqualität zukommt. Während Art. 566 § 1 Satz 2 ZGB unproblematisch als eigenständige Anspruchsgrundlage eingeordnet wird, ist streitig, ob Art. 566 § 1 Satz 1 ZGB nicht lediglich eine Verweisungsnorm auf Art. 471 ZGB darstellt. Es ist mithin streitig, ob der Schadensersatzanspruch wegen Schlechterfüllung durch die Lieferung einer mangelhaften Sache als Anspruch aus Gewährleistung oder als allgemeiner Schadensersatzanspruch wegen Nicht- oder Schlechterfüllung eines Schuldverhältnisses einzustufen ist.

aa. Erste Meinung

Nach Auffassung der Rechtsprechung[114] sowie der überwiegenden Ansicht in der Literatur[115] wird Art. 566 § 1 Satz 1 ZGB nicht als eigene Anspruchsgrundlage, sondern vielmehr als Verweisungsnorm verstanden. Die Vorschrift soll nach dieser Meinung lediglich eine Verweisung auf die generelle Norm für Schadensersatz wegen Nicht- oder Schlechterfüllung, Art. 471 ZGB, enthalten. Der Geschädigte soll seine Schadensersatzansprüche bei Verschulden des Verkäufers nur auf Art. 471 in Verbindung mit Art. 566 § 1 Satz 1 ZGB stützen können. Das Oberste Gericht hat in diesem Zusammenhang ausgeführt, daß der Geschädigte Schadensersatz nach der allgemeinen Anspruchsgrundlage des Art. 471 ZGB unabhängig von einer Geltendmachung der Rechte aus der Sachmängelhaftung sowie - damit verbunden - unabhängig von der Einhaltung der in den Artt. 563 und 568 ZGB normierten kaufrechtlichen Fristen verlangen kann.

bb. Zweite Meinung

Nach einer anderen Meinung soll Art. 566 § 1 Satz 1 ZGB demgegenüber als lex specialis zu Art. 471 einzuordnen sein.[116] Art. 566 § 1 Satz 1 ZGB ist hiernach alleinige Anspruchsgrundlage für Schadensersatzansprüche des Käufers.
Würde man dieser Ansicht folgen, könnte der Käufer seine Schadensersatzansprüche nur geltend machen, wenn er auch nach Art. 560 ZGB vom Vertrag zurücktreten[117] oder

---

[113] Skąpski in Rehbinder/Włodyka, Die zivilrechtliche Haftung für mangelhafte Waren, S. 31.
[114] Uchwała SN (Entscheidung des Obersten Gerichts) vom 13.5.1987, veröffentlicht in OSP 1988, Nr. 135.
[115] Skąpski, System prawa cywilnego (System des Zivilrechts) S. 146, 147; Nesterowicz, Ochrona prawa nabywcy pojazdu mechanicznego z wadami (Rechtsschutz des Käufers eines Pkws mit Mängeln), S. 68.
[116] Herman, Palestra 1971, Nr. 3, S. 21.
[117] In den Übersetzungen der einschlägigen Vorschriften wird ausschließlich von „Rücktritt“ gespro-

Minderung verlangen würde. Denn der Schadensersatzanspruch nach Art. 566 § 1 Satz 1 ZGB soll nach dieser Auffassung nur innerhalb des Systems der Mängelgewährleistung bestehen. Dies hätte zur Folge, daß der Käufer an seine besonderen kaufrechtlichen Pflichten - wie etwa die Einhaltung von Fristen - gebunden wäre. Denn nach Art. 563 § 1 ZGB verliert der Käufer seine Ansprüche aufgrund der Mängelgewährleistung, wenn er dem Verkäufer den Mangel nicht innerhalb eines Monats nach seiner Entdeckung anzeigt. Für Personen, die eine wirtschaftliche Tätigkeit ausüben, ist eine Geltendmachung der Gewährleistungsrechte bereits dann ausgeschlossen, wenn der Käufer die Sachen nicht in der bei Sachen dieser Art üblichen Zeit und Art und Weise untersucht und dem Verkäufer den Mangel nicht sofort anzeigt. Ist der Mangel erst später zutage getreten, so tritt der Verlust ein, wenn der Käufer den Mangel dem Verkäufer nicht unverzüglich nach seiner Entdeckung anzeigt, Art. 563 § 2 ZGB. Unter einer Wirtschaftstätigkeit ist nach Art. 2 § 1 des Gesetzes über die Wirtschaftstätigkeit jede Produktions-, Bau-, Handels- oder Dienstleistungstätigkeit zu Erwerbszwecken zu verstehen, die auf eigene Rechnung ausgeübt wird.

Durch die Novelle des Zivilgesetzbuches von 1996 wurde zudem Art. 560 § 1 ZGB geändert.[118] Nach dieser Neufassung darf der Käufer dann nicht vom Vertrag zurücktreten oder Minderung verlangen, wenn der Verkäufer die mangelhafte Sache gegen eine mangelfreie Sache unverzüglich umtauscht oder den Mangel unverzüglich beseitigt. Diese Einschränkung gilt nicht, wenn die Sache vom Verkäufer bereits umgetauscht oder ausgebessert worden ist, es sei denn, daß der Mangel unwesentlich ist.
Der Verkäufer handelt unverzüglich, wenn er ohne schuldhaftes Zögern den Umtausch vornimmt oder den Mangel beseitigt.
Diese neue Regelung sollte den Schutz des Verbrauchers erhöhen. Tatsächlich bedeutet die Änderung dieser Vorschrift aber eine Verschlechterung der Rechtslage für den Verbraucher: Dies liegt zum einen an der Verwendung des Begriffes "unwesentlicher Mangel". Es handelt sich hierbei um einen unbestimmten Rechtsbegriff, der entsprechend der Interessen der Parteien sehr unterschiedlich ausgelegt werden kann und damit zu Rechtsunsicherheit führt.
Zum anderen kann der Käufer seine Ansprüche auf Wandelung oder Minderung nur noch zeitlich verzögert geltend machen. Denn ein solcher Umtausch bzw. eine solche Ausbesserung ist nunmehr zwingende Voraussetzung für die Geltendmachung von weiteren Gewährleistungsansprüchen. Die Entscheidungsfreiheit des Käufers hinsichtlich der Wahl und des Zeitpunktes der Geltendmachung seiner Rechte wird durch diese Regelung erheblich eingeschränkt.
Ferner bestimmt sich der Begriff des "unverzüglichen Umtausches bzw. der unverzüglichen Ausbesserung" nicht aus der Sicht des Käufers, sondern aus der Sicht des Verkäufers. Nur bei einem verschuldeten Zögern seitens des Verkäufers wird der Umtausch bzw. die Ausbesserung als nicht unverzüglich eingestuft. Kann sich der Verkäufer exkulpieren, kann der Käufer - obwohl der Verkäufer bereits eine Schlechtleistung erbracht hat - seine Rechte aus der Sachmängelhaftung vorerst nicht geltend machen, sondern muß den Umtausch bzw. die Ausbesserung abwarten.

---

chen. Eine Unterscheidung zwischen Wandlung und Rücktritt, wie im deutschen Recht, findet sich im polnischen Recht nicht.

Dies stellt eine erhebliche Verschlechterung der Rechtslage für den Käufer - Verbraucher - dar. Der geänderte Art. 560 § 1 ZGB ist mit einem effektiven Verbraucherschutz folglich nicht zu vereinbaren.
Die zusätzliche Einhaltung dieser besonderen kaufrechtlichen Bedingungen würde folglich zu einer weiteren Erschwernis der Geltendmachung von Schadensersatzansprüchen des durch ein fehlerhaftes Produkt Geschädigten führen.

cc. Stellungnahme

Die Vertreter der zweiten Meinung begründen ihre Auffassung zunächst mit dem Wortlaut der Vorschrift. Aus diesem folge, daß die Geltendmachung der Ansprüche aus der Gewährleistung Voraussetzung für die Geltendmachung eines Schadensersatzanspruchs nach den allgemeinen Vorschriften sei. Gegen dieses Argument läßt sich zunächst der Wortlaut der Norm selbst anführen. Diesem ist lediglich zu entnehmen, daß der Käufer, der aufgrund eines Sachmangels der Kaufsache vom Vertrag zurücktritt oder Minderung verlangt, zusätzlich Ersatz des Schadens verlangen kann, den er infolge des Vorhandenseins des Mangels erlitten hat. Es wird folglich deutlich gemacht, daß ein Schadensersatzanspruch nach den allgemeinen Vorschriften neben etwaigen Ansprüchen aus der Gewährleistung ausdrücklich zulässig ist.[119]
Dieses Ergebnis läßt sich ferner auch durch eine teleologische Auslegung stützen. Wie dargestellt, ist Zweck der Mängelgewährleistung der Schutz des berechtigten Vertrauens des Käufers, eine Kaufsache zu erhalten, die seiner eigenen Leistung entspricht. Durch die Sachmängelhaftung soll mithin ein Ausgleich der wirtschaftlichen Folgen der Lieferung einer mangelhaften Ware erfolgen.[120] Das Synallagma des Kaufvertrages soll wiederhergestellt werden.
Demgegenüber sollen durch die Leistung von Schadensersatz erlittene Schäden kompensiert werden. Dies gilt nicht nur im Falle mangelhafter Erfüllung eines Kaufvertrages, sondern ebenso für alle übrigen Schuldverhältnisse. Die Leistung von Schadensersatz erfüllt zusätzlich eine gewisse Genugtuungsfunktion.

Die Vertreter der zweiten Ansicht führen zur Begründung darüber hinaus an, daß ein zusätzlicher Schadensersatzsanspruch des Käufers den Verkäufer zu stark belasten würde. Denn dieser hafte bereits aus der Gewährleistung verschuldensunabhängig für die Person, die er für die Erfüllung seiner Verbindlichkeit eingesetzt habe. Eine Koppelung etwaiger Schadensersatzansprüche mit den Rechten aus der Gewährleistung würde ferner eine schnellere Abwicklung bedeuten.

Es ist kein Grund ersichtlich, dem geschädigten Käufer seinen Schadensersatzanspruch zu entziehen, nur weil ihm im Falle der Mangelhaftigkeit der Kaufsache besondere Rechte zustehen und er diese nicht ausgeübt hat. Dies muß insbesondere auch deshalb gelten, weil durch die Vorschriften zur Mängelhaftung die Position des Käufers verbessert werden soll.
Würde man der zweiten Ansicht folgen, wäre es für den Käufer erheblich schwieriger, seine Schadensersatzansprüche ersetzt zu bekommen, die er infolge der Lieferung einer

---

[118] Osteuropareport zu Polen, WIRO 1997, S. 36, 37.
[119] Skąpski in Rehbinder/Włodyka, Die zivilrechtliche Haftung für mangelhafte Waren, S. 39.

mangelhaften Sache erlitten hat. Insbesondere nach Ablauf der kaufrechtlichen Fristen könnte er keinen Ersatz für seine erlittenen Schäden mehr verlangen.
Ein ausreichender Schutz des Käufers ist mithin nur gewährleistet, wenn er sich trotz der Nichtgeltendmachung von Gewährleistungsansprüchen auf den Schadensersatzanspruch nach der allgemeinen Vorschrift des Art. 471 ZGB berufen kann, und dieser nicht der zeitlichen Beschränkung der Gewährleistung unterliegt.

dd. Ergebnis

Aus den dargestellten Gründen ist der Auffassung der Rechtsprechung sowie der herrschenden Literatur zu folgen.
Der Geschädigte kann danach seinen kaufrechtlichen Schadensersatzanspruch unabhängig von sonstigen Gewährleistungsansprüchen sowie den besonderen kaufrechtlichen Pflichten geltend machen.

c. Die Voraussetzungen eines Schadensersatzanspruchs nach Art. 471 i. V. m. Art. 566 § 1 Satz 1 ZGB

Nach der allgemeinen Regelung des Art. 471 ZGB ist der Schuldner zum Ersatz des Schadens verpflichtet, der durch die Nichterfüllung oder durch die Schlechterfüllung des Schuldverhältnisses entstanden ist. Die Haftung nach Art. 471 ZGB ist ausgeschlossen, wenn die Nicht- oder die Schlechterfüllung Folge von Umständen ist, die der Schuldner nicht zu vertreten hat.
Voraussetzungen für die Geltendmachung eines Schadensersatzanspruchs nach Art. 471 i.V.m. Art. 566 § 1 Satz 1 ZGB sind mithin ein wirksamer Vertrag, die Nicht- oder Schlechterfüllung des Schuldverhältnisses, Verschulden des Schädigers, ein Schaden sowie ein kausaler Zusammenhang zwischen der Nicht- oder Schlechterfüllung des Schuldverhältnisses und dem Schaden.
Für die Vertragshaftung gelten die allgemeinen Vorschriften der Artt. 361 bis 363 ZGB, die den Kausalzusammenhang (Art. 361 § 1 ZGB), die Schadensart (Art. 361 § 2 ZGB), das Mitverschulden des Geschädigten (Art. 362 ZGB) und die Art und Weise der Entschädigung (Art. 363 ZGB) regeln.

aa. Der Kaufvertrag

Der Kaufvertrag ist nach Art. 535 § 1 ZGB ein schuldrechtlicher, gegenseitiger und konsensualer Vertrag.[121] Er unterliegt grundsätzlich keinem Formerfordernis.[122] Wie auch im deutschen Recht kommt der Kaufvertrag durch Angebot und Annahme zustande, Artt. 66 ff. ZGB.

---

[120] Ibid.

[121] Art. 535 § 1 ZGB lautet: "Durch den Kaufvertrag verpflichtet sich der Verkäufer, dem Käufer das Eigentum an einer Sache zu übertragen und sie ihm zu übergeben, und der Käufer verpflichtet sich, die Sache abzunehmen und dem Verkäufer den Kaufpreis zu zahlen."

[122] Besondere Arten des Kaufvertrages unterliegen jedoch gemäß den Artt. 583 ff. ZGB dem Schriftformerfordernis.

bb. Die Nicht- oder Schlechterfüllung

Nach Auffassung des Obersten Gerichts sowie nach der Rechtslehre stellt die Lieferung eines fehlerhaften Produktes grundsätzlich die Nicht- bzw. die Schlechterfüllung eines Kaufvertrages dar, so daß bei dem Vorliegen eines solchen Sachverhalts diese Voraussetzung einer Haftung nach Art. 471 ZGB als gegeben betrachtet wird.[123]

cc. Der Schaden

Wie bereits im Rahmen der Voraussetzungen einer Haftung des Herstellers auf deliktischer Grundlage dargestellt, ist unter einem Schaden grundsätzlich jede Einbuße an rechtlich geschützten Gütern zu verstehen[124]. Diese Definition gilt auch im Kaufvertragsrecht.[125]

Das polnische Recht trennt für das Kaufrecht außerdem zwischen Mangel- und Mangelfolgeschäden.[126] Diese Unterscheidung findet sich insbesondere auch in den Entscheidungen der in der Vergangenheit tätigen polnischen Wirtschaftsarbitrage.[127]
Insbesondere bei der Erbringung einer mangelhaften Leistung - und damit auch bei der Einbringung eines mangelhaften Produktes in den Markt - wurde in der Praxis der Staatlichen Wirtschaftsarbitrage zwischen zwei Arten von Schäden unterschieden: Zum einen wird als Schaden bereits die Erbringung einer mangelhafte Leistung angesehen; es erfolgt mithin eine Gleichsetzung von Schaden und mangelhafter Leistung. Zum anderen können auch die Folgen einer mangelhaften Leistung als Schaden einzustufen sein. Dies sei immer dann der Fall, wenn aus einer mangelhaften Leistung Begleit- oder Mangelfolgeschäden entstehen. Als solche werden im polnischen Recht etwa die Abschluß- und Durchführungskosten des Vertrages, aufgrund dessen die mangelhafte Leistung erbracht wurde, der aufgrund der Erbringung einer mangelhaften Leistung nicht zu realisierende Vorteil des Vertrages sowie alle Schäden verstanden, die durch die Mangelhaftigkeit der Sache an sonstigen Rechtsgütern entstehen.

dd. Die Kausalität

Gemäß Art. 361 § 1 ZGB haftet der Schuldner nur für die normalen Folgen der schadensstiftenden Handlung oder Unterlassung.

ee. Das Verschulden

Eine Haftung nach dem allgemeinen Schadensersatzanspruch des Art. 471 ZGB beruht auf dem Prinzip des Verschuldens.

---

[123] Uchwała SN (Entscheidung des Obersten Gerichts) vom 31.12.1988, III CZP 48/88, OSNCP 1989, Bd. 3, Nr. 36; Nesterowicz, Anmerkung zur Entscheidung des Obersten Gerichts vom 13.5.1987, OSPiKA 1988, Nr. 135.

[124] Banaszcyk in Petrzykowski Art. 361, Rdnr. 26.

[125] Pyrzyńska, Monitor Prawniczy 1996, 276, S. 278, 279.

[126] Nach Ansicht der Rechtsliteratur erfolgte diese Unterscheidung wohl in Anlehnung an die deutsche Rechtslehre.

[127] Neben der Novellierung des Zivilrechts wurde auch, wie dargestellt, das Prozeßrecht im Zuge der Anpassung des Wirtschaftsprivatrechts an die Bedingungen der Marktwirtschaft erheblich geändert. Diese Änderungen umfaßten auch die Aufhebung der Staatlichen Wirtschaftsarbitrage. Streitigkeiten, die zuvor in die Zuständigkeit dieser Stelle fielen, wurden an die ordentlichen Gerichte verwiesen. Vgl. hierzu Włodyka in Schlechtriem, Privatrecht und Wirtschaftsverfassung, S. 61, 62.

Das polnische Zivilrecht enthält keine Bestimmung des Verschuldensbegriffs. In Rechtsprechung und Rechtslehre wird die Ansicht vertreten, daß das Verschulden aus zwei Elementen besteht, nämlich einem objektiven und einem subjektiven.
Das objektive Verschulden ist die weitverstandene Rechtswidrigkeit des Verhaltens.
Dieses wird bei der vertraglichen Haftung nach Art. 471 ZGB bereits mit der Nicht- bzw. Schlechterfüllung eines Schuldverhältnisses als gegeben betrachtet. Eine Prüfung der Rechtswidrigkeit im Rahmen der Haftungsvoraussetzungen von Art. 471 ZGB ist mithin nicht erforderlich.

Das subjektive Verschulden richtet sich demgegenüber nach dem fehlerhaften Verhalten des Täters. Nach der in der Rechtslehre überwiegend vertretenen normativen Theorie ist die Fehlerhaftigkeit des Täterverhaltens anhand einer äußeren Bewertung der psychischen Beziehung des Täters zur Handlung oder zu den Handlungsfolgen festzustellen.[128]
Es wird zwischen vorsätzlichem, fahrlässigem sowie leichtsinnigem Verhalten unterschieden.[129] Im Zusammenhang mit der Haftung für die Fehlerhaftigkeit eines Produktes wird das Verhalten der haftenden Person regelmäßig nicht vorsätzlich sein. Vielmehr liegen in diesen Fällen Fahrlässigkeit bzw. allenfalls Leichtfertigkeit vor. Fahrlässigkeit ist immer dann anzunehmen, wenn der Schädiger nicht die erforderliche Sorgfalt angewandt hat. Es stellt sich somit auch im polnischen Recht die Frage nach dem Maß der anzuwendenden Sorgfalt. Hier ist zunächst Art. 355 ZGB anzuführen. Aus § 1 dieser Vorschrift folgt, daß der Schuldner die in Verhältnissen der gegebenen Art erforderliche Sorgfalt anzuwenden hat. Es ist folglich auf die Art des konkreten Schuldverhältnisses abzustellen. Art. 355 § 2 ZGB sieht vor, daß sich das Maß der erforderlichen Sorgfalt, das der Schuldner im Bereich der von ihm ausgeübten wirtschaftlichen Tätigkeit aufzuwenden hat, unter Berücksichtigung des beruflichen Charakters dieser Tätigkeit bestimmt.
Es wird also auf das von einem objektiven Beobachter für eine bestimmte Berufssparte erwartete Maß an Sorgfalt abgestellt. Bei einer Haftung für die Fehlerhaftigkeit eines Produktes wird das Verschulden des Herstellers regelmäßig nach Art. 355 § 2 ZGB zu bestimmen sein, da das Inverkehrbringen von Produkten sehr häufig im Rahmen einer wirtschaftlichen Tätigkeit erfolgen wird.

Im Rahmen einer Haftung nach Art. 471 ZGB wird das Verschulden des Schädigers vermutet.[130] Dieser trägt die Beweislast und kann sich gegebenenfalls durch den Nachweis exkulpieren, daß die Verursachung des Schadens nicht von ihm zu verantworten ist. Hergeleitet wird diese Verschuldensvermutung aus dem Wortlaut der Norm, wonach eine Haftung des Schuldners für die Nicht- bzw. Schlechterfüllung eines Schuldverhältnisses nur ausgeschlossen ist, wenn er diese nicht verschuldet hat. Dies ist aber nicht der Regelfall.
Eine Haftung, die auf dem Prinzip des präsumierten Verschuldens beruht, schützt die Interessen des Geschädigten an einem zügigen Ersatz seiner Schäden; denn dieser braucht nicht den in der Regel schwierig zu führenden Nachweis zu erbringen, daß die

[128] Poczobut in v. Bar, S. 18.
[129] Żuławska, Ewolucja odpowiedzialności za jakość świadczenia (Die Entwicklung der Haftung für die Qualität der Leistungen), S. 268, 271.
[130] Jagielska, Odpowiedzialność za produkt w prawie polskim (Produkthaftung im polnischen Recht), Rejent Nr. 9, 1995, 179, 181.

Mangelhaftigkeit des Produktes durch einen Fehler beim Herstellungsprozeß verursacht wurde. Ein solcher Nachweis wäre für den Verbraucher in einer Vielzahl von Fällen aufgrund der fehlenden Transparenz des Herstellungsprozesses unmöglich zu führen. Diese Regelung der Beweislastverteilung im Rahmen des Verschuldens ist daher im polnischen Recht einer der Vorzüge einer vertraglichen Haftung des Herstellers für die Fehlerhaftigkeit eines Produktes.

ff. Die Verjährung

Einen weiteren Vorzug der Haftung des Herstellers auf vertraglicher Grundlage stellt die Regelung der Verjährung dieser Ansprüche dar. Ansprüche nach Art. 471 i.V.m. Art. 566 § 1 Satz 1 ZGB verjähren gemäß der allgemeinen Regelung des Art. 118 ZGB nach zehn Jahren.

Die Rechte aufgrund der Gewährleistung für Sachmängel erlöschen gemäß Art. 568 § 1 ZGB grundsätzlich nach Ablauf eines Jahres, bei Gebäuden nach Ablauf von drei Jahren, es sei denn, der Verkäufer hat einen Mangel arglistig verschwiegen. Ansprüche aufgrund der Mängelgewährleistung unterliegen daher nicht einer Verjährung, sondern der Verwirkung ("erlöschen").[131]

d. Die Rechtsfolgen eines Schadensersatzanspruchs auf der Grundlage von Art. 471 i. V. m. Art. 566 § 1 Satz 1 ZGB

Gemäß dem Wortlaut von Art. 471 ZGB ist der Schuldner zum Ersatz des Schadens verpflichtet, der durch die Nicht- bzw. Schlechterfüllung des Schuldverhältnisses entstanden ist. Nach überwiegender Ansicht hat der Geschädigte nach dieser Vorschrift einen Anspruch in Höhe des positiven Interesses.

Höhe und Umfang des Schadensersatzanspruchs richten sich auch im Rahmen der vertraglichen Haftung nach der allgemeinen Vorschrift des Art. 363 § 1 ZGB.[132]

Auf vertraglicher Grundlage kann der Geschädigte keinen Anspruch auf Schmerzensgeld geltend machen.

e. Der Schadensersatzanspruch nach Art. 566 § 1 Satz 2 ZGB

Im Unterschied zum Schadensersatzanspruch nach Art. 566 § 1 Satz 1 ZGB wird der Anspruch nach Satz 2 dieser Vorschrift unstreitig als eigenständige Anspruchsgrundlage eingeordnet.[133]

Nach Art. 566 § 1 Satz 2 ist der Verkäufer, der für den Mangel keine Verantwortung trägt, dem Käufer nur zum Ersatz des Schadens im Rahmen des negativen Vertragsinteresses verpflichtet.[134] Insbesondere kann der Käufer Erstattung der Kosten des Vertragsschlusses, der Abnahme, Beförderung, Verwahrung und Versicherung der Sache sowie Erstattung vorgenommener Aufwendungen verlangen.

Ein Anspruch nach Art. 566 § 1 Satz 2 ZGB setzt voraus, daß der Käufer vom Vertrag zurücktritt oder Minderung verlangt. Der Käufer muß mithin von seinen Gewährleistungsrechten Gebrauch machen und kann sich nicht ausschließlich auf diesen Schadenser-

---

[131] Gralla, WiRO 1995, S. 59, 61.
[132] Vgl. hierzu in diesem Länderteil unter „2. Rechtsfolgen eines Anspruchs nach Art. 415 ZGB".
[133] Radwanski/Panowicz, § 4, Rdnr. 125; Nesterowicz, Cencenario Del Codigo Civil, S. 73, 86; Skąpski in Rehbinder/Włodyka, Die zivilrechtliche Haftung für mangelhafte Waren, S. 40.
[134] Kufel/Siuda, Nowe Prawo, 1978, Nr. 5, S. 712, 720.

satzanspruch berufen. Der Schadensersatzanspruch im Rahmen des negativen Interesses ist folglich mit der Gewährleistung eng verbunden. Er ergänzt die aus der Gewährleistung resultierenden Rechte des Käufers.[135] Dies hat zur Folge, daß alle Voraussetzungen eines Anspruchs nach den besonderen gewährleistungsrechtlichen Vorschriften gegeben sein müssen. Der Anspruch nach Art. 566 § 1 Satz 2 ZGB unterliegt insbesondere auch den kaufrechtlichen zeitlichen Beschränkungen, ferner müssen auch etwaige Untersuchungs- und Rügepflichten wahrgenommen werden.

2. *Die Konzeption des Garantieversprechens*

In der polnischen Rechtsliteratur[136] wird vereinzelt als weitere Grundlage einer vertraglichen Haftung des Herstellers für fehlerhafte Produkte das Rechtsinstitut der Garantie diskutiert.

Das Rechtsinstitut der Garantie wurde in das Zivilgesetzbuch von 1964 neu eingeführt. Im Rahmen der Reform des Zivilgesetzbuches von 1990 wurden diese Vorschriften kaum geändert. Die Garantie ist geregelt in den Artt. 577 bis 581 ZGB. Sie ist ein der Sachmängelhaftung gegenüber eigenständiges Rechtsinstitut.[137] Wie sich aus Art. 577 § 1 ZGB ergibt, kommt der Garantie Vertragscharakter zu. Nach dem Grundsatz der Vertragsfreiheit obliegt es mithin allein den Parteien, eine Garantie zu vereinbaren sowie ihren Inhalt zu bestimmen. Darüber hinaus enthält Art. 577 § 1 ZGB eine Auslegungsregel. Im Zweifel ist danach anzunehmen, daß der Verkäufer bei Aushändigung einer Gütegarantie verpflichtet ist, Sachmängel der Kaufsache zu beseitigen oder eine mangelfreie Sache zu liefern. Voraussetzung ist nach Art. 577 § 1 S. 2 ZGB das Auftreten eines Mangels innerhalb der Garantiefrist. Soweit in der Garantie keine andere Frist bestimmt ist, beträgt diese nach Art. 577 § 2 ZGB ein Jahr vom Zeitpunkt der Übergabe der Kaufsache an.

Vor dem Hintergrund dieser Norm konstruierten Vertreter der Rechtslehre, daß der Hersteller mit Inverkehrbringen einer Sache, die mit einem Waren- oder Qualitätszeichen oder einer sonstigen an den Endabnehmer gerichteten Markenbezeichnung versehen ist, gleichzeitig ein Garantieversprechen über die Eigenschaften dieser Sache abgebe. Eine ausdrückliche diesbezügliche Willensäußerung des Herstellers sei nicht erforderlich. Aus diesem Garantieversprechen folge dann bei einem durch eine fehlerhafte Sache hervorgerufenen Schaden eine verschuldensunabhängige Garantiehaftung des Herstellers. Die polnischen Gerichte haben zu Recht diese Konzeption abgelehnt. Markenzeichen sowie Werbeaussagen käme die Qualität einer detaillierten Willenserklärung zu. Sie würden zu weit ausgelegt.

Darüber hinaus wird nach der hier vertretenen Auffassung durch die Rechtsfigur des Garantieversprechens keine umfassende Regelung der Produkthaftung geschaffen, da der Anwendungsbereich auf Markenartikel reduziert ist. Für Massenprodukte von no-name-Herstellern würde eine Haftung nicht greifen. Dies widerspricht dem Gedanken einer modernen Produkthaftung. Darüber hinaus erscheint die Konzeption des Garantieversprechens auch insofern widersinnig, als sie zu einem Zeitpunkt entwickelt wurde, zu dem Markenartikel in Polen die Ausnahme darstellten.

---

[135] Skąpski in Rehbinder/Włodyka, Die zivilrechtliche Haftung für mangelhafte Waren, S. 40.
[136] Radwanski/Panowicz, § 4, Rdnr. 125; Kufel/Siuda, Nowe Prawo, 1978, Nr. 5, S. 712, 714.
[137] Żuławska in Rehbinder/Włodyka, Die zivilrechtliche Haftung für mangelhafte Waren, S. 61.

Demgegenüber kann jedoch im Einzelfall eine Vereinbarung getroffen werden, wonach der Hersteller die Haftung für durch Fehler seiner Produkte verursachte Schäden an anderen Rechtsgütern als der Kaufsache selbst übernimmt. Grundsätzlich hätte eine solche Garantievereinbarung Vorrang gegenüber der Gewährleistung. Dies gilt jedoch nicht für Schadensersatzansprüche nach der allgemeinen Regel des Art. 471 ZGB.[138]

3. Die Konstruktion des "Quasi-Vertrags"

Ein weiterer Ansatz in der Literatur zu einer Haftung des Herstellers wegen der Fehlerhaftigkeit von Produkten ist die Konstruktion des "Quasi-Vertrags". Zulawska[139] schlägt vor, das Inverkehrbringen eines Produktes durch den Hersteller als "Quasi-Vertrag" einzustufen. Aus diesem "Quasi-Vertrag" folge, entsprechend dem Grundsatz des Risikos - cuius commodum, eius periculum - , eine Haftung des Herstellers. Diese Konstruktion wurde jedoch von der Rechtsprechung nicht aufgegriffen.

4. Verordnung des Ministerrates über die besonderen Bedingungen für den Abschluß und die Erfüllung von Kaufverträgen über bewegliche Sachen unter Beteiligung von Verbrauchern vom 30. Mai 1995[140]

Die Vorschriften zur Sachmängelhaftung werden ergänzt durch die Verordnung des Ministerrates über die besonderen Bedingungen für den Abschluß und die Erfüllung von Kaufverträgen über bewegliche Sachen unter Beteiligung von Verbrauchern. Diese gilt seit dem 15.07.1995.
Die Verordnung besteht aus fünf Kapiteln. Im ersten Kapitel werden die in den folgenden Kapiteln verwendeten Begriffe definiert. Die Verordnung enthält im zweiten Kapitel Regelungen zum Vertragsschluß, das dritte Kapitel stellt Vorschriften zur Ausführung des Kaufvertrages auf, im vierten Kapitel wird die Gewährleistung geregelt. Im fünften Kapitel folgen die Schlußbestimmungen.

a. Inhalt der Verordnung

Der Regelungsinhalt der Verordnung läßt sich in drei Teile zusammenfassen: Es werden die Pflichten des Verkäufers aufgezählt und die Sachmängelhaftung sowie das Reklamationsverfahren geregelt bzw. ergänzt.
Der persönliche Anwendungsbereich dieser Verordnung setzt nach § 3 Nr. 1 und 2 für einen Kaufvertrag im Sinne dieser Verordnung als Vertragsparteien einen Verkäufer sowie einen Verbraucher voraus. Unter einem Verkäufer ist nach § 3 Nr. 1 der Verordnung derjenige zu verstehen, der sich beruflich und damit gewerblich mit dem Verkauf von Waren beschäftigt. Unter einem Verbraucher ist demgegenüber gemäß § 3 Nr. 2 der Verordnung derjenige zu verstehen, der eine Ware zu einem Zweck erwirbt, welcher nicht einer gewerblichen Tätigkeit zugerechnet werden kann.
Der sachliche Anwendungsbereich ist beim Vorliegen eines Kaufvertrages zwischen einem Verkäufer und einem Verbraucher im oben dargestellten Sinne gegeben.

---

[138] Gralla, WIRO 1995, S. 59, 61.
[139] Żuławska in der Anmerkung zu der Entscheidung vom 24.6.1981, IP 3478/81, OSPiKA 1983, Nr. 36.
[140] Dz. U. (Amtsblatt) 1995, Nr. 64, Pos. 328.

Nach § 15 Abs. 1 der Verordnung finden die Vorschriften zur Sachmängelhaftung - Artt. 556 bis 576 ZGB - Anwendung. Bei Kaufverträgen unter Beteiligung von Verbrauchern ist nach Art. 558 § 1 ZGB die Haftung für Sachmängel grundsätzlich unabdingbar. Ein Ausschluß oder eine Beschränkung der Sachmängelhaftung ist lediglich zulässig, wenn dies durch besondere Vorschriften vorgesehen ist. Solche Vorschriften lassen sich jedoch nicht finden.
Darüber hinaus werden in § 15 Abs. 2 der Verordnung die Fälle konkretisiert, in denen der Verkäufer haftet. Eine Haftung soll danach "insbesondere dann greifen, wenn bei der Ware ein Mangel aufgetreten ist, der ihren Wert oder ihre Brauchbarkeit unter Berücksichtigung des Vertragszwecks oder des Zwecks, der sich aus den Umständen oder aus der Zweckbestimmung der Sache ergibt, mindert. Ferner haftet der Verkäufer, wenn der Ware Eigenschaften fehlen, deren Vorhandensein zugesichert wurde, indem die Qualität der Ware deklariert wurde (Güte, Zertifikat, Energieverbrauch, Sicherheitszeichen usw.), oder wenn die Ware dem Verbraucher in unvollständigem Zustand übergeben wurde (nicht komplett, ohne die aus dem Charakter oder der Zweckbestimmung resultierende notwendige Gebrauchsanweisung oder ohne eine andere, zum ordnungsgemäßen Verbrauch der Ware erforderliche Information usw.)".

b. Bewertung

Vor dem Hintergrund des angestrebten Beitritts zur Europäischen Union ist die polnische Regierung darum bemüht, den Schutz des Verbrauchers als des schwächsten Teilnehmers am wirtschaftlichen Verkehr in das polnische Rechtssystem einzuführen. Der Erlaß dieser Verordnung erfolgt daher in der Absicht, Verbraucherschutz auf dem Gebiet des Kaufrechts zu entwickeln.
Dieses Ziel soll insbesondere durch Aufklärung und Transparenz erreicht werden. Das wird unter anderem in § 5 Absatz 2 der Verordnung deutlich, wonach der Verkäufer verpflichtet ist, seine allgemeinen Geschäftsbedingungen dem Käufer bekanntzumachen. In § 7 der Verordnung wird dem Verkäufer außerdem die Pflicht auferlegt, dem Verbraucher Informationen über die Kaufsache zur Verfügung zu stellen. Als weiteres Beispiel kann hierzu auch § 5 Absatz 1 der Verordnung angeführt werden; durch diese Vorschrift soll der Verbraucher durch die Einführung des Schriftformerfordernis bei besonderen Arten des Kaufes vor Übereilung geschützt werden. Das Schriftformerfordernis soll ihm ferner im Streitfall die Beweisführung erleichtern. Insofern wird der Schutz des Verbrauchers durch diese Verordnung erweitert.

Demgegenüber kann im Bezug auf die Regelungen der Verordnung zur Sachmängelhaftung eine solche Auswirkung nicht festgestellt werden. Wie oben dargestellt, werden in § 15 Absatz 2 der Verordnung die Fälle, in denen nach Art. 556 ZGB ein Mangel vorliegt, durch Beispiele konkretisiert. Diese Konkretisierung bedeutet für den Verbraucher jedoch keine tatsächliche Erweiterung seines Schutzes. Denn auch gemäß der Rechtslage vor Verabschiedung der Verordnung hätte bei dem Fehlen einer durch Güte, Zertifikat, Energieverbrauch, Sicherheitszeichen usw. zugesicherten Eigenschaft der Kaufsache ein Mangel vorgelegen.[141] Ferner muß der Verkäufer bereits nach Art. 546 § 2 ZGB der Kauf-

[141] Eine Zusicherung kann ausdrücklich oder konkludent erfolgen oder sich aus den Umständen ergeben.

sache eine Gebrauchsanweisung beifügen, sofern dies zum gehörigen Gebrauch der Sache in Übereinstimmung mit ihrer Zweckbestimmung erforderlich ist. Somit enthält die Verordnung auch in dieser Hinsicht keine Neuerung gegenüber der bereits geltenden Rechtslage.
Zu diesem Ergebnis kommt man auch bei einer Bewertung des § 10 der Verordnung, wonach der Verkäufer bei der Übergabe von Fahrzeugen zusätzlich verpflichtet ist, alle Funktionseinheiten, die auf die Sicherheit des Fahrzeuges Einfluß haben, zu überprüfen. Wie bereits aufgezeigt, ist der Verkäufer schon nach ständiger Rechtsprechung des Obersten Gerichts beim Inverkehrbringen eines Fahrzeuges verpflichtet, dieses auf Mängel zu überprüfen. Eine Einschränkung, wie sie die Verordnung vorsieht ("....alle Funktionseinheiten, die auf die Sicherheit des Fahrzeuges Einfluß haben...."), macht die Rechtsprechung nicht.
Auch die Regelung des § 20 Nr. 1 der Verordnung, wonach die Wandlung unter den Vorbehalt von Art. 560 ZGB gestellt ist, bedeutet für den Verbraucher keine Verbesserung seines Schutzes, denn diese geänderte Vorschrift schränkt die Rechte des Käufers erheblich ein.

Darüber hinaus werfen einige der Regelungen der Verordnung Fragen auf. Die Definition des Verbrauchers ist im Hinblick auf Sachverhalte problematisch, in denen der Käufer einen Gegenstand erwirbt, den er sowohl für berufliche als auch für private Zwecke nutzt, wie etwa einen Computer. Es bleibt offen, ob in diesem Fall die Vorschriften der Verordnung anwendbar sind.

Abschließend ist festzustellen, daß die Verordnung zwar einen Schritt auf dem Weg zur Entwicklung eines Verbraucherschutzrechtes darstellt, weiterhin aber erheblicher Regelungsbedarf besteht.

c. Die Beweislast

Nach dem in Art. 6 ZGB normierten Grundsatz trägt grundsätzlich derjenige die Beweislast für eine Tatsache, der aus ihr Rechtsfolgen ableitet. Das bedeutet, daß der Geschädigte grundsätzlich alle Voraussetzungen einer Schadensersatzhaftung zu beweisen hat, sofern das Gesetz keine Ausnahme vorsieht.
Der Schädiger muß nach den gleichen Grundsätzen sowohl bei der Vertrags- als auch bei der Deliktshaftung Beweis hinsichtlich des Kausalzusammenhangs sowie des eingetretenen Schadens führen.
Unterschiede bestehen zwischen der Vertrags- und der Deliktshaftung jedoch im Hinblick auf die Beweislast bezüglich des Verschuldens: Wie bereits dargestellt, wird das Verschulden des Schuldners im Rahmen eines vertraglichen Anspruchs nach dem Wortlaut des Art. 471 ZGB grundsätzlich vermutet. Dieser trägt die Beweislast, daß er die Nicht- bzw. Schlechterfüllung im Einzelfall nicht zu verantworten hat.
Demgegenüber trägt bei der Deliktshaftung grundsätzlich der Geschädigte in vollem Umfang die Beweislast. Das Verschulden wird hier also nicht vermutet, sondern ist vom Kläger zu beweisen. In der polnischen Rechtslehre wurde im Zusammenhang mit der Haftung des Herstellers für die Fehlerhaftigkeit eines Produktes hervorgehoben, daß der Nachweis eines Verschuldens des Herstellers hinsichtlich der Fehlerhaftigkeit eines Produktes im Einzelfall für den Geschädigten nur schwer zu führen sei, dies insbesondere,

da es ihm regelmäßig nicht möglich sei, Einblick in den Produktionsprozeß zu nehmen. Eine Erleichterung dieser Beweisführung ergibt sich für den Geschädigten im Rahmen der deliktischen Produzentenhaftung zunächst durch die Anwendung der Rechtsfigur des Organisationsverschulden. Darüber hinaus wurde von Vertretern der Rechtsliteratur vorgeschlagen, im Rahmen des Nachweises eines Verschuldens des Herstellers eines mangelhaften Produktes die in Art. 231 Zivilverfahrensgesetzbuch normierte faktische Vermutung ausreichen zu lassen. In der Rechtsprechung der Arbitragegerichte[142] sowie in einzelnen Entscheidungen der Zivilgerichte[143] wurde dieser Gedanke aufgegriffen und ein Verschulden des Schädigers allein aufgrund äußerer Umstände vermutet.

Nach dem oben[144] bereits mehrfach angeführten Beschluß der Staatlichen Wirtschaftsarbitrage[145] wurde ein Verschulden etwa dann als bewiesen betrachtet, wenn bei der Herstellung mangelhaftes Material verwendet wurde und dies bei Anwendung der erforderlichen Sorgfalt hätte erkannt werden können bzw. müssen. Desweiteren wurde ein Verschulden angenommen, wenn das Endprodukt offensichtlich keiner ausreichenden technischen Kontrolle unterzogen wurde. Von einem Verschulden wurde außerdem ausgegangen, wenn sich aus Fehlern in den schriftlichen Herstellungsanweisungen die Mangelhaftigkeit der Ware ergab und diese Fehler bei hinreichender Sorgfalt auch zu erkennen gewesen wären.[146]
Die Position des Geschädigten wurde in der Praxis der Arbitragegerichte außerdem dadurch verbessert, daß der prima-facie-Beweis angewendet wurde. Das Verschulden des Herstellers einer Ware wurde zum Beispiel auch vermutet, wenn die Fehler der gelieferten Ware ohne eine besondere Prüfung offensichtlich wahrnehmbar waren. Festzuhalten ist jedoch, daß die Rechtspraxis der Arbitragegerichte keinerlei direkte Auswirkung auf den Verbraucher hatte, da in diesen Prozessen nur juristische Personen Parteien sein konnten.

Diese Rechtspraxis trug erheblich zur Vergrößerung des Schutzes des Geschädigten bei, da er den oftmals schwierig - wenn nicht unmöglich - zu führenden Nachweis eines Verschulden seitens des Schädigers nicht zu führen brauchte. Es darf aber trotz dieser Verbesserung der Situation des Geschädigten durch die Beweislasterleichterung nicht übersehen werden, daß es sich bei der deliktischen Produzentenhaftung weiterhin um eine Verschuldenshaftung handelt. Der Hersteller hat auch bei dieser Rechtspraxis die Möglichkeit sich zu exkulpieren. Nach Ansicht von Hohloch[147] handelt es sich hierbei vielmehr um eine Haftungsverschärfung durch beweisrechtliche Mittel.
Die Verschuldensvermutung zu Lasten des Herstellers kann folglich lediglich einen Schritt in der Entwicklung einer vom Verschulden unabhängigen Produzentenhaftung darstellen.

---

[142] Włodyka in Rehbinder/Włodyka, Die zivilrechtliche Haftung für mangelhafte Waren, S. 101.
[143] Wyrok SN (Entscheidung des Obersten Gerichts) vom 6.8.1981, I CR 219/81, OSNCP 1982, Bd. 2-3, Nr. 37.
[144] Vgl. zu dem Beschluß der Staatlichen Wirtschaftsarbitrage in diesem Länderteil unter „cc. Das Tatbestandsmerkmal der Rechtsgutverletzung nach der Rechtspraxis der Staatlichen Wirtschaftsarbitrage".
[145] Beschluß Nr. 1/1977 des Rates der Staatlichen Wirtschaftsarbitrage vom 15. Januar 1977.
[146] Vgl. hierzu auch Włodyka in Rehbinder/Włodyka, Die zivilrechtliche Haftung für mangelhafte Waren, S. 102.

C. Konkurrenzen bei vertraglichen und deliktischen Schadensersatzansprüchen

Eine Besonderheit des polnischen Schadensersatzrechts ist die Vorschrift des Art. 443 ZGB. Danach "schließt der Umstand, daß die Handlung oder Unterlassung, aus der der Schaden entstanden ist, gleichzeitig die Nichterfüllung oder Schlechterfüllung einer vorher bestehenden Verpflichtung gebildet haben, den Schadensersatzanspruch aufgrund unerlaubter Handlung nicht aus, es sei denn, daß sich aus dem Inhalt der vorher bestehenden Verpflichtung etwas anderes ergibt". Eine Anspruchskonkurrenz ist folglich nur ausgeschlossen, wenn sich aus einer vertraglichen Verpflichtung ergibt, daß eine Geltendmachung deliktischer Schadensersatzansprüche mit dem Inhalt des Vertrages nicht zu vereinbaren wäre, etwa weil die Haftung vertraglich auf Fälle leichter Fahrlässigkeit beschränkt ist und somit eine strenge Haftung für jegliche Art des Verschuldens - wie es das Deliktsrecht vorsieht - gerade umgangen werden sollte.[148]

Grundsätzlich kann der Geschädigte wählen, auf welcher Grundlage er seine Ansprüche geltend machen will. Trifft er eine solche Wahl nicht, entscheidet das Gericht im Interesse des Geschädigten.

Es ist jedoch unzulässig, Schadensersatzansprüche sowohl auf vertraglicher als auch auf deliktischer Grundlage geltend zu machen.

III. Gesamtergebnis zur Haftung des Herstellers nach den Vorschriften des Zivilgesetzbuches

Nach polnischem Recht kommt eine Haftung des Herstellers für durch fehlerhafte Produkte hervorgerufene Schäden sowohl auf vertraglicher als auch auf deliktsrechtlicher Grundlage in Betracht. Anspruchsgrundlage der vertraglichen Produkthaftung ist ausschließlich Art. 471 i.V.m. Art. 566 § 1 Satz 1 ZGB. Dennoch finden sich in der Rechtsprechung keine Entscheidungen, bei denen die Gerichte dem durch ein fehlerhaftes Produkt Geschädigten Ersatz auf dieser Grundlage zugesprochen haben. Dies liegt zum einen daran, daß in der Rechtspraxis die Fälle, in denen Hersteller und Verkäufer ein und dieselbe Person sind, die Ausnahme darstellen. Eine Haftung auf vertragsrechtlicher Basis scheitert daher im Regelfall bereits aufgrund der fehlenden vertraglichen Beziehung zwischen Hersteller und Geschädigtem.

Doch selbst in den Entscheidungen, in denen der Geschädigte seine Ansprüche gegen den Verkäufer - der gleichzeitig auch Hersteller war - geltend gemacht hat, hat das Gericht ihm Schadensersatz nach der deliktsrechtlichen Generalklausel des Art. 415 ZGB zugesprochen. Eine überzeugende Erklärung hierfür enthält die Entscheidung des Obersten Gerichts Polens vom 19. November 1973[149]: Das Inverkehrbringen eines fehlerhaften und dadurch gefährlichen Fahrzeugs stellt nach Auffassung des Gerichts in erster Linie eine widerrechtliche Handlung dar. Es gehe zunächst nicht um den wirtschaftlichen Ausgleich für eine unzureichende Vertragserfüllung, sondern vielmehr um den Ausgleich von Schäden, den eine Sache durch ihre vorhandenen und fehlenden Eigenschaften ver-

---

[147] Hohloch, Rozprawy z polskiego i europejskiego prawa prywatnego (Abhandlung zum polnischen und europäischen Privatrecht) 1994, S. 105, 112.

[148] Beispiel bei Poczobut in v. Bar, S. 29.

[149] Uchwała SN (Entscheidung des Obersten Gerichts) vom 19.11.1973, II CR 512/73, OSN 1974, Bd. 10, Nr. 169.

ursacht hat. Das Oberste polnische Gericht definiert damit den Schutzbereich der Produkthaftung ebenso wie der Gemeinschaftsgesetzgeber.[150]

Gegen eine Produkthaftung auf vertraglicher Grundlage spricht vor allem, daß rein zufällig mit dem schadensverursachenden Produkt in Berührung kommende Dritte grundsätzlich nicht in den Schutzbereiches der vertraglichen Produkthaftung fallen. Entscheidender Nachteil einer Haftung des Herstellers auf vertraglicher Grundlage ist daher, daß diese Anspruchsgrundlage immer das Bestehen eines wirksamen Vertrages voraussetzt. Erleidet das Kind des Käufers durch die Kaufsache einen Schaden - wie etwa bei der in Deutschland ergangenen Mineralwasserflaschenentscheidung[151] - kommt ein Schadensersatzanspruch auf vertraglicher Grundlage nicht in Betracht. Eine solche unterschiedliche Behandlung der durch fehlerhafte Produkte Geschädigte widerspricht dem Gedanken der modernen Produkthaftung.[152] Daher erscheint eine Umsetzung der EG-Produkthaftungsrichtlinie im Rahmen einer vertraglichen Produkthaftung nicht sinnvoll.

Demgegenüber stellt die Möglichkeit, daß jeder, der durch die Fehlerhaftigkeit eines Produktes Schäden erlitten hat, auf Grundlage von Art. 415 ZGB Schadensersatz verlangen kann, einen entscheidenden Vorteil der deliktischen Produzentenhaftung dar.
Ein Nachteil der deliktsrechtlichen Herstellerhaftung des polnischen Rechts ist jedoch, daß der Geschädigte dem Hersteller ein Verschulden nachweisen muß. Dieses wird grundsätzlich nicht vermutet. Nach der vertragsrechtlichen Schadensersatznorm des Art. 471 i.V.m. Art. 566 ZGB obliegt die Beweislast bezüglich des Verschuldens hingegen dem Verkäufer.[153] Darüber hinaus kann der geschädigte Käufer auf der Grundlage von Art. 566 § 1 Satz 2 ZGB weiterhin Ersatz des negativen Interesses verlangen, auch wenn sich der Schädiger exkulpiert hat. Die vertragsrechtliche Haftung des Verkäufers ist bereits dem Gesetzeswortlaut nach eine Haftung für präsumiertes Verschulden. Dies bedeutet für den Geschädigten, der gleichzeitig Partei des Kaufvertrages ist, eine erhebliche Erleichterung hinsichtlich der Durchsetzung seiner Ansprüche.

Im Vergleich dazu ist bei der deliktischen Produzentenhaftung das Verschulden als Tatbestandsvoraussetzung nach dem Wortlaut des Gesetzes vom Geschädigten nachzuweisen. Die Rechtsprechung hat jedoch in einigen Entscheidungen zur Haftung des Herstellers auf die Feststellung eines konkreten Verschuldens verzichtet. Über die Rechtsfigur des Organisationsverschulden ist sie zu der Annahme eines Verschulden des Herstellungsunternehmens gekommen. Das Oberste Gericht hat die Haftung folglich auf eine tatsächliche Vermutung gestützt. Insofern wurde die Haftung des Herstellers in einzelnen Fällen durch beweisrechtliche Mittel verschärft.
Gegen eine Verschärfung der Herstellerhaftung über die Konstruktion des Organisationsverschulden spricht jedoch ihr eingeschränkter Anwendungsbereich. Zu dem Kreis der nach dieser Rechtsfigur haftenden Personen gehören nur die Hersteller, die gleichzeitig

---

[150] Taschner/Frietsch, Art. 6, Rdnr. 1, 2.
[151] Mineralwasserflasche I: BGH, NJW 1993, S. 528 ff.
[152] Taschner/Frietsch, Einführung, Rdnr. 28.
[153] Art. 471 ZGB lautet: "Der Schuldner ist zum Ersatz des Schadens verpflichtet, der durch die Nichterfüllung oder durch die Schlechterfüllung des Schuldverhältnisses entstanden ist, es sei denn, daß die Nicht- oder die Schlechterfüllung die Folge von Umständen ist, die der Schuldner

eine juristische Person sind. In Fällen, in denen der Hersteller keine juristische Person ist, ist diese Rechtsfigur unmittelbar nicht anwendbar. Damit können eine Vielzahl von Fällen über diese Konstruktion nicht gelöst werden.

In einigen Entscheidungen lösten die Gerichte die Fälle der Herstellerhaftung daher auch nicht über diese Rechtsfigur. Insofern kann nicht davon gesprochen werden, daß die deliktische Produzentenhaftung durch die polnische Rechtsprechung zu einer Haftung für präsumiertes Verschulden entwickelt worden ist. Dies zeigt sich deutlich in der Begründung des Urteils vom 26. März 1984: Hier wurde auf ein schuldhaftes Verhalten des haftenden Importeurs nicht geschlossen. Vielmehr sah das Gericht lediglich ein Verschulden des ausländischen Herstellers in dem Inverkehrbringen eines fehlerhaften Produktes begründet. Es schloß also aufgrund des Fehlers des Produktes auf ein Verschulden des Herstellers und rechnete dieses dem Importeur zu. Die Haftung des Importeurs beruht in diesem Fall auf dem Gedanken der Verantwortlichkeit für ein geschaffenes Risiko.

IV. Gefährdungshaftung, Absolute Haftung

Die polnischen Obersten Gericht sind deutlich darum bemüht, die Herstellerhaftung gegenüber der allgemeinen deliktischen Haftung zu verschärfen. Die dogmatischen Begründungen für die Verschärfung der Haftung der einzelnen Entscheidungen werden von der Rechtslehre zu Recht in Frage gestellt.[154] Die gesetzliche Regelung der Produkthaftung erscheint daher bereits aus Gründen der Rechtssicherheit erforderlich. Darüber hinaus setzt eine Angleichung des polnischen Rechts an das EG-Recht im Bereich der Produkthaftung die Einführung einer vom Verschulden unabhängigen Haftung voraus. Die Regelung der Haftung des Herstellers im Sinne von Art. 1 EG-Produkthaftungsrichtlinie würde zwar eine erhebliche Veränderung der bisher geltenden Rechtslage bedeuten. Gleichzeitig würde durch eine gesetzliche Regelung aber die Rechtslage geklärt und somit größere Rechtssicherheit geschaffen.

Durch die Einführung einer vom Verschulden unabhängigen Herstellerhaftung würde zwar für diesen Bereich eine neue Haftungsform eingeführt. Die Gefährdungshaftung als solche ist jedoch keine dem polnischen Recht unbekannte Haftungsform. Neben der Verschuldenshaftung finden sich sowohl im polnischen Zivilgesetzbuch als auch in einer Reihe von Sondergesetzen sowohl Tatbestände der Gefährdungs- als auch der absoluten Haftung.

A. Die Gefährdungshaftung

Das ZGB sowie andere Gesetze ordnen in zahlreichen Vorschriften eine sogenannte "Risikohaftung" an. Gegenüber der Verschuldenshaftung weist diese insofern eine Verschärfung auf, als sie kein Verschulden des Täters voraussetzt. Sie beruht vielmehr auf dem Gedanken, daß Personen, die eine zwar legale, aber dennoch mit einer besonderen Schadensgefahr für eine Vielzahl von Personen verbundene Tätigkeit ausüben, im Fall

---

nicht zu vertreten hat."

[154] Nesterowicz in der Anmerkung zum Urteil des Obersten Gerichts vom 21.11.1980, Nowe Prawo 1982, Nr. 11-12, S. 211, 214 - wendet sich gegen eine Produkthaftung auf der Grundlage von Art. 415 ZGB und fordert zu Recht die Einführung einer speziellen gesetzlichen Regelung, wie dies etwa im ehemaligen Jugoslawien der Fall war.

eines dann tatsächlich eintretenden Schadens hierfür auch haften sollen. Eine solche Haftung stellt jedoch keine absolute Haftung dar, da sie durch entlastende Umstände ausgeschlossen werden kann. Man unterscheidet drei Arten der Haftung: Zum einen die Haftung des Vorgesetzten, zum anderen die Haftung des Unternehmers sowie die Haftung des Besitzers.
Das polnische Zivilgesetzbuch enthält in den Artt. 433, 435, 436 ZGB Gefährdungshaftungstatbestände.
Nach Art. 433 ZGB haftet der Inhaber des Raumes für einen Schaden, der durch das Hinauswerfen, das Ausgießen oder das Hinausfallen irgendwelcher Gegenstände aus einem Raum verursacht worden ist. Seine Haftung ist nur ausgeschlossen, wenn der Schaden in Folge höherer Gewalt oder ausschließlich durch das Verschulden des Geschädigten oder eines Dritten entstanden ist, für den der Rauminhaber nicht haftet und dessen Handlung er nicht verhindern konnte. In dieser Vorschrift werden die Haftungsausschlußgründe abschließend aufgeführt. Der Schädiger kann sich nur in den gesetzlich festgelegten Fällen exkulpieren. Das Merkmal des Verschuldens ist folglich keine Tatbestandsvoraussetzung dieser Norm. Der Schädiger kann lediglich das Vorliegen eines Haftungsausschlußgrundes geltend machen. Nur im Rahmen dieser Prüfung wird auf die Frage eines Verschulden des Schädigers eingegangen.

Nach Art. 435 § 1 ZGB haftet, wer auf eigene Rechnung ein Unternehmen oder eine Anlage unterhält, die mit Hilfe von Naturkräften (Dampf, Gas, Elektrizität, flüssige Brennstoffe usw.) betrieben wird, für einen Personen- oder Vermögensschaden, der jemandem durch das Unternehmen oder die Anlage zugefügt wird, es sei denn, daß der Schaden durch höhere Gewalt oder ausschließlich durch das Verschulden des Geschädigten oder eines Dritten, für den der Unternehmer nicht haftet, entstanden ist. Der Betreiber eines Unternehmens kann sich nach dieser Vorschrift nur bei Vorliegen eines der gesetzlich aufgezählten Gründe exkulpieren. Ansonsten haftet er verschuldensunabhängig.
Ein weiterer Fall der Gefährdungshaftung findet sich in Art. 436 ZGB. Nach dieser Vorschrift haftet der Eigenbesitzer eines mechanischen, mit Hilfe von Naturkräften betriebenen Verkehrsmittels ebenso wie der Betreiber eines Unternehmens in Art. 435 ZGB. Eine Ausnahme von dieser Gefährdungshaftung enthält Art. 436 Abs. 2 ZGB: Im Fall eines Zusammenstoß von mechanischen, mit Hilfe von Naturkräften betriebenen Verkehrsmitteln können die in Absatz 1 dieser Vorschrift genannten Personen Schadensersatz nur nach den allgemeinen Grundsätzen verlangen. Das heißt, der Schädiger haftet in diesem Fall nur, wenn er den Zusammenstoß verschuldet hat.
Aus Art. 437 ZGB folgt außerdem, daß die Gefährdungshaftung der Artt. 435 und 436 ZGB im voraus weder beschränkt noch ausgeschlossen werden kann.

Im Gegensatz zu der deutschen Regelung in § 833 BGB, wonach der Halter eines Tieres verschuldensunabhängig haftet, ordnet Art. 431 ZGB eine Haftung des Tierhalters nur an, wenn er selbst oder ein anderer, für den er haftet, schuldhaft gehandelt hat. Die Tierhalterhaftung ist im polnischen Recht mithin nicht als Gefährdungshaftung ausgestaltet.

B. Die absolute Haftung

Die absolute Haftung tritt demgegenüber dann ein, wenn das Gesetz eine verschuldensunabhängige Haftung anordnet und keinen Entlastungsbeweis zuläßt.

Eine absolute Haftung findet sich im Atomgesetz. Der Inhaber einer Kernkraftanlage haftet danach für einen Atomschaden. Eine Haftungsbefreiung ist nur möglich bei Kernschäden und bei Vorsatz des Geschädigten. Damit haftet der Inhaber einer Kernkraftanlage etwa auch bei Naturkatastrophen und bei Schadensverursachung durch Terroristen.[155]
Die Haftung wird darüber hinaus zusätzlich durch die von der allgemeinen Vorschrift des Zivilgesetzbuches abweichende Regelung der Kausalität verschärft. Nach dem Atomgesetz reicht die Feststellung einer ursächlichen Verbindung zwischen der Kernkraftanlage und dem eingetretenen Schaden im Sinne einer conditio sine qua non aus. Es werden also entgegen der Regelung der Kausalität in Art. 361 ZGB nicht nur die normalen Folgen eines Handelns oder Unterlassens erfaßt, sondern alle Folgen.
Eine absolute Haftung findet sich ferner im Gesetz für den Bergbau sowie bei geologischen Schäden und Jagdschäden.

[155] Brodecki, Osteuropa - Recht 1988, S. 108, 117.

V. Die Haftung nach dem polnischen Produkthaftungsgesetz

A. Überblick

Am 2. März 2000 wurde in Polen ein Produkthaftungsgesetz verabschiedet. Damit ist nach achtjähriger Vorarbeit nunmehr auch in Polen die Haftung des Herstellers für durch fehlerhafte Produkte verursachte Schäden spezialgesetzlich geregelt. 1992 machte der Gesetzgebungsrat des Parlamentes zum ersten Mal auf die Notwendigkeit der Einführung von Vorschriften zur Haftung des Produzenten für durch fehlerhafte Produkte verursachte Schäden aufmerksam.[156] Der Entwurf der Gesetzesnovelle zum Zivilrecht von 1992 enthielt ebenfalls einen Hinweis auf die Erforderlichkeit der Schaffung einer Regelung dieser Materie.[157]

In der Zeit von 1992 bis 1997 wurden dem Parlament verschiedene Gesetzesentwürfe zur Regelung dieser Rechtsmaterie vorgelegt. Die Notwendigkeit zum Erlaß eines solchen Gesetzes wurde also erkannt – nicht zuletzt vor dem Hintergrund des Abschlusses des Europa-Abkommens -, dennoch lag diese Haftungsfrage nicht im vorrangigen Interesse des polnischen Gesetzgebers.

1992 legte der Ministerrat den ersten Gesetzesentwurf zur Regelung der Haftung des Herstellers für fehlerhafte Produkte vor.[158]. Dieser Entwurf sah die Einführung zweier neuer Vorschriften in das Zivilgesetzbuch vor. Dem 3. Buch unter dem VI. Titel sollten nach diesem Entwurf die Artikel 434^1 und 434^2 hinzugefügt werden. Die Einführung dieser beiden Vorschriften sollte lediglich ein erster Schritt des Gesetzgebers zur Schaffung einer Haftung des Produzenten für fehlerhafte Produkte sein. Eine vollständige Regelung dieser Rechtsmaterie sollte erst in einem zweiten Schritt durch den Erlaß weiterer Vorschriften erfolgen. Ein solches Vorgehen wurde von der Rechtslehre scharf kritisiert. Insbesondere Skapski wendete sich gegen den Vorschlag einer nur vorläufigen Einarbeitung der Vorschriften zur Haftung des Herstellers in das Zivilgesetzbuch und der späteren Schaffung einer detaillierteren Regelung in einem möglicherweise separaten Gesetz.[159] Das Zivilgesetzbuch stelle keinen "Aufbewahrungsort" für Vorschriften bis zum späteren Erlaß eines detaillierteren eigenen Gesetzes dar. Diese Vorgehensweise würde der Stabilität und Bedeutung des ZGB entgegenwirken. Darüber hinaus würde auch die Bedeutung der neuen Regelung gemindert, wenn sie lediglich als "Übergangslösung" eingeführt würde. Eine solche würde sie darstellen, wenn bei ihrem Erlaß bereits feststünde und vorausgesetzt würde, daß eine Änderung bzw. Ergänzung in Kürze erfolgen werde.[160] Zudem erscheine es unter dem Blickwinkel der Rechtssicherheit fragwürdig, ein Urteil zu vollstrecken, das auf der Grundlage nur vorübergehend geltender Vorschriften ergangen ist.

---

156 Stellungnahme des Gesetzgebungsrates des Ministerrates in der Sache der Anpassung des polnischen Rechts an das Gemeinschaftsrecht, veröffentlicht in PUG 1995, Nr. 2-3, S.3.

157 Text und Begründung veröffentlicht in Kwartalnik Prawa Prywatnego 1992, Nr. 1 bis 4, S. 190-195.

158 Text des Entwurfs veröffentlicht a. a. O.

159 Skąpski in Kwartalnik Prawa Prywatnego 1993, Nr. 1, S. 80.

160 A. a. O., 81.

1995 legte der Ministerrat den weiteren Entwurf eines Produkthaftungsgesetzes vor. Dieser sah neben Regelungen zum Verbraucherschutz im allgemeinen auch die Regelung der Produzentenhaftung vor. Diese Vorschriften sollten in einem eigenen, neben dem Zivilgesetzbuch geltenden Gesetz geregelt werden. Es ist gegenüber dem Vorentwurf aus dem Jahre 1992 als positiv zu bewerten, daß der Entwurf von 1995 die Einführung der Produzentenhaftung in einem eigenen Gesetz vorsah und in einem Schritt eine abschließende Regelung dieser Rechtsmaterie erfolgen sollte.
Auch inhaltlich stellte der Entwurf aus dem Jahre 1995 eine Verbesserung gegenüber dem Entwurf aus dem Jahr 1992 dar. Vorbild für die Regelungen in dem Entwurf von 1995 war ersichtlich die EG-Produkthaftungsrichtlinie. An diese lehnte sich der Entwurf in weiten Teilen an. Die Vorschriften waren wesentlich detaillierter.

1997 wurden dem Parlament zwei weitere Entwürfe eines Produkthaftungsgesetzes vorgelegt. Nach dem Entwurf des Ministerrates sollte die Produkthaftung in einem Sondergesetz geregelt werden. Der Entwurf der Kommission zur Kodifikation des Zivilrechts sah demgegenüber eine Einfügung der Produkthaftung in das Zivilgesetzbuch vor.
In der polnischen Rechtsliteratur war dieser Entwurf insbesondere im Hinblick auf die Form der Regelung - als Teil des Zivilgesetzbuches – Gegenstand kontroverser Diskussionen.
Der polnische Gesetzgeber hat sich schließlich für eine Regelung der Haftung des Herstellers im Rahmen des Zivilgesetzbuch entschieden. Ein vehementer Vertreter für eine Regelung der Produkthaftung als Teil des Zivilgesetzbuches war Nesterowicz.[161] Er führte hierzu aus, daß auch die EG-Produkthaftungsrichtlinie von 1985 keine vollständige Regelung der gesamten Rechtsmaterie enthalte, so daß selbst bei Schaffung eines den Regelungsinhalt der EG-Produkthaftungsrichtlinie wiedergebenden eigenen, detaillierten Gesetzes die Notwendigkeit bestünde, auf Normen des allgemeinen Zivilrechts zurückzugreifen. Dies gelte etwa für die allgemeinen Regelungen zum Schadensersatz - Artt. 361 bis 363 ZGB, sowie die Regelungen zum Ersatz bei Schäden an Leib und Leben - Artt. 444 bis 447 ZGB. Durch eine Eingliederung der Herstellerhaftung in das Zivilgesetzbuch könnten mithin keine Zweifel bestehen, daß die genannten Rechtsfragen nach den Grundsätzen des allgemeinen Zivilrechts zu lösen seien.[162] Dieses Argument vermag jedoch nicht zu überzeugen: Durch einen Verweis in einem speziellen Produkthaftungsgesetz auf die allgemeinen Regelungen des Zivilrechts könnte diese Problematik eindeutig geklärt werden.[163]
Eine Eingliederung in das ZGB habe, so führt Nesterowicz weiter aus, gegenüber einer Regelung in einem eigenen neuen Gesetz darüber hinaus wegen des hohen Stellenwertes des Zivilgesetzbuches größere Bedeutung in der Praxis. Eine Verwischung der Anspruchsgrundlagen erscheine - anders als bei einem eigenen, neben dem Zivilgesetzbuch geltenden Gesetz - ausgeschlossen.[164]

---

[161] Nesterowicz, Odpowiedzialność za produkt (Produkthaftung), S. 485.
[162] A. a. O., S. 489, 491.
[163] Vgl. hierzu die Regelungen in § 10 ProdHaftG-Tsch und in Art. 4 Abs. 1 VerbrSchG-Sl, wonach in Fällen, in denen das Sondergesetz keine Regelung enthält, die allgemeinen zivilrechtlichen Bestimmungen Anwendung finden.
[164] Nesterowicz, Odpowiedzialność za produkt (Produkthaftung), S. 491.

Demgegenüber hat sich aber auch ein nicht unerheblicher Teil der Rechtsliteratur gegen eine Eingliederung der Produkthaftung in das Zivilgesetzbuch ausgesprochen. Es wird vertreten, daß die Schaffung eines detaillierten Gesetzes erforderlich und das Zivilgesetzbuch hierfür nicht der geeignete Platz sei.

Das neue Produkthaftungsgesetz stimmt nicht nur in der Form seiner Regelung – als Teil des Zivilgesetzbuches -, sondern auch inhaltlich in weiten Teilen mit dem Entwurf der Kommission zur Kodifikation des Zivilrechts von 1997 überein.

B. Inhalt des Produkthaftungsgesetzes

Das neue polnische Produkthaftungsgesetz wird unter dem Titel VI^{1}. in das Zivilgesetzbuch nach dem VI. Titel - unerlaubte Handlungen - eingefügt. Es enthält zwölf Artikel.

1. Der Haftungsgrundsatz gemäß Art. 449^{1} § 1 ZGB

In Art. 449^{1} § 1 ZGB ist der Haftungsgrundsatz und zugleich die Definition des Herstellers normiert.

Nach dieser Vorschrift haftet derjenige, der im Rahmen seiner Wirtschaftstätigkeit (Hersteller) ein gefährliches Produkt herstellt, für den bei wem auch immer durch dieses Produkt verursachten Schaden. Die Haftungsvoraussetzungen für einen Anspruch nach den neuen Vorschriften über die Produkthaftung sind mithin die kausale Schadensverursachung durch ein gefährliches Produkt.

Auf ein Verschulden des Herstellers kommt es hierbei nicht an. Das Gesetz zählt in Art. 449^{3} und Art. 449^{5} ZGB abschließend die Gründe auf, bei deren Vorliegen der Hersteller nicht haftet. Damit ist die Haftung des Herstellers als verschuldensunabhängige Haftung ausgestaltet. Das durch den Gemeinschaftsgesetzgeber für den Bereich der Herstellerhaftung vorgegebene Haftungsprinzip wurde daher auch von dem polnischen Gesetzgeber übernommen. Wie bereits erwähnt, bedeutet die Einführung einer Produkthaftung, die als Gefährdungshaftung ausgestaltet ist, eine neue Regelung für das polnische Recht; bisher haftet der Hersteller nur auf Grundlage der verschuldensabhängigen Deliktshaftung.

Das polnische Produkthaftungsgesetz enthält keine dem Art. 9 EG-Produkthaftungsrichtlinie entsprechende Norm, die festlegt, was unter dem Begriff des Schadens zu verstehen ist.
Die Produkthaftung wird als eine Art deliktischer Haftung verstanden[165]. Für eine solche Einordnung spricht insbesondere die gesetzessystematische Stellung der Vorschriften über die Produkthaftung als Untertitel des Deliktsrechts. Zudem wurden vor Erlaß der neuen produkthaftungsrechtlichen Vorschriften Schäden, die durch ein fehlerhaftes Produkt verursacht worden waren, ausschließlich nach Deliktsrecht ersetzt. Zwischen diesen beiden Haftungsregimen besteht nach den Vorstellungen des polnischen Gesetzgebers daher ein enger Zusammenhang. Dies kommt auch in Art. 449^{10} ZGB deutlich zum Aus-

[165] Łętowska, Ustawa o ochronie niektórych praw kosumentów (Gesetz über den Schutz einiger Verbraucherrechte), Art. 449^{1}, § 1, Rdnr. 122.

druck, da nach dieser Vorschrift die Haftung nach produkthaftungsrechtlichen Regelungen die Haftung nach den allgemeinen Regelungen nicht ausschließt.
Folglich ist bei der Bestimmung des Schadenbegriffs grundsätzlich auf die deliksrechtlichen Regelungen zurückzugreifen. Damit fallen unter den Begriff des Schadens zunächst der durch Tod oder Körperverletzung verursachte Schaden.[166] Daneben kann auch im Rahmen von Ansprüchen aus Produkthaftung Schmerzensgeld verlangt werden. Dies steht im Einklang mit den Vorgaben des Gemeinschaftsgesetzgebers, da aus Art.9 Unterabsatz 2 EG-Produkthaftungsrichtlinie folgt, daß sich der Ersatz immaterieller Schäden nach dem jeweils anwendbaren einzelstaatlichen Recht richtet.

Der polnische Gesetzgeber hat nicht von der in Art. 16 der EG-Produkthaftungsrichtlinie vorgesehenen Option Gebrauch gemacht und eine Globalbegrenzung der Haftung bei serienmäßig verursachten Schäden infolge Todes oder für Körperverletzungen eingeführt.

Hinsichtlich des Sachschadens finden sich in den neuen Vorschriften über die Produkthaftung einzelne Regelungen: Nach Art. 449^{2} ZGB haftet der Hersteller für einen an einer Sache verursachten Schaden nur dann, wenn die zerstörte oder beschädigte Sache zu den Sachen gehört, die gewöhnlich zum privaten Gebrauch bestimmt sind und der Geschädigte sie hauptsächlich auf diese Weise verwendet hat. Diese Regelung entspricht den Vorgaben in Art. 9 b) EG-Produkthaftungsrichtlinie; auch nach der gemeinschaftsrechtlichen Vorschrift wird kumulativ auf die genannten Kriterien abgestellt.
In Art. 449^{7} § 1 ZGB wird in Übereinstimmung mit den europarechtlichen Vorgaben klargestellt, daß keine Schäden an dem gefährlichen Produkt selbst ersetzt werden.
Darüber hinaus wird nach dieser Vorschrift der entgangene Gewinn nicht ersetzt. Die EG-Produkthaftungsrichtlinie schließt den Ersatz des entgangenen Gewinns nicht ausdrücklich aus. Sie begrenzt jedoch die Haftung auf Personenschäden und bestimmte Sachschäden; im Umkehrschluß ist aus der Nichtnennung von Vermögensschäden zu schließen, daß diese nicht ersetzt werden.[167]
Aus Art. 449^{7} § 2 ZGB folgt, daß solche Sachschäden nicht ersetzt werden, die den Gegenwert von 500 ECU nicht überschreiten. Es fällt auf, daß der polnische Gesetzgeber im Gegensatz zu den Mitgliedstaaten sowie auch zu Tschechien und Slowenien den Betrag nicht in der nationalen Währung aufführt, sondern in ECU.
Polen hat die in der EG-Produkthaftungsrichtlinie vorgegebene Höhe der Selbstbeteiligung des Geschädigten übernommen. Im Vergleich zu der Tschechischen Republik, Slowenien und Ungarn hat Polen damit die Haftungsuntergrenze nicht an die tatsächlichen wirtschaftlichen Verhältnisse des Landes angepaßt, sondern sich an dem Maßstab der übrigen Mitgliedstaaten orientiert. Es ist fraglich, ob es nicht vor dem Hintergrund des vergleichsweise niedrigeren Lebensstandards sinnvoller gewesen wäre, erst im Zeitpunkt des tatsächlichen Beitritts Polen zur Europäischen Union in diesem Punkt eine Angleichung vorzunehmen.

---

[166] Vgl. hierzu die Vorschrift des Art. 444 ZGB.
[167] So im Ergebnis Schmidt-Salzer/Hollmann, Kommentar EG-Richtlinie Produkthaftung, Art. 9,

Das neue Produkthaftungsgesetz enthält auch keine Vorschrift zur Verteilung der Beweislast bezüglich der Haftungsvoraussetzungen. Damit kommt die allgemeine zivilrechtliche Regelung des Art. 6 ZGB zur Anwendung. Nach dieser Norm muß jeder die Tatsachen beweisen, aus denen er Rechtsfolgen ableitet. Im Rahmen der Produkthaftung muß der Geschädigte also die Tatsachen nachweisen, die eine Haftung des Herstellers auslösen. Nach Art. 449^1 § 1 ZGB haftet der Hersteller für den durch ein gefährliches Produkt verursachten Schaden. Der Geschädigte trägt also die Beweislast für den Schaden, die Gefährlichkeit des Produktes sowie den Kausalzusammenhang[168] zwischen dem Schaden und der Gefährlichkeit des Produktes.
Dies entspricht Art. 4 EG-Produkthaftungsrichtlinie, wonach der Geschädigte den Schaden, den Fehler und den ursächlichen Zusammenhang zwischen Fehler und Schaden zu beweisen hat. Um Mißverständnisse im Vorfeld zu vermeiden, erscheint es jedoch sinnvoll, in diesem Punkt eine Regelung innerhalb der Vorschriften zur Produkthaftung zu treffen.

Darüber hinaus beinhaltet Art. 449^4 ZGB eine Regelung zur Beweislast. Nach dieser Vorschrift wird vermutet, daß ein gefährliches Produkt, das einen Schaden verursacht hat, im Rahmen der Wirtschaftstätigkeit des Herstellers hergestellt und in den Verkehr gebracht wurde. Diese Vermutung betrifft jedoch nicht eine der Anspruchsvoraussetzungen des Art. 449^1 § 1 ZGB. Es geht hier vielmehr um die Beweislastverteilung bei dem Haftungsausschlußgrund aus Art. 449^3 § 1 Alt. 2 ZGB.

2. Der Herstellerbegriff

Art. 449^1 § 1 ZGB enthält eine Legaldefinition des Herstellerbegriffs. Als Hersteller gilt danach derjenige, der im Rahmen seiner Wirtschaftstätigkeit (Hersteller) ein gefährliches Produkt herstellt.
Das Kriterium für die Herstellereigenschaft ist folglich die Herstellung eines Produktes im Rahmen der Wirtschaftstätigkeit des Herstellers.
Insoweit ergeben sich keine Abweichungen von der EG-Produkthaftungsrichtlinie; auch nach den Vorstellungen des Gemeinschaftsgesetzgebers ist Hersteller nur, wer gewerbsmäßig herstellt.[169] Dies folgt aus Art. 7 c) EG-Produkthaftungsrichtlinie, der die Herstellung von Produkten für private Zwecke ausschließt.

Der Wortlaut des polnischen Gesetzestextes wirft jedoch zudem die Frage auf, ob die Qualifizierung als Hersteller außerdem voraussetzt, daß es sich bei dem hergestellten Produkt um ein gefährliches Produkt handelt.[170] Es kann jedoch für die Herstellereigenschaft nicht von Bedeutung sein, ob das hergestellte Produkt gefährlich bzw. fehlerhaft war. Die Herstellereigenschaft hängt vielmehr allein von der gewerblichen Herstellung von Produkten ab. Dies ergibt sich unzweideutig aus Art. 3 Abs. 1 EG-Produkthaftungs-

---

Rdnr. 36; Hollmann, DB 1985, 2439; Taschner, Art. 9, Rdnr. 14.

[168] Hinsichtlich des Kausalzusammenhangs sind die allgemeinen Regelungen des polnischen Bürgerlichen Gesetzbuches anzuwenden; vgl. dazu in diesem Länderteil unter „c. Der Kausalzusammenhang“.

[169] Taschner, Art. 3, Rdnr. 13.

[170] "Wer im Rahmen seiner Wirtschaftstätigkeit (Hersteller) ein <u>gefährliches</u> Produkt herstellt, haftet ...".

richtlinie. Es ist nicht ersichtlich, aus welchem Grund der polnische Gesetzgeber eine Abweichung von den Vorgaben des Gemeinschaftsrechts in diesem Punkt hat vornehmen wollen. Es drängt sich daher der Eindruck auf, daß es sich hier lediglich um eine "unglückliche" Formulierung handelt.

Im Unterschied zu der Fassung des Herstellerbegriffs der EG-Produkthaftungsrichtlinie wird in der polnischen Vorschrift nicht zwischen dem Hersteller eines Endproduktes, eines Teilproduktes sowie eines Grundstoffes unterschieden. Diese Unterteilung findet sich jedoch in Art. 449^5 § 1 ZGB, der die Haftung auf den Hersteller des Materials, des Grundstoffes sowie eines Teilproduktes ausdehnt.

Der Kreis der haftenden Personen wird ferner durch Art. 449^5 § 2 S. 1 ZGB erweitert: Danach haftet neben dem Hersteller auch derjenige, der sich durch Anbringen seiner Bezeichnung, seines Markenzeichens oder eines anderen Erkennungszeichen als Hersteller ausgibt (Als-ob-Hersteller). Entsprechend der Vorgaben des Gemeinschaftsgesetzgebers kommt es für die Qualifizierung als Als-ob-Hersteller damit entscheidend darauf an, daß die betreffende Person bewußt und gewollt den Eindruck erweckt hat, sie sei der tatsächliche Hersteller des Produktes.[171] Dieser Eindruck muß jedoch dadurch erweckt worden sein, daß die Bezeichnung auf dem Produkt selbst angebracht worden ist und nicht lediglich auf der Rechnung oder sonstigen Dokumenten.[172]

Gemäß Art. 449^5 § 2 S. 2 ZGB haftet neben dem Hersteller außerdem der Importeur. Die Einführung seiner Haftung soll die Lage des Geschädigten verbessern und die Durchsetzung seiner Ansprüche erleichtern. Voraussetzung für seine Haftung ist jedoch ebenso wie bei dem Hersteller, daß der Importeur das Produkt im Rahmen seiner Wirtschaftstätigkeit eingeführt hat. Zudem kommt nach der polnischen Vorschrift nur eine Einfuhr in den Inlandsverkehr in Betracht. Demgegenüber haftet nach den Vorgaben des Gemeinschaftsgesetzgebers nicht jeder Importeur, sondern nur derjenige, der das fehlerhafte Produkt aus einem Drittland in die Europäische Gemeinschaft einführt. Von dieser Regelung werden folglich keine Warenbewegungen zwischen den Mitgliedstaaten erfaßt, also keine Importe aus einem anderen EG-Land.[173]
Solange Polen kein Mitglied der Europäischen Union ist, kommt der Import von Produkten nur nach Polen in Betracht. Der Importeur eines Produkts aus einem Mitgliedstaat der Europäischen Union haftet also bei Einfuhr dieses fehlerhaften Produktes nach Polen für die durch dieses verursachten Schäden. Diese polnische Regelung weist eine Parallele zu der vor dem Beitritt Österreichs zur Europäischen Union geltenden Vorschrift über die Haftung des Importeurs auf: Danach haftete auch der Importeur, der fehlerhafte Produkte

---

[171] Im Unterschied dazu knüpft die tschechische Vorschrift wohl für die Qualifizierung als Als-ob-Hersteller allein an das Anbringen eines Erkennungszeichens auf dem Produkt an. Vgl. dazu im Länderteil Tschechische Republik unter „3. Der Herstellerbegriff".

[172] Łętowska, Ustawa o ochronie niektórych praw kosumentów (Gesetz über den Schutz einiger Verbraucherrechte), Art. 449^5 § 2, Rdnr. 159.

[173] Zoller, S. 129.

nach Österreich einführte.
Im Moment eines Beitritts von Polen zu den Europäischen Gemeinschaften würde eine Angleichung dieser Vorschrift erforderlich – ebenso wie dies bei Österreich der Fall war -, weil die jetzige Regelung einen Verstoß gegen das Gemeinschaftsrecht nach sich ziehen kann. Denn eine Haftung der Importeure innerhalb der Gemeinschaft, kann sich als eine Maßnahme gleicher Wirkung im Sinne von Art. 28 EGV darstellen. Maßnahmen gleicher Wirkung werden durch den EGV untersagt. Eine Haftung des innergemeinschaftlichen Importeurs hätte zur Folge, daß dieser sich versichern müßte, was zu einer Verteuerung der Produkte gegenüber den im Einfuhrland hergestellten Produkten führen würde. Diese Verteuerung wäre als Handelshemmnis im Sinne der Richtlinie Nr. 70/50/EWG vom 21.12.1969 über die Beseitigung von Maßnahmen gleicher Wirkung einzuordnen und damit unzulässig.[174]

Ist der Hersteller oder eine andere nach Art. 449^4 § 2 ZGB haftende Person nicht bekannt, haftet nach Art. 449^4 § 4 ZGB darüber hinaus die Person, die das fehlerhafte Produkt im Rahmen ihrer Geschäftstätigkeit geliefert hat, also der Lieferant.
Der Lieferant haftet im Unterschied zu dem Hersteller, dem Als-ob-Hersteller sowie dem Importeur nur, wenn diese nicht identifiziert werden können. Er kann sich von der Haftung befreien, wenn er innerhalb eines Monats vom Datum der Schadensmitteilung dem Geschädigten die Person und die Anschrift des Herstellers oder einer der übrigen haftenden Personen mitteilt. Kann er die genannten Personen nicht benennen, befreit es ihn nach Art. 449^5 § 5 ZGB außerdem von der Haftung, wenn er die entsprechenden Angaben über die Person macht, von der er das Produkt erworben hat, er also den Vorlieferanten benennt. Entlastet sich der Lieferant nicht durch Nennung einer ihm gegenüber vorrangig haftenden Person, haftet er wie der Hersteller.
Ebenso wie in der EG-Produkthaftungsrichtlinie vorgesehen, ist die Haftung des Lieferanten damit subsidiär gegenüber der Haftung der übrigen nach diesem Gesetz haftenden Personen. Der polnische Gesetzgeber ist damit von dem Entwurf des Ministerrates aus dem Jahr 1992[175] abgewichen, der vorsah, daß sich der Lieferant von der Haftung nicht dadurch befreien kann, daß er den Geschädigten auf den Hersteller oder auf andere vorgelagerte Teilnehmer an der Wertschöpfungskette verweist.

Der Kreis der haftenden Personen ist entsprechend der Vorgaben des Art. 3 EG-Produkthaftungsrichtlinie weit gezogen. In dieser Hinsicht ist eine richtlinienkonforme Umsetzung erfolgt.

---

174 Vgl. hierzu Taschner/Frietsch, Art. 3, Rdnr. 20.
175 Text des Entwurfs veröffentlicht in Kwartalnik Prawa Prywatnego 1992, Bd. 1 bis 4, S. 190 bis 195.

4. Der Produktbegriff

Unter einem Produkt ist nach Art. 449[1] § 2 ZGB ein beweglicher Gegenstand zu verstehen, unabhängig davon, ob er mit einem anderen Gegenstand verbunden ist. Darüber hinaus gelten auch Tiere und Elektrizität als Produkt.

Im Unterschied zu dem Gesetzesentwurf aus dem Jahre 1997 sind nunmehr als Produkt auch unverarbeitete landwirtschaftliche Naturprodukte, Zuchttiere sowie Fischerei- und Jagderzeugnisse einzustufen. Als der polnische Gesetzgeber die Vorschriften über die Produkthaftung am 2. März 2000 verabschiedete, hatte der Gemeinschaftsgesetzgeber bereits die Erweiterung des Produktbegriffes[176] beschlossen. Eine richtlinienkonforme Umsetzung konnte somit nur noch durch die Übernahme des erweiterten Produktbegriffs erreicht werden.

5. Der Fehlerbegriff

Das polnische Produkthaftungsgesetz verwendet nicht den Begriff der Fehlerhaftigkeit des Produktes. In Art. 449[1] § 3 ZGB heißt es vielmehr, daß "ein Produkt als gefährlich gilt, wenn es nicht die Sicherheit bietet, die man unter Berücksichtigung eines normalen Gebrauches des Produkts erwarten kann". Auch in den übrigen Vorschriften des neuen Gesetzes findet sich anstelle des Begriffs der Fehlerhaftigkeit des Produktes der Begriff der Gefährlichkeit. Die von den europarechtlichen Vorgaben abweichende Begriffsverwendung führt jedoch inhaltlich zu keiner anderen Regelung, da beide Vorschriften auf denselben Überlegungen beruhen. Der polnische Gesetzgeber stellt bei der Bestimmung der Gefährlichkeit eines Produktes auf die zu erwartende Sicherheit ab. Dies entspricht den gemeinschaftsrechtlichen Vorgaben in Art. 6 EG-Produkthaftungsrichtlinie. Subjekt der Sicherheitserwartungen ist hierbei nicht der konkrete Verbraucher, sondern die Allgemeinheit. Wie auch in der europarechtlichen Vorschrift drückt der polnische Gesetzgeber dies durch Verwendung der unpersönlichen passivischen Form aus. Bezüglich der Sicherheitserwartungen gilt also ein objektiver Maßstab. In der Literatur[177] wird jedoch die Ansicht geäußert, daß dennoch der Umstand, ob der Verbraucher im Einzelfall mehr oder weniger gebildet ist, auf eine für den Hersteller mehr oder weniger günstige Entscheidung Einfluß haben könnte.

Der Gedanke, der hinter der Fehlerdefinition steht, die auf die zu erwartende Sicherheit abstellt, ist der Folgende: Produkte, die von dem Hersteller in den Verkehr gebracht werden, und vom Verwender entsprechend ihrer Zweckbestimmung genutzt werden, müssen so sicher sein, daß es nicht zu Personen- oder Sachschäden kommt. Sind sie in diesem Sinne nicht ausreichend sicher, haftet der Hersteller. Dies gilt sowohl für das europäische als auch für das polnische Recht. Die Verwendung der unterschiedlichen Begriffe ändert hieran nichts. Ein anderes Ergebnis ergäbe sich nur, wenn eine Haftung des Herstellers davon abhinge, ob ein Produkt als objektiv gefährlich einzustufen ist oder nicht. Denn auch ein Produkt mit an sich ungefährlichen Eigenschaften kann erhebliche Schäden hervorrufen. Dies hat die polnische Rechtsprechung – im Gegensatz zu der jugoslawischen Rechtsprechung[178] - frühzeitig erkannt. Das Oberste Gericht Polens stellte in seiner

---

[176] Richtlinie 1999/34/EG des Europäischen Parlaments und des Rates vom 10. Mai 1999, veröffentlicht in Abl. EG Nr. L 141 vom 04.06.1999, S. 20, 21.

[177] Łętowska, Ustawa o ochronie niektórych praw kosumentów, Art. 449[1] § 3, Rdnr. 136.

[178] Vgl. dazu im Länderteil Slowenien unter „1. Die Entwicklung der Herstellerhaftung durch Rechtsprechung und Rechtslehre".

Entscheidung vom 21. November 1980[179] nicht auf die objektive Gefährlichkeit des Produktes ab, sondern allein darauf, ob durch den Fehler des Produktes eine konkrete Gefahr für den Benutzer entstanden ist und sich diese Gefahr dann in einem Schaden realisiert hat. Diese Rechtsprechung entspricht im Hinblick auf den Fehlerbegriff bereits dem europarechtlichen Begriffsverständnis.

Die Verwendung des Begriffes "gefährlich" erklärt sich außerdem vor folgendem Hintergrund: Im US-amerikanischen Recht wird in § 402 A des Restatement (Second) of Torts darauf abgestellt, ob sich der mangelhafte Zustand des Produkts als „unreasonable dangerous" für den Benutzer oder Verbraucher erweist. Auf diesen Erwägungen beruht auch der Fehlerbegriff der EG-Produkthaftungsrichtlinie.[180] Schmidt-Salzer[181] geht sogar so weit, daß er den Begriff der "unnötigen Gefährlichkeit" bzw. der "vermeidbaren Gefährlichkeit" als beste Definitionslösung ansieht.
Im Ergebnis ist daher festzuhalten, daß es durch die Verwendung des Begriffs "gefährlich" anstatt der Verwendung des Begriffes "fehlerhaft" zu keiner Abweichung von den europarechtlichen Vorgaben kommt.

Im weiteren ergeben sich bei der Konzeption des Fehlerbegriffs des polnischen Produkthaftungsrechts jedoch Unklarheiten. Nach Art. 6 Abs. 1 EG-Produkthaftungsrichtlinie kommt es bei der Bestimmung der Fehlerhaftigkeit eines Produktes entscheidend auf die Sicherheit an, die man zu erwarten berechtigt ist. Es obliegt nach den gemeinschaftsrechtlichen Vorgaben dem Richter zu bestimmen, welche Sicherheit berechtigterweise erwartet werden kann. Diese Formulierung wurde in die gemeinschaftsrechtliche Vorschrift aufgenommen, um klarzustellen, daß nicht jede enttäuschte Sicherheitserwartung einen Fehler des Produktes begründen kann.[182] Der Richter nimmt im konkreten Einzelfall eine normative Bewertung vor, welche Sicherheitserwartungen berechtigt sind. Auch nach dem polnischen Gesetz entscheidet der Richter über das Vorliegen eines Fehlers im jeweiligen Einzelfall. Nach dem Wortlaut des polnischen Fehlerbegriffs stellt er dabei jedoch nicht auf die Berechtigung der Sicherheitserwartungen ab. Dies ist kein Kriterium des Fehlerbegriffs. Er beurteilt die zu erwartende Sicherheit auch nicht anhand der Gesamtumstände des Einzelfalls – wie es Art. 6 EG-Produkthaftungsrichtlinie vorgibt -, sondern zunächst anhand des normalen Gebrauchs des Produktes. Im weiteren werden dann Umstände aufgeführt, aus denen sich dieser ergeben kann, wie etwa aus dem Zeitpunkt der Einführung in den Verkehr, aus der Art der Darstellung auf dem Markt sowie aus den dem Verbraucher erteilten Informationen. Entgegen dem gemeinschaftsrechtlichen Verständnis ist die Gebrauchsbestimmung damit nicht lediglich ein unter mehreren zu berücksichtigender Umstand. Die Gefährlichkeit und damit der Fehler eines Produktes bestimmt sich vielmehr maßgeblich hieran. Dies kann zu einer Einschränkung der zu berücksichtigenden Umstände und damit zu einem engeren Begriffsverständnis führen.

---

179 Uchwała SN (Entscheidung des Obersten Gerichts) vom 21.11.1980, II CZP 50/80, OSNCP 1981, Bd. 11, Nr. 105.
180 Taschner, Art. 6, Rdnr. 3.
181 Schmidt-Salzer/Hollmann, Kommentar EG-Richtlinie Produkthaftung, Art. 6, Rdnr. 55.
182 Taschner, Art. 6, Rdnr. 5.

Darüber hinaus könnten sich auch bei der Frage, welcher Gebrauch eines Produktes als Maßstab gilt, im europäischen und im polnischen Recht Unterschiede ergeben: Der europäische Gesetzgeber stellt auf den Gebrauch ab, "mit dem billigerweise gerechnet werden kann". Er verwendet diesen weiten Begriff, um unter Umständen auch bei einem "nicht normalen" bzw. "nicht bestimmungsgemäßen", wohl aber sozialadäquaten Gebrauch zu einer Fehlerhaftigkeit des Produktes kommen zu können. Der Hersteller soll dadurch bei der Produktion auch solche Umstände mit in Betracht ziehen, die nicht unmittelbar der Zweckbestimmung des Produktes entsprechen, wohl aber nahe liegend sind. Ein Körperduschgel wird zum Waschen der Haare verwendet und führt zu Haarausfall. Der Begriff des "normalen" Gebrauchs deckt dem Wortlaut nach diese Fallgestaltung nicht ab. Nach Łętowska[183] ist der Begriff des „normalen Gebrauchs" jedoch weit zu verstehen. Hierunter fielen auch die vorhersehbaren Fälle eines nicht entsprechenden Gebrauchs. Einen „gewöhnlichen falschen Gebrauch" habe der Hersteller vorherzusehen; er hafte auch in diesen Fällen. Dies gelte selbst dann, wenn das Produkt entgegen einer Warnung oder Gebrauchsanweisung genutzt wurde.
Ein solches Verständnis des Begriffs „normaler Gebrauch" entspricht den Vorgaben des Gemeinschaftsgesetzgebers. Unmittelbar aus dem Gesetzestext ergibt sich dies jedoch nicht. Um in diesem Punkt Rechtssicherheit zu schaffen, sollte die Formulierung der EG-Produkthaftungsrichtlinie „Gebrauch, mit dem billigerweise gerechnet werden kann" übernommen werden.

Keine Abweichung von der EG-Produkthaftungsrichtlinie ergibt sich durch die Regelung des Art. 449[1] § 3 Satz 3 ZGB, wonach ein Produkt nicht dadurch zu einem gefährlichen bzw. fehlerhaften Produkt wird, weil später ein verbessertes Produkt in den Verkehr gebracht wurde.

7. Die Haftungsausschlußgründe

Die Gründe, bei deren Vorliegen eine Haftung des Herstellers ausgeschlossen sein kann, sind in den Artt. 449[3] und 449[5] § 1 ZGB geregelt. Nach dem allgemeinen Grundsatz zur Beweislastverteilung muß der Hersteller das Vorliegen eines Haftungsausschlußgrundes nachweisen.
Der polnische Gesetzgeber hat sich bei der Regelung der Haftungsausschlußgründe überwiegend an die Vorgaben des Gemeinschaftsgesetzgebers gehalten.

a. Produkt nicht vom Hersteller in den Verkehr gebracht

Der Haftungsausschlußgrund des Art. 449[3] § 1 Alt. 1 ZGB entspricht wortgleich dem Haftungsausschlußgrund des Art. 7 a) EG-Produkthaftungsrichtlinie. Nach beiden Vorschriften haftet der Hersteller nicht, wenn er das Produkt nicht in den Verkehr gebracht hat.

b. Keine Herstellung im Rahmen der Wirtschaftstätigkeit

Eine Haftung des Herstellers ist nach Art. 449[3] § 1 Alt. 2 ZGB ferner ausgeschlossen, wenn das Inverkehrbringen des Produktes außerhalb der Wirtschaftstätigkeit des Herstellers erfolgte. Im Zusammenhang mit diesem Haftungsausschlußgrund ist außerdem

[183] Łętowska, Ustawa o ochronie niektórych praw kosumentów, Art. 449[1] § 3, Rdnr. 137.

Art. 449[4] ZGB von Bedeutung: Nach dieser Vorschrift wird vermutet, daß ein gefährliches Produkt, das einen Schaden verursacht hat, im Rahmen der Wirtschaftstätigkeit des Herstellers hergestellt und in den Verkehr eingeführt wurde. Durch diese Regelung wird klargestellt, daß es dem Hersteller obliegt, im Einzelfall den Nachweis zu erbringen, daß er das Produkt nicht im Rahmen seiner Wirtschaftstätigkeit hergestellt hat.
Der Haftungsausschlußgrund des Art. 449[3] § 1 Alt. 2 ZGB entspricht im wesentlichen den Vorgaben des Art. 7 c) EG-Produkthaftungsrichtlinie. Nach der europäischen Vorschrift knüpft dieser Haftungsausschlußgrund an zwei Voraussetzungen an: Zum einen darf der Hersteller das Produkt weder für den Verkauf oder eine andere Form des Vertriebs mit wirtschaftlichem Zweck hergestellt haben, zum anderen darf er es nicht im Rahmen seiner beruflichen Tätigkeit vertrieben haben. Durch diesen Haftungsausschlußgrund soll die Herstellung für den privaten Gebrauch von dem Anwendungsbereich der Herstellerhaftung ausgeklammert werden. Dieses Ziel erreicht auch der polnische Gesetzgeber weitestgehend: Die Herstellung eines Produktes ohne die Absicht, damit anschließend einen wirtschaftlichen Gewinn zu erzielen, kann nicht als Wirtschaftstätigkeit des Herstellers angesehen werden. Übt der Hersteller bei der Produktion des Produktes eine private Tätigkeit aus, liegt ebenfalls keine Wirtschaftstätigkeit vor. Dennoch sind Fälle denkbar, in denen man zu unterschiedlichen Ergebnissen kommt. Zur Verdeutlichung soll der folgende Fall dienen: Der Bäcker tischlert ein Möbelstück zum Verkauf. Dies hat nach der europäischen Regelung zur Folge, daß er sich nicht von der Haftung befreien kann. Zu einem anderen Ergebnis kommt man nach der polnischen Regelung; denn die Herstellung eines Möbelstücks gehört grundsätzlich nicht zu der wirtschaftlichen Tätigkeit eines Bäckers. Er könnte sich daher wohl entlasten.
Die polnische Fassung deckt sich in weiten Teilen mit Art. 7 c) EG-Produkthaftungsrichtlinie. Es sind jedoch Fallkonstellationen denkbar, in denen die Anwendung der polnischen Vorschrift zu einem von dem Gemeinschaftsgesetzgeber nicht gewollten Ergebnis führen könnte.

c. Produkt bei Inverkehrbringen fehlerfrei

Nach Art. 449[3] § 2 Satz 1 ZGB haftet der Hersteller nicht, wenn die gefährlichen Eigenschaften des Produktes nach dessen Inverkehrbringen entstanden sind. Eine Ausnahme gilt nach dieser Vorschrift in den Fällen, in denen die gefährlichen Eigenschaften auf eine Ursache zurückgehen, die bereits vorher im Produkt angelegt war. Durch diese Norm soll wohl der Haftungsausschlußgrund des Art. 7 b) EG-Produkthaftungsrichtlinie umgesetzt werden, wonach der Hersteller nicht haftet, wenn er beweist, daß unter Berücksichtigung der Umstände davon auszugehen ist, daß der Fehler, der den Schaden verursacht hat, nicht vorlag, als das Produkt von ihm in den Verkehr gebracht wurde, oder daß dieser Fehler später entstanden ist. Die polnische Regelung enthält entgegen der gemeinschaftsrechtlichen Regelung nur den Fall, daß die gefährlichen Eigenschaften[184] des Produktes erst später entstanden sind, nicht aber den Fall, daß das Produkt fehlerfrei in den Verkehr gebracht wurde.
Dieser Unterschied führt aber nicht zu erheblichen inhaltlichen Abweichungen: Denn es muß grundsätzlich gelten, daß ein Produkt, bei dem die gefährliche Eigenschaft bzw. der

---

[184] Wie dargestellt, ist der Begriff des gefährlichen Produktes mit dem Begriff des fehlerhaften Produktes gleichzusetzen.

Fehler erst nach Inverkehrbringen entstanden ist, ursprünglich fehlerfrei gewesen sein muß. Eine Abweichung ergibt sich hierdurch aber bezüglich des zu führenden Beweises. Der Hersteller hat nach der polnischen Regelung nur die Möglichkeit zu beweisen, daß die gefährlichen Eigenschaften des Produktes nach dessen Inverkehrbringen entstanden sind. Nach den Vorgaben des Gemeinschaftsrechts könnte er auch den Beweis führen, daß das Produkt bei Inverkehrbringen fehlerfrei war.
Hinsichtlich des Beweisthemas liegt also eine Abweichung von der EG-Produkthaftungsrichtlinie vor.

Darüber hinaus besteht zwischen der europäischen und der polnischen Vorschrift noch ein weiterer Unterschied: Nach Art. 7 b) EG-Produkthaftungsrichtlinie muß der Hersteller lediglich beweisen, daß unter Berücksichtigung der Umstände davon auszugehen ist, daß das Produkt bei Inverkehrbringen fehlerfrei war. Er muß also nicht den positiven Nachweis erbringen; es reicht vielmehr aus, wenn eine überwiegende Wahrscheinlichkeit dafür spricht, daß der Fehler im Zeitpunkt des Inverkehrbringens des Produktes durch den Hersteller noch nicht vorlag. Dem Richter steht in dieser Hinsicht mithin ein Beurteilungsspielraum zu. Aus der polnischen Vorschrift ergibt sich hingegen eine solche Erleichterung hinsichtlich des vom Hersteller zu führenden Nachweises nicht. Er muß den Vollbeweis erbringen.
Damit ist die Haftung des Herstellers nach der polnischen Vorschrift strenger als nach den europäischen Vorgaben. In der Praxis wird es für den Hersteller nach dieser Regelung daher noch schwieriger sein, einen solchen Nachweis zu erbringen. Es stellt sich vor diesem Hintergrund die Frage, ob die europäische Regelung nicht im Interesse einer Weiterentwicklung der polnischen Herstellerunternehmen sinnvoller wäre. Tritt Polen der Europäischen Union bei, würde eine Änderung dieses Haftungsausschlußgrundes ohnehin erforderlich.

d. Entwicklungsrisiken

Der Hersteller haftet auch nach polnischem Recht nicht, wenn die gefährlichen Eigenschaften des Produkts unter Berücksichtigung des Standes von Wissenschaft und Technik zum Zeitpunkt seiner Einführung in den Verkehr nicht erkennbar waren. Aus der Formulierung der Vorschrift folgt nicht zweifelsfrei, auf wen hinsichtlich der Erkennbarkeit abzustellen ist. Eine Auslegung dahingehend, daß auf den einzelnen Hersteller abzustellen ist, erscheint zumindest möglich. Es ist jedoch davon auszugehen, daß der polnische Gesetzgeber sich in diesem Punkt an die Vorgaben des Gemeinschaftsgesetzgebers gehalten hat und es auf den Inbegriff der Sachkunde im wissenschaftlichen und technischen Bereich allgemein - weltweit - ankommt. Dafür spricht schon sein unverkennbares Interesse an der Schaffung einer richtlinienkonformen Regelung.
Es bleibt im Ergebnis abzuwarten, wie die Gerichte diese Vorschrift verstehen werden.

e. Herstellung nach verbindlichen hoheitlichen Normen

Der Hersteller kann sich gemäß Art. 449^3 § 2 Satz 2 Alt. 2 ZGB von der Haftung befreien, wenn er nachweist, daß die gefährlichen Eigenschaften des Produktes aufgrund der Anwendung von Rechtsvorschriften entstanden sind. Mit dieser Vorschrift soll Art. 7 d) EG-Produkthaftungsrichtlinie umgesetzt werden.
Der Wortlaut der polnischen Norm wirft jedoch einige Fragen auf: Sind unter dem Begriff

„Rechtsvorschriften" verbindliche hoheitlich erlassene Normen zu verstehen? Dies wird wohl zu bejahen sein. Der polnische Gesetzgeber wollte eine Haftung des Herstellers in den Fällen ausschließen, in denen der Hersteller keinen Einfluß auf die Bildung bestimmter Eigenschaften des Produktes hat, da sich diese zwingend bei der Anwendung der für den Hersteller verbindlichen Normen ergeben. Zur Vermeidung von Mißverständnissen sollte jedoch klargestellt werden, daß es sich um zwingendes Recht handeln muß. Der Hersteller darf sich der Anwendung dieser Normen bei der Herstellung seiner Produkte nicht entziehen können.

f. Fehlerhaftigkeit des Teilproduktes entsteht erst durch Einarbeitung in das Endprodukt oder Herstellung auf Anleitung

Der Hersteller des Materials, des Grundstoffes sowie eines Teilproduktes haftet gemäß Art. 449^5 § 1 ZGB nicht, wenn die ausschließliche Ursache des Schadens auf eine fehlerhafte Konstruktion des Endproduktes oder auf die Anleitungen des Herstellers des Endproduktes zurückzuführen ist. Im Unterschied zu Art. 7 f) EG-Produkthaftungsrichtlinie nennt die polnische Norm auch den Hersteller des Materials sowie des Grundstoffes. Das führt jedoch inhaltlich zu keinem anderen Ergebnis, da nach europäischem Verständnis dieser Haftungsausschlußgrund auch für den Hersteller eines Grundstoffes anwendbar sein soll. Begründet wird dies mit der vergleichbaren Interessenlage des Herstellers eines Teilproduktes mit der des Herstellers eines Grundstoffes.
Es liegt mithin keine Abweichung von der entsprechenden Vorschrift der EG-Produkthaftungsrichtlinie vor.

8. Die Haftung mehrerer

Gemäß Art. 449^5 § 3 ZGB haften die in diesem Gesetz genannten Personen gesamtschuldnerisch. Dies entspricht den Vorgaben in Art. 5 EG-Produkthaftungsrichtlinie.

Ist für einen durch ein gefährliches Produkt verursachten Schaden gleichzeitig ein Dritter verantwortlich, haftet dieser nach Art. 449^6 ZGB mit den in diesem Gesetz aufgeführten Personen gesamtschuldnerisch. Die EG-Produkthaftungsrichtlinie enthält demgegenüber keine Regelung der Frage, inwieweit der Geschädigte Ansprüche gegen einen Dritten geltend machen kann. Ein Anspruch gegen den Dritten kann sich sicherlich nicht - entgegen der Ansicht von Schmidt-Salzer/Hollmann[185] - aus Art. 5 EG-Produkthaftungsrichtlinie ergeben. Nach dieser Vorschrift können nur die "aufgrund dieser Richtlinie" haftenden Personen gesamtschuldnerisch in Anspruch genommen werden. Eine Haftung des Dritten richtet sich daher nach dem einzelstaatlichen Recht.
Aus Art. 8 Abs. 1 EG-Produkthaftungsrichtlinie folgt nur, daß die Haftung des Herstellers nicht gemindert wird, wenn der Schaden durch einen Fehler des Produktes und zugleich durch die Handlung eines Dritten verursacht worden ist. Auch nach der polnischen Regelung bleibt die Haftung des Herstellers sowie der übrigen nach diesem Gesetz haftenden Personen bestehen. Der Geschädigte erhält lediglich zusätzlich die Möglichkeit, gegen den Dritten vorzugehen. Damit ist diese Vorschrift mit den gemeinschaftsrechtlichen Vorgaben vereinbar.
Art. 449^6 ZGB verweist auf die Vorschrift des Art. 441 § 2 und 3 ZGB bezüglich eines

---

185 Schmidt-Salzer/Hollmann, Kommentar EG-Richtlinie Produkthaftung, Art. 8, Rdnr. 10.

Ausgleichs im Innenverhältnis. Ist der Schaden das Ergebnis einer Handlung oder Unterlassung mehrerer Personen, kann nach dieser Vorschrift derjenige, der den Schaden ersetzt hat, von den übrigen je nach den Umständen und insbesondere je nach dem Verschulden des Betreffenden sowie je nach dem Grad, in dem sie den Schaden mit verursacht haben, Erstattung eines angemessenen Teils verlangen. Nach der EG-Produkthaftungsrichtlinie bleibt das Rückgriffsrecht des Herstellers gegen den Dritten ausdrücklich bestehen. Der Verweis ist daher zulässig.
Die Regelung des Art. 449^{6} ZGB ist folglich richtlinienkonform.

9. Der Ausschluß von Freizeichnungsklauseln

Nach Art. 449^{9} ZGB kann die Haftung für einen durch ein gefährliches Produkt verursachten Schaden weder ausgeschlossen noch beschränkt werden. Entgegen Art. 12 EG-Produkthaftungsrichtlinie folgt aus der polnischen Norm nicht ausdrücklich, daß hiermit der Ausschluß der Haftung des Herstellers durch vertragliche Vereinbarungen gemeint ist. Aufgrund der weiteren Formulierung des Art. 449^{9} ZGB ist jedoch davon auszugehen, daß Freizeichnungsklauseln mit erfaßt sind.

In Art. 449^{11} ZGB wird wiederum festgelegt, daß ein Ausschluß oder eine Beschränkung der Haftung nach den Vorschriften zur Produkthaftung nicht möglich ist. Aus welchem Grund der polnische Gesetzgeber diese Regelung zweimal trifft, ist nicht ersichtlich.

10. Die Verjährung

Ein Anspruch auf Schadensersatz nach den Vorschriften zur Produkthaftung verjährt gemäß Art. 449^{8} ZGB mit Ablauf von drei Jahren von dem Tag an, an dem der Geschädigte von dem Schaden und von dem Ersatzpflichtigen Kenntnis erlangt hat. Im Unterschied zu der Regelung der EG-Produkthaftungsrichtlinie reicht nicht bereits die fahrlässige Unkenntnis des Geschädigten aus, um die Verjährungsfrist beginnen zu lassen. In diesem Punkt ist die polnische Regelung ungünstiger für den Hersteller als es die europäische ist. Ferner weicht die polnische Vorschrift noch in einem weiteren Punkt von den europäischen Vorgaben ab: Es ist nach der polnischen Vorschrift nicht erforderlich, daß der Geschädigte Kenntnis von der Gefährlichkeit des Produktes erlangt hat. Art. 10 Abs. 1 EG-Produkthaftungsrichtlinie setzt demgegenüber voraus, daß der Geschädigte die für die gerichtliche Geltendmachung des Schadensersatzanspruchs erforderlichen Tatsachen kennt - und damit um den Schaden, den Fehler sowie die Person des Herstellers weiß. Es sind Fallkonstellationen denkbar, in denen der Geschädigte erst erhebliche Zeit nach dem Schadenseintritt von der Fehlerhaftigkeit bzw. Gefährlichkeit des Produktes Kenntnis erlangt. Nach der polnischen Regelung würde in diesen Fällen trotz dieser fehlenden Kenntnis die Verjährungsfrist bereits zu laufen beginnen. Die polnische Regelung kann daher zu von den Vorgaben der EG-Produkthaftungsrichtlinie abweichenden Ergebnissen bei der Berechnung des Verjährungsbeginns führen. Damit erfolgte in diesem Punkt keine richtlinienkonforme Umsetzung. Im Falle eines Beitritts von Polen zu der Europäischen Union müßte diese Vorschrift an das europäische Recht angeglichen werden.

Die Ansprüche nach den produkthaftungsrechtlichen Vorschriften erlöschen gemäß Art. 449^{8} Satz 2 ZGB in Übereinstimmung mit der EG-Produkthaftungsrichtlinie mit Ablauf von zehn Jahren ab dem Zeitpunkt, zu dem das Produkt in den Verkehr gebracht wurde.

Tschechische Republik - Die Haftung für fehlerhafte Produkte

Im Dezember 1997 hat die Tschechische Republik als einer der sechs Beitrittskandidaten an der EU-Konferenz in Luxemburg teilgenommen. Im Verlaufe dieser Konferenz wurden die nächsten Schritte für einen Beitritt zu den Europäischen Gemeinschaften konkretisiert.[186] Unter anderem wurde eine Überprüfung der tschechischen Rechtsordnung hinsichtlich ihrer Kompatibilität mit dem EU-Recht vereinbart. Vor diesem Hintergrund hat das tschechische Parlament am 5. März 1998 ein Produkthaftungsgesetz[187] verabschiedet, das am 1. Juni 1998 in Kraft getreten ist.
Dieses Gesetz soll die Vereinbarkeit der tschechischen Rechtsordnung hinsichtlich einer Haftung für durch fehlerhafte Produkte hervorgerufene Schäden mit den Bestimmungen der EG-Produkthaftungsrichtlinie gewährleisten. Aus dem Begründungsbericht zum Produkthaftungsgesetz folgt, daß eine Umsetzung dieser Rechtsmaterie für den Beitritt zur Europäischen Union Voraussetzung ist, da eine verschuldensunabhängige Haftung des Herstellers für durch fehlerhafte Produkte hervorgerufene Schäden im tschechischen Recht bis dahin nicht bestand.[188]

I. Die Haftung für fehlerhafte Waren vor Erlaß des Produkthaftungsgesetzes

Vor Erlaß des Produkthaftungsgesetzes konnte ein Anspruch auf Ersatz von Schäden, die durch ein fehlerhaftes Produkt verursacht worden waren, lediglich auf Grundlage der allgemeinen Vorschriften geltend gemacht werden. Als Anspruchsgrundlage kamen sowohl Vorschriften des Bürgerlichen Gesetzbuches, des Handelsgesetzbuches als auch des Gesetzbuches über den internationalen Handel in Betracht.[189]

A. Überblick über die Entwicklung des Bürgerlichen Gesetzbuches

Mit der Gründung der unabhängige Tschechoslowakei im Jahre 1918 wurde das österreichische Allgemeine Bürgerliche Gesetzbuch (ABGB) in die tschechische Rechtsordnung übernommen, das bis zur Besetzung des Landes durch das deutsche Reich 1939 galt. Es war erneut in dem Zeitraum von 1945 bis 1950 in Kraft. Das Zivilgesetzbuch der Tschechoslowakei ähnelte daher bis zu diesem Zeitpunkt stark dem österreichischen sowie dem deutschen Zivilgesetzbuch und wurde - wie auch in der österreichischen und der deutschen Rechtsordnung - durch ein Handelsgesetzbuch ergänzt.
1950 wurde ein neues Zivilgesetz erlassen, das aber bereits 1964 reformiert wurde. Im Rahmen dieser Gesetzesreform wurden drei voneinander getrennte Gesetzesmaterien geschaffen.[190] Zum einen wurde ein Bürgerliches Gesetzbuch[191] erlassen, das nur die

---

[186] Vgl. hierzu Bohata, WIRO 1998, S. 151.
[187] "Gesetz über die Haftung für durch die Fehler eines Produktes verursachte Schäden", Gesetz Nr. 59/1998 Sb (Sbírka zákonu = Gesetzessammlung).
[188] Begründungsbericht der Tschechischen Regierung zum Produkthaftungsgesetz (im folgenden zitiert als Begründungsbericht), Allgemeiner Teil.
[189] Dvořák /Kraft, PHI 1991, S. 102.
[190] Němec, Monatsheft für osteuropäisches Recht 1995, S. 227.
[191] Gesetz Nr. 40/1964 Sb.

Rechtsbeziehungen zwischen Bürgern untereinander sowie zwischen Bürgern und vergesellschafteten Unternehmen regelte. Das Wirtschaftsgesetzbuch[192] enthielt lediglich Regelungen zu den Rechtsverhältnissen zwischen den Einheiten der staatlichen Wirtschaft. Es stellte eine vom BGB im wesentlichen unabhängige Regelung dar. Das Gesetzbuch über den internationalen Handel[193] fand nur bei Rechtsbeziehungen zwischen staatlichen tschechoslowakischen Unternehmen einerseits sowie Handelspartnern aus Nicht-RGW-Staaten[194] andererseits Anwendung; dieses Gesetz bildete die Beurteilungsgrundlage für alle grenzüberschreitenden Verträge.[195]

Das Bürgerliche Gesetzbuch von 1964 war stark durch die sozialistische Ideologie geprägt. Dies zeigte sich insbesondere in der Regelung des Eigentumsrechts. Es gab keine einheitliche Regelung der Eigentumsbeziehungen, sondern verschiedene Formen und Typen, die durch Rechtsvorschriften unterschiedlich geregelt waren.[196] Ferner erfolgten grundlegende Änderungen im Personen- und Vermögensrecht.[197] Das sozialistische Bürgerliche Gesetzbuch enthielt insbesondere eine stark differenzierte Vertragssystematik. Es gab keine allgemeinen Regelungen zum Kaufvertrag, sondern Vorschriften über den Kauf von Sachen im Geschäft[198] oder den Kauf zwischen Bürgern.[199] Die Vertragsfreiheit wurde nahezu gänzlich zugunsten einer zentral gelenkten Planwirtschaft eingeschränkt.[200] Der mit der Einschränkung der Vertragsfreiheit einhergehende Kontrahierungszwang ist ein Charakteristikum für das Zivilrecht sozialistischer Länder. Diese Feststellung läßt sich insbesondere durch einen Vergleich mit der Rechtslage in Polen belegen, wie sie sich vor Eintritt der Reformen darstellte.[201]

Daneben wurde das bis dahin geltende Schiedsverfahren erheblich geändert. Streitigkeiten aus wirtschaftlichen Beziehungen sozialistischer Organisationen untereinander wurden durch Organe der Staatlichen Wirtschaftsarbitrage[202] entschieden. Ebenso wie in Polen sollten diese besonderen Gerichte die Grundsätze der sozialistischen Ideologie und hier insbesondere Gesichtspunkte der Planwirtschaft bei ihren Entscheidungen berücksichtigen und umsetzen. Diese Entwicklung trug deutliche Züge der sowjetischen Zentralplanwirtschaft.[203]

---

[192] Gesetz Nr. 109/1964 Sb.
[193] Gesetz Nr. 101/1963 Sb.
[194] Die Abkürzung RGW steht für "Rat für gegenseitige Wirtschaftshilfe". Der RGW wurde am 8. Januar 1949 in Moskau zwischen den Staaten Osteuropas gegründet. Diese Institution, die aus Vertretern der einzelnen Mitgliedsstaaten bestand, sollte die Wirtschaftsinteressen der sozialistischen Staaten wahrnehmen.
[195] Kuss, RIW Beilage 3 zu Heft 11/1991, S. 13, 16.
[196] Libanský in Säcker/Seiffert/Wolfrum/Albrecht, Neue Entwicklungen im Wirtschafts- und Handelsrecht der CSFR, S. 273, 287.
[197] Kanda, WIRO 1997, S. 441, bezeichnet dies als verhängnisvolle Beeinflussung des tschechischen Privatrechts.
[198] Der Begriff "im Geschäft" klingt zwar merkwürdig, wird jedoch in den einschlägigen Gesetzesübersetzungen und der Literatur durchgehend verwendet. Gemeint ist hiermit wohl der Einzelhandel.
[199] Hajn in Schlechtriem, S. 27, 29.
[200] Hernfeld, Recht europäisch, S. 56.
[201] Vgl. dazu im Länderteil Polen die Ausführungen zur Entwicklung des polnischen Zivilgesetzbuches unter "I. Das Zivilgesetzbuch".
[202] Gesetz über die Staatliche Wirtschaftsarbitrage Gesetz Nr. 121/1962.
[203] Němec, Monatsheft für osteuropäisches Recht 1995, S. 227.

1. Die Entwicklung seit November 1989

Mit dem Fall des kommunistischen Regimes und dem damit verbundenen Beginn erheblicher politischer und wirtschaftlicher Veränderungen im November 1989 wurde eine Novellierung des Rechtssystems erforderlich. Einerseits mußten die Rechtsvorschriften, die mit der neuen demokratischen Ordnung unvereinbar waren, aufgehoben bzw. geändert werden, andererseits wurde die Verabschiedung von neuen Gesetzen unerläßlich.[204] Die Etablierung einer demokratischen Rechtsordnung machte auch die Novellierung des Zivilrechts von 1964 notwendig.[205] Das Zivilrecht gewann im Zuge dieser Entwicklung sehr an Bedeutung: Es mußten die rechtlichen Voraussetzungen für die Umwandlung einer zentralen Plan- in eine dezentrale Marktwirtschaft geschaffen und damit vor allem die Entstehung neuer Eigentumsverhältnisse ermöglicht werden.[206]
In vielen Bereichen wurde bei der Novellierung auf Regelungen des Zivilgesetzbuch von 1950 zurückgegriffen.[207]
Insbesondere wurden im Rahmen der Reform des Zivilrechts die Regelungen des Allgemeinen Schuldrechts erweitert und konkretisiert. Der Grundsatz der Vertragsfreiheit gewann im Zuge dieser Änderungen erheblich an Bedeutung. Darüber hinaus wurde das Recht der juristischen Personen stark modifiziert. Die Vorschriften über das Eigentum wurden entsprechend des 1990 neu eingeführten Grundsatzes der Verfassung novelliert, der von einer prinzipiellen Gleichstellung aller Eigentümer hinsichtlich der sich aus dem Eigentum ergebenden Rechte und Pflichten ausgeht.[208]
Die Reform des Zivilrechts wurde nicht in einem Schritt durch eine große Reform bzw. eine Neukodifizierung vollzogen, sondern vielmehr durch eine Vielzahl von einzelnen Gesetzesnovellen. Dies hat zur Folge, daß das Zivilgesetzbuch "zusammengeflickt" erscheint und lückenhaft ist.[209] Gleichzeitig mit der Reform des Zivilrechts wurde ein Handelsgesetzbuch geschaffen, das Ende 1991 verabschiedet wurde.[210]

Die Rekodifizierung des Zivilrechts ist bis zum heutigen Tag nicht abgeschlossen. Insbesondere ist noch nicht abschließend geklärt, wie das Verhältnis zwischen Zivil- und Handelsgesetzbuch in der Zukunft auszugestalten ist. Dazu werden verschiedene Auffassungen vertreten. Es wird von einer Auffassung vorgeschlagen, das Zivilgesetzbuch weiterhin als lex generalis zu verstehen, welches durch das daneben selbständige Handelsgesetzbuch als lex specialis ergänzt wird.[211] Nach dem Vorhaben der neuen Regierung soll Anfang 2001 ein neues Zivilgesetzbuch und eine Zivilprozeßordnung vorgelegt werden. Danach ist eine komplette Zusammenlegung des Zivilgesetzbuches und des Handelsgesetzbuches vorgesehen.[212]

---

[204] Mokrý, JOR 1995, S. 59, 60.
[205] Gesetz Nr. 40/1964 Sb. - in der Fassung der Gesetze Nr. 47/1992 Sb., Nr. 264/1992 Sb., Nr. 267/1994 Sb., Nr. 104/1995 Sb., Nr. 118/1995 Sb., Nr. 89/1996 Sb., Nr. 94/1996 Sb. und Nr. 227/1997 Sb.
[206] Giese/Linsmeier/Neupert/Vondrichová, WIRO 1994, S. 393.
[207] Hajn in Schlechtriem, S. 27, 30.
[208] Mokrý, JOR 1995, S. 59, 60.
[209] Bohata, JOR 1995, S. 235, 249.
[210] Gesetz Nr. 513/1991 Sb., Handelsgesetzbuch, in der Fassung der Gesetze Nr. 264/1992 Sb., Nr. 519/1992 Sb., Nr. 600/1992 Sb., Nr. 286/1993 Sb. und Nr. 156/1994 Sb.
[211] Kanda, WIRO 1997, S. 441, 442.
[212] Bohata, WIRO 1999, S. 70.

2. Die Spaltung der Tschechoslowakei 1992

Am 27. November 1992 wurde mit einem Verfassungsgesetz des Föderalen Parlaments[213] die Teilung der Tschechoslowakei in die jetzige Tschechische und die Slowakische Republik beschlossen. Beide Staaten übernahmen grundsätzlich die gesamte bis dahin geltende Gesetzgebung.[214] Von diesem Grundsatz wird nur im Ausnahmefall abgewichen. Voraussetzung ist hierzu, daß bestehende föderale Gesetze mit Wirkung zum 1. Januar 1993 bereits durch von den Nationalparlamenten neu konzipierte Gesetzeswerke ersetzt werden.

B. Aufbau und System des tschechischen Bürgerlichen Gesetzbuches

Das tschechische Bürgerliche Gesetzbuch[215] enthält 880 Paragraphen und gliedert sich in neun Bücher. Wie auch im deutschen Zivilrecht sind im ersten Buch zunächst allgemeine Grundsätze geregelt.[216] Das sechste Buch regelt die Schadenshaftung und das achte Buch das Schuldrecht. Das Schuldrecht unterteilt sich wiederum in den Allgemeinen - §§ 488 bis 587 BGB-Tsch - und den Besonderen Teil - §§ 588 bis 852 BGB-Tsch -, wobei im Allgemeinen Teil das Entstehen und der Untergang sowie die Übertragung und Änderung von Rechtsverhältnissen geregelt sind, während der Besondere Teil Regelungen zu den einzelnen besonderen Vertragstypen enthält.

Im tschechischen Zivilrecht wird zwischen der Haftung für einen verursachten Schaden und der Haftung für Mängel an einer Sache unterschieden. Anders als im deutschen sowie auch im polnischen Recht[217] enthalten die Vorschriften zur Sachmängelhaftung des tschechischen Bürgerlichen Gesetzbuchs keinen eigenen Schadensersatzanspruch. Vielmehr können Schadensersatzansprüche im Rahmen von Vertragsbeziehungen auch nur auf der Grundlage der allgemeinen Vorschrift des § 420 BGB-Tsch geltend gemacht werden.

Im Rahmen der Haftung für durch fehlerhafte Produkte hervorgerufene Schäden ist daher vor Erlaß des neuen Produkthaftungsgesetz die schadensrechtliche Generalklausel des § 420 BGB-Tsch Anspruchsgrundlage für den Ersatz von Schäden gewesen, die durch fehlerhafte Produkte hervorgerufen wurden.

Da die Geltendmachung von Ansprüche nach dem neuen Produkthaftungsgesetz nicht die Geltendmachung von Ansprüchen nach den allgemeinen zivilrechtlichen Vorschriften ausschließt, kommt dieser Norm auch heute noch im Rahmen dieser Rechtsmaterie maßgebliche Bedeutung zu.

---

[213] Gesetz über die Teilung der Tschechischen und Slowakischen Föderativen Republik Nr. 542/1992 Sb, in Kraft seit dem 8.12.1992.

[214] Piltz/Věrný, Hdb. Wirtschaft und Recht in Osteuropa, Bd. 1, Syst 02 CS, Rdnr. 2; Věrný, WIRO 1993, S. 61, 62.

[215] Gesetz Nr. 40/1964 Sb. - in der Fassung der Gesetze Nr. 47/1992 Sb., Nr. 264/1992 Sb., Nr. 267/1994 Sb., Nr. 104/1995 Sb., Nr. 118/1995 Sb., Nr. 89/1996 Sb., Nr. 94/1996 Sb. und Nr. 227/1997 Sb. Im folgenden mit BGB-Tsch abgekürzt.

[216] Der allgemeine Teil umfaßt unter anderem Vorschriften zu den Zivilrechtsverhältnissen und ihrem Schutz, Verjährungsfristen, Legaldefinitionen - insbesondere die der juristischen und natürlichen Personen - sowie Regelungen zur Vertretung.

[217] Vgl. hierzu die Regelungen in §§ 463, 480 BGB sowie Art. 566 des polnischen Zivilgesetzbuches.

C. Schadenshaftung nach dem tschechischen BGB

Das sechste Buch des Bürgerlichen Gesetzbuches regelt im zweiten Abschnitt die Schadenshaftung. Die erste Vorschrift dieses Abschnitts - die haftungsrechtliche Generalklausel - wurde im Zuge der Gesetzesnovelle von 1991 zum Bürgerlichen Gesetzbuch[218] geändert. Nach § 420 Abs. 1 BGB in seiner neuen Fassung haftet nunmehr jeder für den Schaden, den er durch die Verletzung einer Rechtspflicht verursacht hat. Die in § 420 BGB-Tsch alte Fassung enthaltene Unterscheidung zwischen der Haftung einer natürlichen bzw. einer juristischen Person wurde damit aufgehoben. Es wurde im Rahmen der Änderung dieser Vorschrift konsequent der Grundsatz der Gleichberechtigung aller Subjekte zivilrechtlicher Beziehungen umgesetzt.

Schadenshaftung wird im tschechischen Recht als die Rechtsfolge verstanden, die denjenigen trifft, der eine Rechtspflicht verletzt hat. Eine solche Haftung greift insbesondere dann, wenn der Schädiger eine rechtswidrige Handlung begangen hat.[219]

1. Die Voraussetzungen einer Haftung nach § 420 BGB-Tsch

Voraussetzung einer Haftung nach § 420 BGB sind die Verletzung einer Rechtspflicht, das Vorliegen eines Schadens, ein Kausalzusammenhang zwischen Pflichtverletzung und Schaden sowie Verschulden, soweit dies im Gesetz festgelegt ist.

a. Die Verletzung einer Rechtspflicht

Die Verletzung einer Rechtspflicht - und damit ein rechtswidriges Verhalten - im Sinne von § 420 BGB-Tsch ist grundsätzlich bei einem Handeln oder einem Unterlassen einer natürlichen Person anzunehmen, das im Widerspruch zum objektiven Recht als Einheit steht. Dasselbe gilt für die Tätigkeit einer juristischen Person. Eine solche widerrechtliche Handlung wird auch im tschechischen Recht als Delikt bezeichnet.
Das Handeln oder Unterlassen einer natürlichen Person sowie die Tätigkeit einer juristischen Person stehen nicht nur dann im Widerspruch zum objektiven Recht, wenn eine zwingende Rechtsnorm direkt verletzt wird, sondern auch bei Umgehung einer Norm. Daneben kann eine widerrechtliche Handlung auch bei der Verletzung einer vertraglichen Pflicht vorliegen.

In § 415 BGB-Tsch wird eine Generalklausel formuliert: Eine rechtswidrige Handlung ist danach in jedem Verhalten bzw. jeder Tätigkeit zu sehen, bei der die betreffende natürliche oder juristische Person nicht sorgfältig genug vorging, um die Verursachung eines Schadens zu verhindern. Die Sorgfaltspflichtverletzung des Herstellers liegt in der Herstellung und dem Inverkehrbringen einer fehlerhaften Sache. Wie auch im deutschen Recht ist die Rechtswidrigkeit eines Verhaltens eine vom Verschulden getrennt zu prüfende Haftungsvoraussetzung. Eine Handlung kann folglich trotz fehlenden Verschuldens rechtswidrig sein.

---

[218] Gesetz Nr. 509/1991 Sb; Durch diese Gesetzesnovelle wurden eine Vielzahl von Vorschriften ergänzt, aufgehoben und neu eingeführt.

[219] Jehlička/Švestka, Občanský zákoník Komentář (Bürgerliches Gesetzbuch, Kommentar), § 420, Rdnr. 1.

Wie dargestellt, enthält das tschechische Bürgerliche Gesetzbuch keine Vorschriften zur Produkthaftung. Der Begriff des Fehlers wurde auch nicht von der Rechtsprechung für diese Rechtsmaterie definiert. Insoweit konnte sich vor Erlaß des neuen Produkthaftungsgesetzes der Begriff der Fehlerhaftigkeit eines Produktes lediglich aus den kaufrechtlichen Vorschriften ergeben.

b. Der Schaden

Unter einem Schaden im Sinne des bürgerlichen Rechts versteht man eine Beeinträchtigung, die in der Vermögenssphäre des Geschädigten entstanden ist und objektiv durch ein allgemeines Äquivalent ausgedrückt werden kann.[220] Im tschechischen Recht wird zwischen einem tatsächlichen Schaden und dem entgangenen Gewinn unterschieden. Nach der Rechtsprechung ist grundsätzlich ein Schaden gegeben, wenn die Beeinträchtigung ersatzfähig, das heißt, durch die Gewährung einer Vermögensleistung, vor allem durch die Zahlung von Geld, ausgeglichen werden kann.[221]
Durch einen tatsächlichen Schaden muß es also zu einer Verminderung oder sonstigen Vernichtung von bereits existierendem Vermögen des Geschädigten gekommen sein.[222] Unter den tatsächlichen Schaden fallen auch die für die Neubeschaffung einer Sache anfallenden Kosten sowie die Kosten zur Entfernung der Folgen des Schadens.[223]

Ein Schaden in Form des entgangenen Gewinns ist demgegenüber nicht in einer Beeinträchtigung von bereits existierenden Vermögenswerten zu sehen, sondern vielmehr darin, daß es infolge des schädigenden Ereignisses nicht zu einer Vergrößerung des Vermögens des Geschädigten gekommen ist, die mit Rücksicht auf den gewöhnlichen Gang der Dinge hatte erwartet werden können. Voraussetzung ist, daß der Gewinn tatsächlich erwartet werden konnte; rein hypothetische Gewinnerwartungen werden nicht ersetzt.

Im Zusammenhang mit der Festsetzung von Ansprüchen auf den entgangenen Gewinn wird regelmäßig der Rechtsgedanke des § 379 HGB-Tsch herangezogen. Danach wird als entgangener Gewinn der nicht eingetretene Vermögenszuwachs angesehen, den der Geschädigte - objektiv und gleichzeitig konkret und differenziert bewertet - voraussehen konnte.
In der Praxis der Gerichte ist im Bezug auf die Gewährung von entgangenem Gewinn noch keine abschließende Anpassung an die geänderten wirtschaftlichen Verhältnisse erfolgt. Eine Umsetzung der neuen marktwirtschaftlichen Verhältnisse bei ihren Entscheidungen bereitet den Richtern, die den überwiegenden Teil ihres Berufslebens Recht nach sozialistischen Vorstellungen gesprochen haben, erhebliche Schwierigkeiten.

---

[220] R (Rozhodnutí = Entscheidung) 55/1971.
[221] Ibid.
[222] Linde, Komentář Občanský zákoník (Kommentar zum Bürgerlichen Gesetzbuch) § 420, S. 232.
[223] R (Rozhodnutí = Entscheidung) 5/1978; R 27/1991; R 7/1992.

c. Die Kausalität

Nach überwiegender Ansicht in der Rechtsprechung sowie der Rechtslehre kann eine Verantwortung für einen verursachten Schaden nur dann angenommen werden, wenn eine bestimmte Tatsache, mit der nach dem Bürgerlichen Gesetzbuch eine Verantwortung für Schäden verbunden ist (diese wird auch als relevante zivilrechtliche Ursache bezeichnet), in einem konkreten Fall eine bestimmte andere Tatsache, für die man nach dem Bürgerlichen Gesetzbuch verantwortlich ist (diese wird als relevante zivilrechtliche Folge bezeichnet), tatsächlich verursacht hat.[224] Eine relevante zivilrechtliche Ursache kann eine widerrechtliche Handlung oder ein besonderes, vom Gesetz beschriebenes Ereignis sein.[225] Ein Kausalzusammenhang ist folglich vor allem dann anzunehmen, wenn zwischen der Rechtspflichtverletzung und der Entstehung eines Schadens die Beziehung von Ursache und Folge bestand.

Der Kausalzusammenhang ist eine unerläßliche Voraussetzung für jede Art von Schadenshaftung im Zivilrecht, die unabhängig von dem Umstand vorliegen muß, ob ein Verschulden verlangt wird oder nicht. Das Vorliegen des Kausalzusammenhangs ist in jedem Einzelfall zu prüfen, wobei alle Umstände in eine Bewertung mit einbezogen werden müssen, die Ursache der eingetretenen Folge gewesen sind.[226]

Zum Kausalzusammenhang werden in der Rechtsprechung sowie der Rechtslehre verschiedene Auffassungen vertreten: Auch im tschechischen Recht gibt es die Äquivalenztheorie. Sie findet jedoch, wie auch im deutschen Recht, nach überwiegender Ansicht ausschließlich im Strafrecht und nicht im Zivilrecht Anwendung. Im Zivilrecht gilt vielmehr nach herrschender Meinung die Adäquanztheorie.[227] Nach der von dem tschechischen Zivilrechtler Krcmar[228] entwickelten Theorie des adäquaten Kausalzusammenhangs ist der Schaden im konkreten Fall dann durch eine widerrechtliche Handlung oder durch das vom Gesetz beschriebene Ereignis verursacht, wenn die widerrechtliche Handlung oder das beschriebene Ereignis nicht nur Bedingung des Schadens war, sondern auch nach der allgemeinen Art bzw. dem allgemeinen Verlauf der Dinge oder Erfahrungen gewöhnlich (auch typischer Weise oder generell) den Eintritt eines solchen Schadens zur Folge hat. Es wird außerdem gefordert, daß die widerrechtliche Handlung oder das vom Gesetz beschriebene Ereignis zumindest eine der Hauptursachen für den Schadenseintritt gewesen sein müsse.[229]

Diese Theorie stimmt fast wörtlich mit der von dem Bundesgerichtshof[230] vertretenen Adäquanztheorie überein, wonach ein adäquat kausaler Zusammenhang vorliegt, wenn ein Ereignis im allgemeinen und nicht nur unter besonders eigenartigen, unwahrscheinlichen und nach dem gewöhnlichen Verlauf der Dinge außer Betracht zu lassenden Umständen geeignet ist, einen Erfolg der eingetretenen Art herbeizuführen. Ein Einfluß durch das deutsche Recht ist hier unverkennbar.

---

[224] Knappová/Švestka, S. 353.
[225] Ibid.
[226] Jehlička/Švestka, Občanský zákoník Komentář (Bürgerliches Gesetzbuch, Kommentar), § 420, Anmerkungen zu Absatz 1.
[227] Knappová/Švestka, S. 356.
[228] Krčmář, S. 311.
[229] Linde, Komentář Obcanský zákoník (Kommentar zum Bürgerlichen Gesetzbuch) § 420, S. 233.

Bei der Beurteilung, ob eine bestimmte Bedingung geeignet ist, nach ihrer allgemeinen Art oder dem gewöhnlichen Gang der Dinge Schäden hervorzurufen, oder ob eine widerrechtliche Handlung oder ein schädliches Ereignis gleichzeitig eine rechtlich relevante Ursache eines Schadens darstellt, ist auf die Vorhersehbarkeit durch den Schädiger abzustellen.[231] Es ist zu fragen, ob der Schaden für den Schädiger, unter den konkreten Umständen und in der Stellung, in der er sich zum Zeitpunkt des Eintritts des Schadens befand, die Schadensverursachung vorhersehbar war. Bei einer solchen Bewertung sind objektive Maßstäbe heranzuziehen, das heißt, der Schaden müßte in der konkreten Situation für einen durchschnittlichen Bürger vorhersehbar gewesen sein. Begründet wird die Anwendung eines objektiven Maßstabes zum Teil mit der Vorschrift des § 379 HGB-Tsch. Nach dieser Norm wird der Umfang des handelsrechtlichen Schadensersatzanspruches bestimmt. Der Umfang des zu ersetzenden Schadens richtet sich unter anderem danach, ob der Schädiger bei Anwendung der üblichen Sorgfalt die Höhe des Schadens als eine mögliche Folge seiner Vertragsverletzung hätte erkennen müssen.

d. Das Verschulden

Der Schädiger kann sich von einer Haftung nach § 420 BGB-Tsch befreien, wenn er nachweist, daß er den Schaden nicht verschuldet hat.

Das tschechische Bürgerliche Gesetzbuch enthält keine Regelung zum Verschulden. Nach überwiegender Auffassung in Rechtsprechung und Literatur sind vor dem Hintergrund der Einheit der Rechtsordnung bei der Bestimmung des zivilrechtlichen Verschuldensbegriffs die Regelungen des Strafgesetzbuches zugrunde zu legen.[232] § 4 und § 5 Strafgesetzbuch-Tsch[233] regeln Vorsatz und Fahrlässigkeit: Eine Straftat ist nach § 4 Strafgesetzbuch-Tsch vorsätzlich begangen, wenn der Täter auf die im Strafgesetzbuch angeführte Art das durch dieses Gesetz geschützte Interesse (Rechtsgut) verletzen oder gefährden wollte, wenn der Täter wußte, daß er durch sein Handeln eine solche Verletzung oder Gefährdung verursachen kann, und er eine solche billigend in Kauf genommen hat.

Nach der Vorschrift des § 5 Strafgesetzbuch-Tsch liegt ein fahrlässiges Handeln vor, wenn der Täter wußte, daß er auf die im Gesetz angeführte Art ein durch dieses geschütztes Interesse verletzen oder gefährden kann, aber ohne angemessene Gründe sich darauf verläßt, daß eine solche Verletzung oder Gefährdung nicht verursacht (bewußte Fahrlässigkeit) oder der Täter nicht wußte, daß er durch seine Handlung eine solche Verletzung oder Gefährdung verursachen kann, obwohl er mit Rücksicht auf die Umstände und seine persönlichen Verhältnisse dies hätte wissen sollen und können (unbewußte Fahrlässigkeit).

Im Rahmen einer Haftung nach § 420 BGB-Tsch tritt die Frage der Form des Verschuldens in der Regel vor allem deshalb in den Hintergrund, weil eine Haftung nach dieser Vorschrift auf dem Prinzip des präsumierten Verschuldens beruht.[234] Danach muß derjenige, der einen Schaden verursacht hat, den Nachweis erbringen, daß er den Schaden

---

[230] BGHZ 7, S. 204; 57, S. 141; BGH in NJW 1995, S. 127.
[231] Knappová/Švestka, S. 357.
[232] Linde, Komentař Obcanský zákoník (Kommentar zum Bürgerlichen Gesetzbuch) § 420, S. 233.
[233] Trestní zákoník (Strafgesetzbuch).
[234] Alexiev et altri, S. 57.

nicht hervorgerufen hat.
Bereits vor der Gesetzesnovelle von 1991 haftete der Schädiger nach § 420 BGB-Tsch für präsumiertes Verschulden. Dieses Prinzip wurde auch im Rahmen der Änderung des Bürgerlichen Gesetzbuches aufrechterhalten, was sich aus der Formulierung des geänderten § 420 Abs. 3 BGB-Tsch eindeutig ergibt. Dieser enthält für den Schädiger lediglich die Möglichkeit der Exkulpation: Von der Haftung ist derjenige befreit, der nachweist, daß er den Schaden nicht verursacht hat. Die Gerichte müssen bei der Geltendmachung von Schadensersatzansprüchen auf der Grundlage des § 420 BGB-Tsch ein Verschulden mithin nur dann prüfen, wenn der Schädiger geltend macht, daß der Schadenseintritt nicht von ihm verschuldet wurde. Lediglich wenn das Gericht aufgrund dessen zu einer Prüfung des Verschuldens kommt, sind hierzu Ausführungen erforderlich.

Der Hersteller muß bei einer Haftung nach der zivilrechtlichen Schadensersatznorm also den Beweis erbringen, daß er den Schadenseintritt nicht verschuldet hat. Es finden sich weder Entscheidungen in der Rechtsprechung noch Ausführungen in der Rechtslehre, wann dem Hersteller ein Verschulden nicht mehr zur Last gelegt werden kann. Das Oberste Gericht hat lediglich ausgeführt, daß ein Produzent sich nicht dadurch von einer Haftung befreien könne, daß er nachweist, er habe seine Mitarbeiter sorgfältig ausgesucht bzw. kontrolliert.[235]

In der Tschechischen Republik war die Einführung einer Beweislastumkehr durch die Gerichte für die Fälle der Herstellerhaftung nicht erforderlich, da die Schadenshaftung des Bürgerlichen Rechts bereits dem Gesetz nach eine Haftung für präsumiertes Verschulden ist. Der Bundesgerichtshof hat die mit der Hühnerpestentscheidung eingeführte Beweislastumkehr mit dem Grundsatz der "Beweislastverteilung nach Gefahrenbereichen" begründet. Hintergrund dieser Entscheidung waren die von einer industriellen Produktion ausgehenden zunehmenden besonderen Gefahren. Die Beweislast hinsichtlich des Verschuldens obliegt nach deutschem Schadensrecht daher nur im Rahmen der Haftung des Herstellers dem Schädiger. Das gilt im übrigen auch für das polnische Recht. Hierin ist ein entscheidender Unterschied des tschechischen Rechts gegenüber dem deutschen wie auch dem polnischen Recht zu sehen: Der tschechische Gesetzgeber befreit den Geschädigten nicht nur in besonderen Ausnahmefällen von dem Nachweis eines Verschuldens, sondern grundsätzlich immer. Begründet hat er dies mit der in der Regel schwächeren Stellung des Geschädigten und der daraus folgenden Notwendigkeit eines besseren Schutzes. In die allgemeine Schadenshaftung sind folglich bereits verbraucherschutzrechtliche Erwägungen eingeflossen.
Der Umstand, daß die allgemeine Schadenshaftung des tschechischen Rechts bereits als Haftung für vermutetes Verschulden ausgestaltet ist, könnte erklären, warum es kaum Rechtsprechung zur Herstellerhaftung gibt. Die Gerichte hätten die Haftung des Herstellers nur noch durch den Verzicht auf das Erfordernis des Verschuldens verschärfen können. Damit hätten sie jedoch entgegen dem Wortlaut des Gesetzes die Schadenshaftung zu einer Gefährdungshaftung gemacht. Eine solche Änderung hätte aber nur durch den Gesetzgeber erfolgen können.

---

[235] R (Rozhodnutí = Entscheidung) 34/1969.

In diesem Zusammenhang erstaunt, daß in der sozialistischen Rechtsliteratur vertreten wurde, daß es sich bei der Haftung für präsumiertes Verschulden um einen Fall der objektiven Haftung handele.[236] Diese Ansicht wurde damit begründet, daß der Schädiger grundsätzlich unabhängig von seinem Verschulden hafte, da dieses ja nicht Haftungsvoraussetzung sei. Es gäbe nur ausnahmsweise die Möglichkeit der Exkulpation. Der Nachweis, daß ihn kein Verschulden treffe, sei jedoch regelmäßig schlechterdings nicht zu führen. Aus diesem Grund hafte der Schädiger quasi verschuldensunabhängig.
Die überwiegende Ansicht verneinte dies jedoch. Als Begründung wurde angeführt, daß die Verteilung der Beweislast ausschließlich eine zivilprozessuale und keine materiellrechtliche Regelung sei. Vielmehr würde die Haftung lediglich durch beweisrechtliche Mittel verschärft.
Für diese Auffassung spricht außerdem, daß das tschechische Recht Vorschriften enthält, die eine verschuldensunabhängige Haftung anordnen. Das Gesetz beschreibt in diesen Fällen ein bestimmtes Ereignis, das, führt es zur Verursachung eines Schadens, eine Haftung auslöst.
Eine verschuldensunabhängige Haftung enthält § 420a BGB-Tsch: Nach dieser Vorschrift haftet jeder für den Schaden, den er einem anderen durch eine betriebliche Tätigkeit zugefügt hat. Ein Schaden wurde gemäß Absatz 2 dieser Vorschrift durch eine betriebliche Tätigkeit verursacht, wenn er durch eine Tätigkeit, die einen betrieblichen Charakter hat oder durch eine Sache, die bei dieser Tätigkeit benutzt wird, physikalische, chemische oder biologische Einflüsse des Betriebs auf die Umwelt oder die berechtigte Ausführung oder Sicherung von Arbeiten, durch die einem anderen ein Schaden an einer unbeweglichen Sache zugefügt wird oder durch die ihm die Benutzung einer unbeweglichen Sache erheblich erschwert oder unmöglich gemacht worden ist, herbeigeführt wurde. Der Schädiger kann sich nach § 420a Abs. 3 BGB-Tsch von dieser Haftung nur befreien, wenn er nachweist, daß der Schaden entweder durch ein unabwendbares Ereignis, das seinen Ursprung nicht im Betrieb hat oder durch eine eigene Handlung des Geschädigten verursacht worden ist. Darüber hinaus gibt es keine Gründe, aufgrund derer eine Haftung des Schädigers entfallen kann. Der Schädiger kann sich mithin auch dann nicht von einer Haftung befreien, wenn er nachweist, daß er alles getan hat, was zu einer Vermeidung des Schadens möglich war.
In den §§ 421 und 421a BGB-Tsch sind weitere Fälle der objektiven Haftung geregelt: Nach § 421 BGB-Tsch haftet derjenige, der von einem anderen eine Sache angenommen hat, für die er verpflichtet sein soll, für deren Beschädigung, Verlust oder Untergang, es sei denn, daß ein Schaden auch ohne sein Zutun eingetreten wäre. Diese Haftung tritt gemäß § 421a BGB-Tsch auch für einen Schaden ein, der durch Umstände verursacht worden ist, deren Ursprung in der Art des Gerätes oder einer anderen Sache liegt, die bei der Erfüllung der Verbindlichkeit benutzt worden sind. In dieser Vorschrift steht explizit, daß der Schädiger von dieser Haftung nicht befreit werden kann.
§§ 427 ff. BGB-Tsch enthalten Regelungen zur Haftung für Schäden, die beim Betrieb von Verkehrsmitteln verursacht wurden. Die den Transport betreibenden natürlichen und juristischen Personen haften für die durch die Eigenart dieses Betriebs hervorgerufenen Schäden. So haftet auch derjenige, der ein Motorfahrzeug, ein mit Motor betriebenes

[236] Vgl. hierzu mit weiteren Literaturnachweisen Macur, Odpovědnost a zavinění v občanském právu (Die Haftung und das Verschulden im Zivilrecht) S. 214.

Wasserfahrzeug oder ein Flugzeug betreibt. Nach § 428 BGB-Tsch kann der Betreiber von dieser Haftung grundsätzlich nicht befreit werden, wenn der Schaden durch betriebsbedingte Umstände verursacht worden ist. Ein Ausschluß der Haftung ist nur möglich, wenn der Betreiber nachweist, daß der Schaden selbst bei Anwendung aller Anstrengungen, die von ihm verlangt werden konnten, nicht abzuwenden war. In § 430 BGB-Tsch findet sich ein weiterer Haftungsausschlußgrund: Der Betreiber haftet auch nicht im Fall einer mißbräuchlichen Benutzung von Verkehrsmitteln. Eine solche liegt vor, wenn das Verkehrsmittel ohne Wissen oder gegen den Willen des Betreibers benutzt wird. Hat der Betreiber eine solche Benutzung des Verkehrsmittels durch seine Fahrlässigkeit ermöglicht, haftet er mit dem mißbräuchlichen Benutzer als Gesamtschuldner.
Daneben findet sich eine verschuldensunabhängige Haftung im Atomgesetz.[237]

Die Haftung des Aufsichtspflichtigen für einen Minderjährigen ist im tschechischen Recht dagegen ebenso wie im deutschen Recht als Verschuldenshaftung ausgestaltet. Der Aufsichtspflichtige haftet sowohl nach § 832 BGB als auch nach Art. 422 BGB-Tsch nur dann, wenn er seiner Aufsichtspflicht nicht genügt hat. Nach § 832 BGB haftet er darüber hinaus dann nicht, wenn der Schaden auch bei gehöriger Aufsichtsführung entstanden sein würde.
Eine Haftung des Tierhalters ist im tschechischen Zivilgesetzbuch nicht normiert. Er haftet folglich nach der allgemeinen Regelung des Art. 420 BGB-Tsch. Anders als im deutschen Recht - § 833 BGB ist ein Fall der Gefährdungshaftung - haftet der Tierhalter nach tschechischem Recht mithin nur, wenn ihm ein Verschulden zur Last gelegt werden kann.

In allen der genannten Fälle einer verschuldensunabhängigen Haftung ist mithin der Eintritt des vom Gesetz beschriebenen Ereignisses, das einen Schaden zur Folge hat, ausreichender Rechtsgrund für die Entstehung der Haftung. Der Schädiger hat im Rahmen einer solchen Haftung grundsätzlich nicht die Möglichkeit, sich zu exkulpieren. Gründe für einen Haftungsausschluß können sich allenfalls aus dem Gesetz selbst ergeben und sind dort abschließend aufgeführt. Im Unterschied zur Haftung für präsumiertes Verschulden ist eine Exkulpation - abgesehen von den Fällen der gesetzlich normierten Haftungsausschlußgründe - also von vornherein ausgeschlossen.
Der Grund für eine solche strenge Haftung ist darin zu sehen, daß es den Interessen des Geschädigten zuwider laufen würde, wenn ein Verschulden Voraussetzung für eine Haftung des Schädigers wäre. Das Risiko der Verursachung von erheblichen Schäden würde sonst gegebenenfalls auf die einzelne Person übertragen, obwohl die Gefahrenquelle gerade nicht durch sie erzeugt wurde.

e. Die Beweislast

Die Novellierung der Zivilprozeßordnung[238] änderte die bis dahin geltenden Grundsätze zum Beweisrecht. Ursprünglich orientierte sich das Beweisrecht an dem allgemein geltenden Prinzip des materiellen Rechts: Es war Aufgabe des Gerichtes, den wahren Sachverhalt zu ermitteln. Damit trug dieses letztendlich die Verantwortung für das Ergebnis der

---

[237] Gesetz Nr. 18/1997 Sb.
[238] Gesetz Nr. 171/1992 Sb.

Beweisführung und eben nicht die Parteien.[239] Nach der neu eingeführten Regelung in § 120 Abs. 1 ZPO-Tsch sind nunmehr die Parteien verpflichtet, für ihre Behauptungen Beweis zu führen.
Im Rahmen eines Anspruchs nach § 420 BGB-Tsch muß der Geschädigte den Schaden sowie seine Höhe, die widerrechtliche Handlung und den Kausalzusammenhang beweisen.[240] Er trägt nicht die Beweislast für ein etwaiges Verschulden des Schädigers. In der Begründung zur Novelle des Allgemeinen Bürgerlichen Gesetzbuches wird in diesem Zusammenhang ausgeführt, daß sich das Prinzip des präsumierten Verschuldens in der Praxis als von erheblichem Vorteil für den Geschädigten erwiesen hat. Denn nur der Schädiger trägt die Beweislast und muß folglich gegebenenfalls nachweisen, daß er für die Verursachung des Schadens keine Verantwortung trägt. Im Ergebnis bedeutet das für die Fälle der deliktischen Produzentenhaftung, daß der Geschädigte von dem für ihn oftmals schwierig zu führenden Nachweis hinsichtlich eines Verschuldens des Schädigers befreit ist.

f. Die Verjährung

Die Verjährung eines Anspruchs nach Art. 420 BGB-Tsch bestimmt sich nach § 106 BGB-Tsch. Absatz 1 dieser Vorschrift legt fest, daß ein Anspruch auf Schadensersatz nach zwei Jahren von dem Tag an verjährt, an dem der Geschädigte von dem Schaden und von dem Ersatzpflichtigen Kenntnis erlangt hat. Ein Anspruch auf Schadensersatz verjährt jedoch spätestens nach drei Jahren.
Bei einem vorsätzlich verursachten Schaden beträgt die Verjährungsfrist gemäß § 106 Abs. 2 BGB-Tsch zehn Jahre, wobei dies nicht für Gesundheitsschäden gilt.

2. Die Rechtsfolgen eines Anspruchs nach § 420 BGB-Tsch

Art und Umfang des Schadensersatzes richten sich nach den §§ 442 ff. BGB-Tsch.
Nach der Grundnorm des § 442 BGB-Tsch hat der Geschädigte einen Anspruch auf Ersatz des tatsächlichen Schadens sowie auf den entgangenen Gewinn. Grundsätzlich ist Schadensersatz in Geld zu leisten. Einen Anspruch auf Wiederherstellung des ursprünglichen Zustands kann der Geschädigte verlangen, wenn dies möglich und zweckmäßig ist. Anders als im deutschen Recht gilt folglich nicht der Grundsatz der Naturalrestitution. Darüber hinaus ist eine Kombination von Schadensersatz in Form von Naturalrestitution sowie in Form von Geldersatz möglich.
Die Höhe des tatsächlichen Schadens ist von dem Geschädigten immer genau zu beziffern und muß von ihm nachgewiesen werden.

Besondere Vorschriften finden sich für den Fall eines Gesundheitsschadens. Nach § 444 BGB-Tsch hat der in seiner Gesundheit Geschädigte einen Anspruch auf Schmerzensgeld. Dieser Anspruch umfaßt neben der Ersatzleistung für erlittene Schmerzen auch Ersatz für eine etwaige Erschwerung des gesellschaftlichen Fortkommens des Geschädigten. Bei einem Gesundheitsschaden besteht ferner ein Anspruch auf Ersatz der Kosten der Heilbehandlung. Im Falle des Todes des Geschädigten hat der Schädiger die mit

---

[239] Vgl. zu allem Bureš/Drápal/Mazanec, Občanský soudní řád (Zivilprozeßordnung), § 120, Rdnr. 1.
[240] Knappová/Švestka S. 335.

der Beerdigung verbundenen angemessenen Kosten zu ersetzen.
In den §§ 446, 447 und 447a BGB-Tsch ist außerdem ein Anspruch auf Ersatz der Einkommensverluste sowie ein Rentenanspruch bei Arbeitsunfähigkeit des Geschädigten geregelt.
Darüber hinaus finden sich Ansprüche der Hinterbliebenen auf Unterhalt.

D. Die Entscheidungen der Rechtsprechung zur Schadenshaftung

In der Tschechischen Republik finden sich im Zusammenhang mit der Haftung für durch fehlerhafte Produkte verursachte Schäden bislang kaum Entscheidungen der Gerichte.[241]
Im Gegensatz zur Rechtslage in Polen haben weder Rechtsprechung noch Rechtslehre Grundsätze zu einer Haftung des Herstellers auf deliktsrechtlicher Grundlage entwickelt. Dies liegt daran, daß bereits nach der Gesetzeslage die Beweislast dem Hersteller oblag.

Zur Haftung für durch fehlerhafte Produkte verursachte Schäden findet sich eine Entscheidung aus dem Jahr 1981.[242] In dieser Entscheidung beanspruchen die Kläger von der beklagten Handelsorganisation Schadensersatz in Höhe von 96.560 Kronen. Sie hatten 1980 bei der Beklagten einen Kühlschrank erworben. Aufgrund eines Fehlers geriet dieser Kühlschrank in Brand und verursachte erheblichen Sachschaden.

Das Gericht hielt die Voraussetzungen von § 420 BGB-Tsch a. F. für gegeben und bejahte einen Anspruch der Kläger auf Schadensersatz. Die beklagte Handelsorganisation legte Revision ein.
Das Gericht der zweiten Instanz befaßte sich zum überwiegenden Teil mit der Passivlegitimation der beklagten Handelsorganisation. Es führte zur materiellrechtlichen Problematik lediglich aus, daß die Beklagte nur für die Mängel der verkauften Sache verantwortlich sei, nicht aber für die durch diese Mängel verursachten Schäden. Es gab der Berufung statt, ohne auf die Ausführungen des Gerichtes der ersten Instanz einzugehen.
Gegen dieses Urteil legten die Kläger Revision ein. Das Oberste Gericht sah in dem Urteil der zweiten Instanz eine Verletzung des Gesetzes. Den Entscheidungsgründen ist zu entnehmen, daß die Handelsorganisation für Schäden haftet, die dem Käufer durch den fehlerhaften Kaufgegenstand entstanden sind. Die Haftung für Mängel einer Sache sowie die Haftung für Schäden sind nach Auffassung des Gerichtes voneinander unabhängige Ansprüche. Vielmehr könnten diese Ansprüche nebeneinander geltend gemacht werden. Das setze jedoch voraus, daß die verschiedenen Voraussetzungen dieser beiden Anspruchsgrundlagen vorlägen. Das Gericht hebt hervor, daß nach Ablauf der speziellen kaufrechtlichen Fristen trotzdem der Anspruch auf Schadensersatz nach § 420 BGB-Tsch geltend gemacht werden könne.

E. Kaufrecht (Kurzer Exkurs)

Im tschechischen Bürgerlichen Gesetzbuch finden sich mehrere Vorschriften zur Haftung für Sachmängel: Die §§ 499 ff. BGB-Tsch enthalten allgemeine, vom jeweiligen Kausalgeschäft unabhängige Bestimmungen zur Gewährleistung. Darüber hinaus ist die Mängelgewährleistung in den Vorschriften über den Kaufvertrag, §§ 588 ff. BGB-Tsch, gere-

---

[241] So im Ergebnis auch Molitoris/Weigl, PHI 1999, S. 22, 26.
[242] R (Rozhodnutí = Entscheidung) 4/1981.

gelt. Die §§ 612 ff. BGB-Tsch regeln den Verkauf von Sachen im Geschäft und für diesen besonderen Fall des Kaufes auch die Haftung für Sachmängel.
Die §§ 612 ff. BGB-Tsch sind spezielle, den §§ 499 ff. sowie den §§ 588 ff. BGB-Tsch gegenüber vorrangige Regelungen. Die Vorschriften über die kaufrechtliche Gewährleistung in den §§ 588 ff. BGB-Tsch sind wiederum lex specialis gegenüber den allgemeinen Vorschriften zur Gewährleistung in den §§ 499 ff. BGB-Tsch. Nach dem auch im tschechischen Recht geltenden Grundsatz lex specialis derogat legi generali kommen die §§ 499 ff. BGB-Tsch demnach nur zur Anwendung, wenn das Gesetz keine spezielleren Regelungen vorsieht.[243]

1. Die allgemeinen Vorschriften der §§ 499 ff. BGB-Tsch

Gemäß § 499 BGB-Tsch haftet derjenige, der einem anderen eine Sache gegen Entgelt überläßt, dafür, daß die Sache zum Zeitpunkt der Leistung die ausdrücklich ausbedungenen oder üblichen Eigenschaften hat und daß sie nach Art und Zweck des vereinbarten Vertrages benutzt werden kann. Voraussetzung eines Anspruchs nach § 499 BGB-Tsch sind mithin das Bestehen einer wirksamen verpflichtenden Rechtsbeziehung[244], die Überlassung einer Sache aufgrund eines wirksamen Vertrages, die Verletzung der Verpflichtung, eine Verbindlichkeit ordnungsgemäß zu erfüllen, eine mangelhafte Erfüllung sowie ein Zusammenhang zwischen der Verletzung der Verpflichtung, eine Verbindlichkeit ordnungsgemäß zu erfüllen, und der mangelhaften Erfüllung.
Der Begriff des Mangels ergibt sich sowohl für den Kauf-, den Miet- als auch für den Werkvertrag aus dem § 499 BGB-Tsch.[245] Abzustellen ist bei der Bestimmung der Mangelhaftigkeit grundsätzlich auf die vertraglichen Vereinbarungen. Dies stimmt insoweit mit dem im deutschen Recht geltenden subjektiven Fehlerbegriff überein. Die kaufrechtliche Bestimmung des Fehlerbegriffs deckt sich jedoch nicht mit dem Fehlerbegriff des Produkthaftungsrecht. Insofern bedeutet die Übernahme des europäischen Begriffsverständnisses eine erhebliche Änderung.
Im Rahmen der vertraglichen Haftung trägt der Käufer die Beweislast bezüglich des Vertrages, des Mangels sowie des Kausal- und Rechtswidrigkeitszusammenhangs. Zu letzterem reicht es jedoch aus, wenn er die Mangelhaftigkeit der Sache nachweist. Aus der Mangelhaftigkeit der Sache wird auf die Pflichtverletzung des Verkäufers geschlossen. Denn durch die Lieferung einer mangelhaften Sache hat der Verkäufer bereits seine Pflicht zur ordnungsgemäßen Erfüllung verletzt.

Die Haftung für Mängel nach den §§ 499 ff. BGB-Tsch entsteht nur bei entgeltlichen Verträgen. Der Erwerber kann nicht verlangen, daß der Veräußerer für Mängel einer Leistung haftet, für die er seinerseits keinen Gegenwert erhält.[246] Durch diese Norm soll gewährleistet werden, daß die Vertragsparteien eine ihrer eigenen Leistung entsprechende Gegenleistung erhalten. Die zu erbringenden gegenseitigen Leistungen sollen sich im

---

[243] Švestka, Všehrd 1993/10, 4, 5; Mrázek, Pravník 1998, S. 183, 193.
[244] Das tschechische Zivilrecht unterscheidet zwischen absoluten (§§ 38, 39, 40 BGB-Tsch) und relativen Nichtigkeitsgründen (§ 40a BGB-Tsch) eines Vertrages. Liegt einer der in § 40a BGB-Tsch aufgezählten relativen Nichtigkeitsgründe vor, gilt das Rechtsgeschäft trotzdem solange als wirksam, bis derjenige, den ein solches Rechtsgeschäft betrifft, sich darauf beruft.
[245] Langner, WIRO 1998, S. 372, 374.
[246] Jehlička/Švestka, Občanský zákoník Komentář (Bürgerliches Gesetzbuch, Kommentar), § 499, Rdnr. 2.

Gleichgewicht befinden[247]. Die Mängelhaftung erfordert kein konkretes Verschulden. Der Schuldner haftet nach dieser Vorschrift unabhängig davon, ob er von dem Mangel wußte oder nicht, sowie unabhängig davon, ob er selbst oder eine andere Person den Mangel verursacht hat. In der Rechtslehre wird diese Haftung als objektive Haftung bezeichnet.

Nach § 510 BGB-Tsch ist ein Anspruch auf Ersatz des Schadens, der durch den Mangel verursacht worden ist, nicht durch die Geltendmachung von Ansprüchen aus der Haftung für Mängel ausgeschlossen.

2. Die kaufrechtliche Mängelgewährleistung nach den §§ 588 ff. BGB-Tsch

Die §§ 588 ff. BGB-Tsch enthalten allgemeine Vorschriften zum Kaufvertrag. Zur Haftung für Mängel werden grundsätzlich keine von den allgemeinen Regelungen der §§ 499 ff. BGB-Tsch abweichenden Regelungen getroffen. Aus diesen Vorschriften ergeben sich lediglich zusätzliche besondere Pflichten des Verkäufers. Insbesondere hat er nach § 596 BGB-Tsch den Käufer auf ihm bekannte Fehler hinzuweisen. Unterläßt er dies, kann dem Käufer ein Anspruch auf Schadensersatz wegen der Verletzung einer Rechtspflicht nach der allgemeinen Regelung des § 420 BGB-Tsch zustehen. § 600 BGB-Tsch enthält eine dem § 510 BGB-Tsch entsprechende Regelung, wonach auch im Kaufrecht der Anspruch auf Schadensersatz durch die Geltendmachung der Rechte aus der Haftung für Mängel unberührt bleibt.
In § 599 BGB-Tsch sind die besonderen kaufrechtlichen Voraussetzungen für einen Anspruch aus Mängelhaftung festgeschrieben. Der Käufer muß die Mängel an dem Kaufgegenstand gegenüber dem Verkäufer ohne unnötigen Aufschub und innerhalb von sechs Monaten geltend machen.

3. Die Mängelgewährleistung nach den besonderen Vorschriften der §§ 612 ff. BGB-Tsch

Die §§ 612 ff. BGB-Tsch regeln den Verkauf von Sachen im Geschäft. Nach § 612 BGB-Tsch sind diese besonderen kaufrechtlichen Vorschriften anzuwenden, wenn eine natürliche oder eine juristische Person Sachen als Unternehmer im Rahmen ihrer unternehmerischen Tätigkeit verkauft. Bei der Beurteilung, ob dem Verkäufer Unternehmereigenschaft zukomme, ist ausschließlich auf die tatsächliche Übernahme einer unternehmerischen Tätigkeit abzustellen. Unter einer unternehmerischen Tätigkeit ist gemäß § 2 Abs. 1 HGB-Tsch die dauerhafte und selbständige, vom Unternehmer im eigenen Namen und auf eigene Rechnung betriebene, gewinnorientierte Tätigkeit zu verstehen. Der Begriff des Unternehmers ist weiter als der Kaufmannsbegriff des deutschen Rechts, da nach tschechischem Recht auch der Minderkaufmann unter den Begriff des Unternehmers subsumiert werden kann.[248] Demgegenüber hängt die Unternehmereigenschaft des Handelsgesetzbuches-Tsch davon ab, ob eine Eintragung im Handelsregister erfolgt ist bzw. eine gewerbliche Bescheinigung erteilt wurde.[249]

---

247 Jäger, Osteuropa Recht 1996, S. 195, 202.
248 A. a. O., S. 203.
249 Giese/Linsmeier/Neupert/Vondrichová, WIRO 1994, S. 393, 394.

F. Schadenshaftung nach dem Handelsgesetzbuch

In den §§ 373 ff. HGB-Tsch ist der handelsrechtliche Schadensersatzanspruch geregelt. Nach der Grundnorm des § 373 HGB-Tsch ist derjenige, der seine Vertragspflicht verletzt, verpflichtet, den dadurch der Gegenpartei entstandenen Schaden zu ersetzen, es sei denn, er kann Umstände nachweisen, sie seine Haftung ausschließen. In § 374 HGB-Tsch sind die haftungsausschließenden Umstände definiert: Dies sind Hindernisse, die ohne den Willen der Parteien eingetreten sind und sie an der Leistung hindern, wenn davon ausgegangen werden kann, daß die Partei dieses Hindernis oder seine Folgen nicht überwinden oder beseitigen kann und weiterhin, daß sie dieses Hindernis bei Vertragsschluß hätte verhindern können.

Voraussetzungen eines solchen Anspruchs sind eine widerrechtliche Handlung, die Entstehung eines Schadens, ein ursächlicher Zusammenhang zwischen der Widerrechtlichkeit und der Entstehung des Schadens sowie das Nichtvorliegen von Haftungsausschlußgründen. Die Schadenshaftung im Rahmen von unternehmerischen Rechtsbeziehungen greift damit auch unabhängig von einem Verschulden und stellt folglich einen Fall der objektiven Haftung dar.

G. Sachmängelhaftung nach dem Handelsgesetzbuch

Spezielle Vorschriften zur Sachmängelhaftung finden sich darüber hinaus im Handelsgesetzbuch. Die kaufrechtliche Mängelgewährleistung ist in den §§ 422 ff. HGB-Tsch geregelt. Liegen die Voraussetzungen für die Anwendung der handelsrechtlichen Vorschriften vor, werden die §§ 499 ff. BGB-Tsch verdrängt.

Die Vorschriften zur kaufrechtlichen Gewährleistung nach dem Handelsgesetzbuch unterscheiden sich von den Vorschriften zur kaufrechtlichen Gewährleistung nach dem Zivilgesetzbuch nicht nur im Hinblick auf ihre Rechtsfolgen, sondern auch hinsichtlich ihrer Voraussetzungen.

Nach § 436 sowie § 345 HGB-Tsch setzt ein Anspruch aus Mangelgewährleistung voraus, daß durch die Lieferung der mangelhaften Sache der Vertrag in wesentlicher Weise verletzt wurde. Eine solche wesentliche Vertragsverletzung liegt nach dem Wortlaut von § 345 Abs. 2 HGB-Tsch vor, wenn die den Vertrag verletzende Partei zum Zeitpunkt des Vertragsabschlusses wußte oder es sich im Hinblick auf den Zweck des Vertrages ergibt, daß die andere Vertragsseite bei einer solchen Vertragsverletzung an seiner Erfüllung kein Interesse haben würde. Der Zweck des Vertrages kann sich aus seinem Inhalt oder aus den Umständen, unter denen er geschlossen wurde, ergeben. Im Zweifelsfall ist davon auszugehen, daß die Vertragsverletzung nicht wesentlich ist.

II. Die Haftung nach dem tschechischen Produkthaftungsgesetz

A. Überblick

Durch das am 1. Juni 1998 in Kraft getretene Produkthaftungsgesetz[250] strebt der tschechische Gesetzgeber die Einführung einer Regelung an, die der EG-Produkthaftungsrichtlinie entspricht. Diese Absicht geht deutlich aus dem Begründungsbericht der Regierung zum Produkthaftungsgesetz[251] hervor, dem hierzu zu entnehmen ist, daß sich die Tschechische Republik im Zusammenhang mit den Vorbereitungen einer Aufnahme in die Europäische Union um die schrittweise Übernahme der Rechtsordnung der Europäischen Gemeinschaften in das innerstaatliche Recht bemüht. Es wird weiterhin ausgeführt, daß zu den grundlegenden Vorschriften zum Schutz der wirtschaftlichen Interessen des Verbrauchers eben auch die EG-Produkthaftungsrichtlinie zu zählen sei. Da diese Rechtsmaterie noch nicht selbständig im tschechischen Recht verankert gewesen sei, sei eine Umsetzung in diesem Bereich zwingend erforderlich.

B. Inhalt des Produkthaftungsgesetzes

Der tschechische Gesetzgeber hat sich bei der Schaffung des Produkthaftungsgesetzes für eine Regelung dieser Rechtsmaterie in einem Sondergesetz und damit gegen eine Integration in das Zivilgesetzbuch entschieden. Dies entspricht der Mehrzahl der Umsetzungsgesetze der EG-Produkthaftungsrichtlinie der einzelnen Mitgliedstaaten.[252]

Das tschechische Produkthaftungsgesetz besteht aus zwölf Paragraphen. In § 1 des ProdHaftG-Tsch werden die Voraussetzungen definiert, bei deren Vorliegen der Hersteller haftet. Die §§ 2 bis 4 ProdHaftG-Tsch enthalten Begriffsbestimmungen zum Hersteller, zum Produkt sowie zum Produktfehler. In § 5 ProdHaftG-Tsch sind abschließend die Fälle aufgeführt, in denen sich der Hersteller von der Haftung befreien kann.
Das tschechische Produkthaftungsgesetz enthält außerdem Regelungen zur Höhe des Schadensersatzes, zu Fällen, in denen bei der Verursachung des Schadens eine dritte Person mitgewirkt hat, zum Ausschluß oder der Beschränkung der Herstellerhaftung, zur Verjährung, zur Anwendung der bürgerlichrechtlichen Vorschriften sowie zu den Fällen, in denen eine Anwendbarkeit des Produkthaftungsgesetzes ausgeschlossen ist.

1. Der Haftungsgrundsatz gemäß § 1 ProdHaftG-Tsch

§ 1 ProdHaftG-Tsch legt die Voraussetzungen für einen Anspruch nach dem Produkthaftungsgesetz fest: Durch ein fehlerhaftes Produkt muß kausal einer der in diesem Gesetz aufgeführten Schäden verursacht worden sein. Das Merkmal des Verschuldens des Herstellers ist keine Haftungsvoraussetzung. Eine Haftung des Herstellers ist vielmehr nur bei Vorliegen einer der in § 5 ProdHaftG-Tsch abschließend aufgezählten Gründe ausgeschlossen. Damit hat der tschechische Gesetzgeber die Haftung des Herstellers für durch einen Produktfehler verursachten Schaden als eine vom Verschulden unabhängige

---

[250] Im folgenden abgekürzt als ProdHaftG-Tsch.
[251] Begründungsbericht zum Produkthaftungsgesetz, Allgemeiner Teil, Einführung.

Haftung ausgestaltet. Dies stimmt mit den Vorgaben des Gemeinschaftsgesetzgebers aus Art. 1 der EG-Produkthaftungsrichtlinie überein, wonach der Hersteller eines Produktes verschuldensunabhängig für den Schaden haftet, der durch einen Fehler dieses Produktes verursacht wurde.
Die Umsetzung einer vom Verschulden unabhängigen Herstellerhaftung wird der Rechtspraxis wenig Schwierigkeiten bereiten. Das tschechische Recht enthielt bereits vor Erlaß des Produkthaftungsgesetzes eine Reihe von Haftungsnormen, bei denen es auf ein Verschulden des Schädigers nicht ankommt. Die Unterscheidung zwischen der Verschuldens- und der objektiven Haftung findet sich bereits in der sozialistischen Rechtsliteratur, wobei zu letzterer kontroverse Ansichten vertreten wurden.[253]
Die Haftung für ein geschaffenes Risiko ist folglich seit geraumer Zeit Gegenstand der Diskussion der tschechischen Juristen und damit eine bekannte Haftungsform.

§ 1 ProdHaftG-Tsch ist zunächst zu entnehmen, welche Art von Schäden nach diesem Gesetz ersetzt werden: Dies sind Gesundheitsschäden, durch den Tod verursachte Schäden sowie Schäden an anderen Sachen als dem fehlerhaften Produkt selbst, soweit diese Sachen "hauptsächlich zu anderen als zu wirtschaftlichen Zwecken bestimmt sind und benutzt werden".
Nach den Vorgaben in Art. 9 b) i) und ii) EG-Produkthaftungsrichtlinie werden nur Schäden an Sachen erfaßt, die von der Art sind, wie sie gewöhnlich für den privaten Ge- oder Verbrauch bestimmt und von dem Geschädigten hauptsächlich zum privaten Ge- oder Verbrauch verwendet worden sind. Der tschechische Gesetzeswortlaut stimmt in diesem Punkt mithin dem Wortlaut nach nicht mit der Regelung des Gemeinschaftsgesetzgebers überein. Es stellt sich jedoch die Frage, ob und inwiefern diese sprachliche Abweichung gleichzeitig eine inhaltliche Abweichung von den Vorgaben des Gemeinschaftsgesetzgebers darstellt. Nach der europäischen Regelung ist der Ersatz von Schäden an gewerblich genutzten Sachen ausgeschlossen. Abgrenzungskriterium nach der EG-Produkthaftungsrichtlinie ist "der private Ge- oder Verbrauch" einer Sache, wobei der Begriff "privat" im Gegensatz zu "gewerbsmäßig" oder "beruflich" zu verstehen ist.[254]
Auch nach dem tschechischen Produkthaftungsgesetz ist dies wohl der Fall. Im Gegensatz zur gemeinschaftsrechtlichen Regelung wird hier jedoch von Produkten gesprochen, die zu "wirtschaftlichen Zwecken"[255] genutzt werden.
Zaruba[256] formuliert in seinem Ausblick zum tschechischen Produkthaftungsgesetz die Erwartung, daß das Abgrenzungskriterium "vorwiegend für andere als wirtschaftliche Zwecke bestimmt und verwendet" in der Rechtspraxis zu Unklarheiten führen wird. Dies gelte insbesondere vor dem Hintergrund der heutigen Situation der Kleinunternehmer in der Tschechischen Republik. Tatsächlich sei es durchaus üblich, daß diese in der Privat-

---

252 Lediglich Frankreich hat sich gegen eine Regelung der Produkthaftung in einem Sondergesetz entschieden. Der Grund, die Produzentenhaftung in einem Sondergesetz zu regeln, ist die einfachere Abänderbarkeit bei Sondergesetzen.

253 Vgl. hierzu ausführlich Macur, Odpovědnost a zavinění v občanském pravu (Die Haftung und das Verschulden im Zivilrecht) S. 212, 213, 214.

254 Taschner, Art. 9, Rdnr. 11.

255 Molitoris/Weigl PHI 1999, S. 22, 28, spricht hier von "unternehmerischen Zwecken".

256 Zaruba, Odpovědnost za vyrobek v České republice a v Evropské unii (Produkthaftung in der Tschechischen Republik und der Europäischen Union), S. 28.

wohnung betrieben würden. In solchen Fällen erweise es sich als schwierig abzugrenzen, ob ein Produkt für private oder für wirtschaftliche Zwecke genutzt wird. Nicht ganz eindeutig ist mithin die neue Rechtslage im Hinblick auf Schäden, die durch Produkte verursacht wurden, deren Nutzung sowohl privater als auch wirtschaftlicher Art ist. Es bleibt abzuwarten, wie die Rechtsprechung diese Unklarheit lösen wird.
Im übrigen gelten bei der Bestimmung der ersatzfähigen Schäden die allgemeinen Regelungen des Bürgerlichen Gesetzbuches. Im Zusammenhang mit dem Ersatz von Personenschäden ist damit die Regelung des § 444 CS BGB[257] anwendbar. Danach kann der in seiner körperlichen Unversehrtheit Geschädigte Schmerzensgeld verlangen. Die Zulässigkeit einer solchen Regelung ergibt sich aus Art. 9 Abs. 2 EG-Produkthaftungsrichtlinie: Durch die gemeinschaftsrechtliche Regelung zum Schaden in Art. 9 Abs. 1 EG-Produkthaftungsrichtlinie werden die Rechtsvorschriften der Mitgliedstaaten zu immateriellen Schäden nicht berührt.
Im Gegensatz zu der tschechischen Regelung hat sich der deutsche Gesetzgeber entsprechend deutscher Rechtstradition gegen den Ersatz von immateriellen Schäden auf der Grundlage der verschuldensunabhängigen Produzentenhaftung entschieden. Das deutsche Recht schließt grundsätzlich im Rahmen der Gefährdungshaftung den Ersatz von immateriellen Schäden aus. Eine Ausnahme findet sich nur bei einer Haftung nach § 833 S. 1 BGB: Im Rahmen der Haftung des Halters eines Luxustieres kann der Geschädigte auch einen Anspruch auf Schmerzensgeld geltend machen.
Der tschechische Gesetzgeber hat damit in dieser Hinsicht eine für den Geschädigten sehr vorteilhafte Regelung geschaffen.

Nicht in den Regelungsbereich des tschechischen Produkthaftungsgesetzes fallen gemäß § 11 ProdHaftG-Tsch Nuklearschäden. Für diese Schäden gelten auch im tschechischen Recht Sonderregelungen.

2. Die Beweislast

Daneben wird in § 1 ProdHaftG-Tsch die Beweislastverteilung geregelt; der Geschädigte hat den Produktfehler, den entstandenen Schaden sowie die Kausalität zwischen Produktfehler und Schaden[258] zu beweisen. Entsprechend der Vorgaben aus Art. 4 EG-Produkthaftungsrichtlinie hat auch nach tschechischem Produkthaftungsrecht damit der Geschädigte hinsichtlich dieser haftungsbegründenden Voraussetzungen Beweis zu führen. Führt er diesen Beweis, haftet der Hersteller, wie aufgezeigt, verschuldensunabhängig.
Es liegt im Ermessen der Mitgliedstaaten, ob sie über diese grundsätzliche Regelung der Beweislastverteilung hinaus Beweiserleichterungen zugunsten des Klägers, wie etwa den Beweis prima facie, zulassen. Dies hängt aber allein von der Praxis der einzelstaatlichen Gerichte ab. Bisher haben die Gerichte in Fällen, in denen der Hersteller für durch fehlerhafte Sachen hervorgerufene Schäden haftet, keine weiteren Beweiserleichterungen gewährt. Grund hierfür könnte die in diesem Fall geltende Beweislastverteilung sein: Der

---

257 Zu § 444 CS BGB vergleiche oben unter „2. Rechtsfolgen eines Anspruchs nach § 420 BGB-Tsch".

258 Bei der Prüfung des Kausalzusammenhangs sind die allgemeinen Regelungen des tschechischen Bürgerlichen Gesetzbuches anzuwenden; vgl. dazu in diesem Länderteil „c. Die Kausalität".

Geschädigte wird nach der zivilrechtlichen Schadensersatzvorschrift bereits von der Beweisführung hinsichtlich des Verschuldens befreit.[259] Er wird insofern bereits geschützt.

Ob die Gerichte bei Anwendung der neuen Vorschriften zur Produkthaftung weitere Beweiserleichterungen einführen werden, bleibt abzuwarten. Es erscheint jedoch eher unwahrscheinlich.
Im Ergebnis kann festgestellt werden, daß die Beweislastverteilung richtlinienkonform geregelt wurde.

3. Der Herstellerbegriff

Unter den Begriff des Herstellers fällt nach § 2 ProdHaftG-Tsch zunächst jeder, der das Produkt herstellt oder auf dem Produkt seinen Namen, sein Kennzeichen oder ein anderes Erkennungszeichen anbringt.

Die tschechische Norm verzichtet damit auf eine Unterteilung des Herstellerbegriffs in die Kategorien Hersteller eines Endproduktes, eines Grundstoffes sowie eines Teilproduktes. Damit unterscheidet sich der Herstellerbegriff bereits der Formulierung nach von den Vorgaben des Gemeinschaftsgesetzgebers.
Der erste Vorentwurf der Kommission von 1974 sah eine Beschränkung der Haftung auf den Hersteller des Endproduktes vor.[260] Das Endprodukt wurde als Schnittstelle zwischen Herstellung und Verwendung durch den Verbraucher angesehen, und auch nur hier sollte eine strenge Haftung greifen. Dieser engere Herstellerbegriff wurde jedoch frühzeitig wieder aufgegeben. Man wollte im Interesse des Schutzes des Verbrauchers den Kreis der haftenden Personen möglichst weit fassen. Vermieden werden sollte, daß der Endhersteller seine ausschließliche Haftung umgehen konnte, indem er Beweis hinsichtlich ihn entlastender Umstände führte - wie etwa, daß die Fehlerhaftigkeit des Endproduktes auf einen Fehler des Teilproduktes zurückzuführen sei. Im Vordergrund stand mithin der Gedanke, zu vermeiden, daß der Verbraucher keinen Ersatz für seine erlittenen Schäden bekam.
Nach dem Wortlaut von § 2 ProdHaftG-Tsch hat sich der tschechische Gesetzgeber für den engen Herstellerbegriff entschieden. Aus der Formulierung „der, der das Produkt herstellt" ergibt sich zwar, daß grundsätzlich auch der Hersteller eines Grundstoffes sowie eines Teilproduktes Hersteller im Sinne dieses Gesetzes ist. Es kann jedoch nicht gefolgert werden, daß dies auch noch nach der Verarbeitung zu einem Endprodukt gelten soll, also in den Fällen, in denen aus dem Teilprodukt ein neues Produkt entstanden ist.
Von einer richtlinienkonformen Umsetzung kann daher in dieser Hinsicht nicht ausgegangen werden.

Es stellt sich außerdem die Frage, ob unter den Begriff des Herstellers – entsprechend den Vorgaben des Gemeinschaftsgesetzgebers – auch der Als-Ob-Hersteller fällt. Unter dem Als-Ob-Hersteller ist nach Art. 3 Abs. 1 EG-Produkthaftungsrichtlinie derjenige zu verstehen, der sich als Hersteller ausgibt, indem er seinen Namen, sein Warenzeichen

---

[259] Vgl. zu § 420 BGB-Tsch in diesem Länderteil „C. Schadenshaftung nach dem tschechischen BGB".

[260] „Erster Vorentwurf einer Richtlinie mit Erläuterungen" (nicht veröffentlicht). Vgl. hierzu Taschner, Art. 3, Rdnr. 6.

oder ein anderes Erkennungszeichen auf dem Produkt anbringt. Entscheidend ist, daß er bewußt und gewollt den Eindruck erweckt, er sei der tatsächliche Hersteller.[261] Dies ergibt sich aus der tschechischen Norm nicht. Nach der Definition des tschechischen Gesetzes kommt es nicht darauf an, daß die Person, die ihren Namen, ihr Markenzeichen oder ein anderes Erkennungszeichen auf dem Produkt angebracht hat, sich dadurch als Hersteller geriert. Die Qualifizierung als Hersteller knüpft vielmehr allein an das Anbringen eines Kennzeichens auf dem Produkt an. Nach dieser Begriffsbestimmung könnte damit auch derjenige als Hersteller gelten, der ein Kennzeichen auf dem Produkt angebracht hat, aus dem lediglich hervorgeht, daß er das Produkt vertrieben hat. Das Anbringen einer Handelsmarke auf dem Produkt würde bereits die Herstellereigenschaft begründen. Dies entspricht nicht den Vorgaben des Gemeinschaftsgesetzgebers.
Entgegen der Ansicht von Posch[262] umfaßt die Definition des Herstellerbegriffs des tschechischen Gesetzes daher wohl nicht den Als-Ob-Hersteller, wie ihn der Gemeinschaftsgesetzgeber versteht.

Als Hersteller ist desweiteren derjenige einzustufen, der das Produkt zum Zweck des Verkaufs, der Vermietung oder einer anderen Form des Gebrauchs im Rahmen seiner Handelstätigkeit einführt, also der Importeur. Während es in Art. 3 Abs. 2 der EG-Produkthaftungsrichtlinie heißt "einführen in die Gemeinschaft", spricht die tschechische Vorschrift selbstverständlich nur von "einführen", ohne das Bestimmungsgebiet zu konkretisieren.[263] Dies erklärt sich jedoch aus dem Umstand, daß die Tschechische Republik bis heute kein Mitglied der Europäischen Union ist.

Ist der Hersteller nach § 2 Abs. 1 ProdHaftG-Tsch nicht bekannt, wird nach Absatz 3 dieser Norm darüber hinaus jeder als Hersteller im Sinne dieses Gesetzes betrachtet, der das Produkt liefert und nicht innerhalb einer Frist von einem Monat ab Geltendmachung des Schadensersatzanspruchs dem Geschädigten die Identität des Herstellers mitteilt. Wird ein Produkt in die Tschechische Republik importiert und ist der Importeur nicht bekannt, gilt auch in diesem Fall die dargestellte Regelung, § 2 Abs. 3 Satz 2 ProdHaftG-Tsch. Der Lieferant haftet im letztgenannten Fall darüber hinaus auch unabhängig davon, ob der Hersteller nach § 3 Abs. 1 Satz 1 ProdHaftG-Tsch bekannt ist oder nicht.
Im Gegensatz zu dem ersten Entwurf eines Produkthaftungsgesetzes der tschechischen Regierung kann sich der Lieferant nunmehr von der Haftung durch Benennung des Hersteller bzw. des Importeurs befreien. Dem Begründungsbericht zum ProdHaftG-Tsch ist in diesem Zusammenhang zu entnehmen, daß der Geschädigte Schadensersatzansprüche gegen den Lieferanten nur solange geltend machen kann, bis dieser ihm Informationen über den Hersteller, Importeur oder über seinen eigenen Lieferanten zukommen läßt.[264] Die Haftung des Lieferanten ist daher subsidiär gegenüber der Herstellerhaftung. Desweiteren ist dem Begründungsbericht zu entnehmen, daß sich der Lieferant auch durch die Nennung eines weiteren, in den Warenverteilungsprozeß involvierten Lieferanten, von

[261] A. a. O., Rdnr. 15.
[262] Posch, ZfRV 1998, S. 238, 240.
[263] Vgl. hierzu im Länderteil Polen unter „2. Der Herstellerbegriff".
[264] Begründungsbericht, Besonderer Teil, zu § 2 Abs. 3.

seiner Haftung befreien kann.[265] Dem Wortlaut des Gesetzes kann dies aber nicht entnommen werden.
Weigl[266] vertritt daher in diesem Zusammenhang - wohl unter Zugrundelegung des Gesetzeswortlautes - die Auffassung, daß sich der Lieferant nicht durch Benennung eines weiteren Lieferanten, der das Produkt an den Lieferanten des Verbrauchers geliefert hat, von einer Haftung befreien könne.[267] Insoweit wäre die tschechische Regelung in diesem Punkt strenger. Es bleibt abzuwarten, ob sich die tschechischen Gerichte in dieser Frage an den Vorstellungen der Regierung orientieren werden.

Nach den Vorgaben des Gemeinschaftsgesetzgebers in Art. 3 Abs. 3 EG-Produkthaftungsrichtlinie ist die Haftung des Lieferanten als Auffanghaftung ausgestaltet.[268] Insoweit ist eine richtlinienkonforme Umsetzung erfolgt. In Art. 3 Abs. 3 EG-Produkthaftungsrichtlinie wird jedoch nicht eine Monatsfrist genannt; vielmehr heißt es hier lediglich, daß der Lieferant dem Geschädigten innerhalb angemessener Zeit die benötigten Informationen zukommen lassen muß, um sich von seiner Haftung zu befreien. Eine Monatsfrist kann jedoch als "angemessene Zeit" im Sinne von Art. 3 Abs. 3 EG-Produkthaftungsrichtlinie angesehen werden, so daß auch in dieser Beziehung eine richtlinienkonforme Umsetzung erfolgt ist. Auch der deutsche Gesetzgeber hat sich in diesem Zusammenhang für die Einführung einer festen Frist von einem Monat entschieden, § 4 Abs. 3 ProdHaftG-D.

4. Der Produktbegriff

Nach Art. 3 ProdHaftG-Tsch ist unter einem Produkt eine bewegliche Sache zu verstehen, die hergestellt, abgebaut oder auf einem anderen Weg gewonnen wurde und zum Inverkehrbringen auf den Markt bestimmt ist. Auf den Grad der Verarbeitung kommt es nicht an. Darüber hinaus sind Produkte ebenfalls Bestandteile und Zubehör sowohl einer beweglichen und als auch einer unbeweglichen Sache. Elektrizität gilt ebenfalls als Produkt im Sinne dieses Gesetzes. Als Produkt gelten nicht land- und forstwirtschaftliche natürliche Produkte und Tiere, soweit sie keiner ersten Verarbeitung unterzogen wurden.
Die Ausklammerung von unverarbeiteten landwirtschaftlichen Naturprodukten und Jagderzeugnissen aus dem Produktbegriff entspricht der ursprünglichen Fassung des Produktbegriffs der EG-Produkthaftungsrichtlinie. Art. 15 EG-Produkthaftungsrichtlinie räumte den Mitgliedstaaten jedoch die Option ein, den Begriff des Produktes auch auf unverarbeitete landwirtschaftliche Naturprodukte und Jagderzeugnisse zu erweitern. In Übereinstimmung mit den meisten Mitgliedstaaten hat auch die Tschechische Republik von dieser Option mithin keinen Gebrauch gemacht.
Am 29. April 1999 beschloß der Rat jedoch eine entsprechende Erweiterung der EG-Produkthaftungsrichtlinie. Die Mitgliedstaaten sollen diese neue Regelung innerhalb von 18 Monaten nach ihrer Veröffentlichung umsetzen. Der tschechische Gesetzgeber müßte bei einem Beitritt zur Europäischen Union folglich die Vorschrift des Art. 3 ProdHaftG-Tsch an die geänderte Fassung der EG-Produkthaftungsrichtlinie angleichen.

---

[265] Ibid.
[266] Weigl, WIRO 1998, S. 211, 212.
[267] Ibid.
[268] Taschner/Frietsch Art. 3, Rdnr. 28.

Hinsichtlich der jetzigen Fassung des Produktbegriff des tschechischen Produkthaftungsgesetzes ist Folgendes anzumerken: Im Gegensatz zu der Formulierung der EG-Produkthaftungsrichtlinie spricht der tschechische Gesetzgeber nicht von landwirtschaftlichen Naturprodukten und Jagderzeugnissen, sondern von land- und forstwirtschaftlichen Naturprodukten.[269] Die tschechische Vorschrift enthält keine präzise Aufzählung der unter die land- und forstwirtschaftlichen Produkte fallenden Erzeugnisse, wie dies etwa in § 2 des deutschen Produkthaftungsgesetzes der Fall ist. Danach kommt landwirtschaftlichen Erzeugnissen des Bodens, der Tierhaltung, der Imkerei und der Fischerei (landwirtschaftliche Naturprodukte) sowie Jagderzeugnisse, die noch keiner ersten Verarbeitung unterzogen wurden, keine Produkteigenschaft zu. Es ist daher fraglich, was unter diesen Begriff zu subsumieren ist.
Dem Begründungsbericht zum ProdHaftG-Tsch ist im Zusammenhang mit der Vorschrift des § 3 ProdHaftG-Tsch zu entnehmen, daß - entsprechend der Empfehlung des Landwirtschaftsministeriums und in Übereinstimmung mit den bisherigen Regelungen der meisten Mitgliedstaaten der Europäischen Union - unverarbeitete Produkte der Land- und Forstwirtschaft, der Fischerei sowie der Tierzucht von einer Haftung ausgenommen sind.[270] Aus dieser Äußerung kann daher geschlossen werden, daß der tschechische Gesetzgeber von einer weiten Auslegung des Begriffes "land- und forstwirtschaftliche Produkte" ausgeht.
Um in der Rechtspraxis Unklarheiten zu vermeiden, wäre eine präzisere Regelung wünschenswert.[271]

In § 3 Abs. 2 ProdHaftG-Tsch wird der Begriff der ersten Verarbeitung definiert. Als erste Verarbeitung ist danach jede Bearbeitung eines Produktes einzustufen, die den Charakter des Produktes ändert oder ihm andere Stoffe zuführt. Eine erste Verarbeitung des Produktes ist darüber hinaus bei der Verpackung und jeder anderen Veränderung gegeben, die einen industriellen Charakter besitzt und die Kontrolle des Produktes durch den Verbraucher erschwert. Bei der Definition des Begriffes der "ersten Verarbeitung" des tschechischen Gesetzes fällt zunächst eine erhebliche Übereinstimmung mit der entsprechenden Regelung des italienischen Produkthaftungsgesetzes auf. Denn auch der italienische Gesetzgeber hat in Art. 2 Abs.3 DPR[272] im Unterschied zum Wortlaut der Richtlinie näher bestimmt, was "erste Verarbeitung" (la trasformazione) landwirtschaftlicher Erzeugnisse bedeutet: "Unter Verarbeitung versteht man die Unterwerfung des Produktes unter eine Behandlung, die dessen typische Merkmale verändert oder ihm Substanzen hinzufügt. Der Verarbeitung sind, wenn sie industriellen Charakter hat, die Verpackung und jede andere Behandlung gleichgestellt, wenn sie die Kontrolle des Produktes durch den Konsumenten erschweren oder eine Sicherheitserwartung hervorrufen."

---

269 Diese begriffliche Unterscheidung zwischen land- und forstwirtschaftlichen Naturprodukten findet sich auch in § 4 des österreichischen Produkthaftungsgesetzes.
270 Begründungsbericht, Besonderer Teil, zu § 3.
271 So im Ergebnis auch Weigl, WIRO 1998, S. 211, 212.
272 Am 30. Juli 1988 trat in Italien das "Dekret des Präsidenten der Republik" (abgekürzt DPR) zur Ausführung der Richtlinie der EWG Nr. 85/374 zur Angleichung der Rechts- und Verwaltungsvorschriften der Mitgliedstaaten über die Haftung für fehlerhafte Produkte in Kraft. Grundlage für die Ermächtigung, die Transformation der EG-Produkthaftungsrichtlinie im Wege eines Dekretes durchzuführen, ist Art. 15 des Gesetzes Nr. 183 vom 16. April 1987. Vgl. hierzu Graf von Westphalen, Produkthaftungshandbuch, Bd. 2, § 125, Rdnr. 1 f.

Die EG-Produkthaftungsrichtlinie selbst enthält keine Definition des Begriffes der "ersten Verarbeitung". Es ist jedoch vor dem Hintergrund des Schutzzweckes dieser Richtlinie davon auszugehen, daß eine erste Verarbeitung jedenfalls dann gegeben ist, wenn das Produkt durch den Veränderungsprozeß den Risiken einer industriellen Fertigung ausgeliefert ist.[273] Nach Ansicht von Schmidt-Salzer[274] ist das Kriterium einer "industriellen" Verarbeitung nicht ausreichend begründbar. Auch aus dem Wortlaut der Richtlinie läßt sich diese zusätzliche Voraussetzung nicht herleiten. Es ist daher im Ergebnis davon auszugehen, daß die Verarbeitung im bäuerlichen Kleinbetrieb ebenfalls eine Produkteigenschaft eines landwirtschaftlichen Naturproduktes im Sinne der EG-Produkthaftungsrichtlinie hervorrufen kann.[275] Unter einer Verarbeitung ist daher jede menschliche Tätigkeit zu verstehen, die an eine Sache gewandt wird, um sie für den Geoder Verbrauch vorzubereiten.[276]

Von dem Begriff der "ersten Verarbeitung" in § 3 Abs. 2 ProdHaftG-Tsch werden zunächst alle Veränderungsprozesse umfaßt, aufgrund derer das ursprüngliche Wesen bzw. die Substanz einer Sache verloren geht. Das entspricht soweit der nach der Richtlinie vorgesehenen Definition. Die zusätzliche ausdrückliche Einbeziehung der in industrieller Weise erfolgten Verpackung bzw. sonstigen Veränderung des Produktes erfolgte, um deutlich zu machen, daß Naturprodukte einer verschuldensunabhängigen Haftung unterliegen sollen, sobald sie den Risiken einer industriellen Verarbeitung ausgesetzt sind. Auch insoweit ist eine richtlinienkonforme Umsetzung gegeben.

Fraglich ist jedoch, ob die eingefügte Begriffsumschreibung ein Mehr an Klarheit als der Text der Richtlinie bietet. Insbesondere das Merkmal der "Verpackung" erscheint problematisch: Denn auf der einen Seite sind unverarbeitete landwirtschaftliche Naturprodukte von einer Haftung ausgenommen; werden sie aber schlicht verpackt - etwa Eier in einer Pappschachtel -, müßten ihnen nach § 3 Abs. 2 ProdHaftG-Tsch Produkteigenschaft zukommen. Auch in dieser Hinsicht können sich daher in der Praxis Unklarheiten ergeben, deren Klärung letztendlich den Gerichten überlassen bleibt.

Durch diese weite Begriffsbestimmung des tschechischen Gesetzes ergibt sich darüber hinaus keine eindeutige Lösung für die nach dem Wortlaut der EG-Produkthaftungsrichtlinie nicht eindeutig geklärten Fälle, in denen landwirtschaftliche Erzeugnisse durch den Einsatz von nicht natürlichen Techniken in der Landwirtschaft gewonnen werden, wie etwa bei Masttierhaltung oder dem Einsatz von Chemikalien. Denn sowohl nach der Regelung des Gemeinschaftsgesetzgebers als auch nach der tschechischen Regelung werden nur Behandlungen eines bereits existierenden landwirtschaftlichen Naturprodukts erfaßt. Eine Subsumtion derart veränderter Naturprodukte unter den Produktbegriff erscheint nach der tschechischen Regelung allenfalls über die Auslegung des Kriteriums "Erschwerung der Kontrolle durch den Verbraucher" möglich.

Es ist damit festzustellen, daß durch die Erläuterungen der tschechischen Norm zu dem Begriff der ersten Verarbeitung zwar keine Klärung der in diesem Zusammenhang bestehenden Problematik erreicht wird; es entsteht dadurch aber auch keine Abweichung von den Vorgaben der EG-Produkthaftungsrichtlinie.

---

[273] Taschner, Art. 2, Rdnr. 14.
[274] Schmidt/Salzer, Kommentar EG-Produkthaftungsrichtlinie Produkthaftung, Art. 2, Rdnr. 75.
[275] So auch zutreffend Taschner/Frietsch § 2 ProdHaftG, Rdnr. 1.
[276] Taschner/Frietsch Art. 2, Rdnr. 13.

5. Der Fehlerbegriff

In § 4 ProdHaftG-Tsch wird der Begriff des Produktfehlers definiert. Nach Absatz 1 dieser Vorschrift ist ein Produkt fehlerhaft, wenn es im Hinblick auf einen sicheren Gebrauch nicht die Eigenschaften garantiert, die man zu Recht erwarten kann. Die Vorschrift führt drei Beispielsfälle an, aus denen sich eine berechtigte Erwartungshaltung insbesondere ergeben kann. Eine solche kann danach folgen aus den Informationen über das Produkt, die zusammen mit diesem geliefert werden, dem vorausgesetzten Zweck, dem das Produkt dienen soll, sowie dem Zeitpunkt, zu dem das Produkt in den Verkehr gebracht wurde.

Die Definition eines Produktfehlers nach dem tschechischen Produkthaftungsgesetz beruht folglich auf der Konzeption der "Sicherheit eines Produktes". Dies entspricht der Konzeption des Gemeinschaftsgesetzgebers.[277] Art. 6 der EG-Produkthaftungsrichtlinie basiert auf der Erwägung, daß ein vom Hersteller in den Verkehr gebrachtes und vom Verbraucher entsprechend seiner Zweckbestimmung genutztes Produkt die Sicherheit bieten muß, die zum Schutz der körperlichen Unversehrtheit des Verwenders sowie zum Schutz seines Eigentums erforderlich ist. Bei der Bestimmung der Fehlerhaftigkeit eines Produktes sind die Eigenschaften der Sache und die hierdurch verursachten Schäden und nicht Zweckbestimmung und Gebrauchsfähigkeit zueinander in Beziehung zu setzen. Im tschechischen Recht wurde bis zum Erlaß des Produkthaftungsgesetzes bei der Bestimmung der Fehlerhaftigkeit einer Sache nicht auf deren Sicherheit abgestellt. Der Begriff der "Sicherheit" im Zusammenhang mit der Bestimmung der Fehlerhaftigkeit einer Sache war dem tschechischen Zivilrecht vielmehr unbekannt.[278] Der Fehlerbegriff des tschechischen Zivilrechts stammt aus dem Kaufrecht. Er wird hier anhand anderer Kriterien bestimmt.[279] Differenziert wird zunächst zwischen faktischen Mängeln und Rechtsmängeln.[280] Ausgehend von dem allgemeinen Grundsatz aus Art. 499 BGB-Tsch nimmt Svestka[281] einen faktischen Mangel bei einer solchen Beeinträchtigung einer Sache an, die dem Erwerber dadurch entstanden ist, daß der Veräußerer nicht - im Hinblick auf die Mangelfreiheit der überlassenen Sache - das getan hat, was er entsprechend dem ursprünglichen Vertrag und der aus diesem resultierenden ursprünglichen Vertragspflicht hätte ordnungsgemäß tun sollen. Entscheidend für die Bestimmung der Fehlerhaftigkeit einer Sache ist mithin das, was die Parteien vereinbart haben.[282] Es werden im Kaufrecht also gerade Zweckbestimmung und Gebrauchsfähigkeit zueinander in Beziehung gesetzt. Insofern bedeutet die Übernahme des Begriffes der "Produktsicherheit" in § 4 ProdHaftG-Tsch die Einführung eines neuen Rechtsbegriffes in das tschechische Rechtssystem. Im Rahmen der weiteren Erläuterung dieses Begriffes sollen die Regelungen des Gesetzes über die technischen Anforderungen an Produkte[283] zugrunde gelegt werden.[284]

---

[277] A. a. O., Art. 6, Rdnr. 1.
[278] Begründungsbericht, Besonderer Teil, zu § 4; Mrázek, Pravník 1998, S. 183, 200.
[279] Vgl. hierzu in diesem Länderteil unter „1. Die allgemeinen Vorschriften der §§ 499 ff. BGB-Tsch".
[280] Švestka, Všehrd 1993/10, S. 4, 11.
[281] A. a. O., S. 6.
[282] Auch im deutschen Recht wird nach dem subjektiven Fehlerbegriff bei der Bestimmung der Fehlerhaftigkeit einer Sache darauf abgestellt, ob die tatsächliche Beschaffenheit der Sache von der vereinbarten abweicht.
[283] Gesetz Nr. 22/1997 Sb.
[284] Begründungsbericht, Besonderer Teil, zu § 4.

In der Literatur wird vertreten, daß die Umsetzung dieser neuen Regelung keine Schwierigkeiten bereiten werde.[285] Begründet wird dies damit, daß die Beschränkung des Begriffes der Fehlerhaftigkeit auf die "Sicherheit" eines Produktes nur einen kleinen Teil möglicher Fälle von Produktfehlern abdecke.

Der Fehlerbegriff des Art. 6 der EG-Produkthaftungsrichtlinie umfaßt alle Kategorien von Fehlern, also Fabrikations-, Konstruktions- und Instruktionsfehler. Diese Differenzierung findet sich im tschechischen Recht bisher nur ansatzweise.
Im tschechischen Recht galt auch vor Erlaß des Produkthaftungsgesetzes, daß die unzureichende Instruktion von seiten des Herstellers zur Fehlerhaftigkeit einer Sache führen kann, § 245 BGB-Tsch. Nach dieser Vorschrift muß der Verkäufer in Fällen, in denen bei der Benutzung und Anwendung einer Sache besondere Regeln oder Vorsichtsmaßnahmen eingehalten werden müssen, den Käufer hierüber informieren. Dem Verkäufer obliegt nach dieser Vorschrift folglich eine Pflicht zur Information und Aufklärung des Käufers. Das Oberste Gericht hat in einer Entscheidung zu der Instruktionspflicht des Verkäufers ausgeführt, daß dieser den Käufer hinsichtlich der Handhabung, Pflege und Instandhaltung der gekauften Sache unterrichten müsse. Nur wenn es sich um allgemein bekannte und selbstverständliche Regeln handle, könne eine Instruktionspflicht entfallen. Verletzt der Verkäufer diese sogenannte Instruktionspflicht, ist er dem Käufer zu dem daraus entstandenen Schaden verpflichtet. Ein Verschulden ist nicht erforderlich. Im entschiedenen Fall hat der Verkäufer die ihm obliegende Instruktionspflicht dadurch verletzt, daß er die Käuferin nicht darauf aufmerksam gemacht hatte, daß Damenschuhe der höheren Preiskategorie keiner Nässe ausgesetzt werden dürften. Den entstandenen Schaden hatte er zu ersetzen.
In § 245 BGB-Tsch wird der Instruktionsfehler definiert, wie er nach den Vorstellungen des Gemeinschaftsgesetzgebers und auch im deutschen Recht verstanden wird. Ein Unterschied ist lediglich, daß die Vorschrift des § 245 BGB-Tsch nur auf vertragliche Beziehungen zwischen Verkäufer und Käufer angewendet wird. Aus der Begründung des Gerichtes geht jedoch nicht hervor, daß die Instruktionspflicht nur aufgrund des Vertrages bestehe. Es erscheint vor diesem Hintergrund unproblematisch, diese Rechtspflicht auch auf die Beziehung zwischen Hersteller und Verbraucher auszudehnen. Im Hinblick auf den Instruktionsfehler läßt die Umsetzung der neuen Regelung durch die Gerichte daher grundsätzlich keine großen Schwierigkeiten erwarten.

Aus der Formulierung „....die Informationen über das Produkt, die zusammen mit dem Produkt geliefert worden sind...." in § 4 Abs. 1 a) ProdHaftG-Tsch folgt, daß der Fehlerbegriff des Produkthaftungsgesetzes entsprechend den Vorgaben des Gemeinschaftsgesetzgebers grundsätzlich auch den Instruktionsfehler umfassen soll.[286] Der tschechische Gesetzgeber hat jedoch eine andere Formulierung gewählt; in der tschechischen Vorschrift wird nicht von der "Darbietung des Produktes" gesprochen. Diese sprachliche Abweichung der tschechischen Regelung von den Vorgaben des Gemeinschaftsrechts in Art. 6 Abs. 1 a) EG-Produkthaftungsrichtlinie könnte zu einer inhaltlichen Begrenzung der Fälle der Instruktionsfehler führen. Unter den Begriff der Darbietung eines Produktes fal-

---

[285] Mrázek, Pravník 1998, S. 183, 200.
[286] So auch Molitoris/Weigl, PHI 1999, S. 22, 24.

len nach europäischem Verständnis die Produktgestaltungen, die Produktbeschreibungen, die Gebrauchs- und Warnhinweise sowie die Werbungen.[287] Um hier zu einer rechtlichen Übereinstimmung der Regelungen zu kommen, müßte die tschechische Rechtsprechung den Begriff der „Informationen" in dem zuvor dargestellten Sinne verstehen. Das wird bei Gebrauchs- und Warnhinweisen, die dem Produkt beigefügt sind, der Fall sein. Fraglich erscheint dies jedoch bei der Werbung für das Produkt sowie bei der Gestaltung des Produktes. Ein anderes Begriffsverständnis könnte dazu führen, daß nicht alle Fälle der Instruktionsfehler, wie sie der Gemeinschaftsgesetzgeber vorsieht, durch das neue Gesetz erfaßt werden. Die Entscheidung darüber, wann ein Instruktionsfehler vorliegt, sollte zudem nicht den Gerichten überlassen werden.

Weiteres Kriterium des Fehlerbegriffs ist gemäß § 4 Abs. 1 b) ProdHaftG-Tsch die Zweckbestimmung des Produktes. Der tschechische Gesetzgeber drückt dies durch die Formulierung des „vorausgesetzten Zweck, dem das Produkt dienen soll" aus. Hierin ist zunächst eine sprachliche Abweichung von den Vorgaben des Gemeinschaftsgesetzgebers zu sehen, da die EG-Produkthaftungsrichtlinie von „....dem Gebrauch des Produktes, mit dem billigerweise gerechnet werden kann...." spricht. Diese sprachliche Abweichung führt zudem zu einer inhaltlichen Abweichung. Die europäische Formulierung ist weiter als die tschechische. Es werden nicht nur die Fälle des bestimmungsgemäßen Gebrauchs, sondern auch des nicht bestimmungsgemäßen, wohl aber sozialadäquaten Gebrauchs erfaßt.[288] Die Formulierung des tschechischen Gesetztes läßt es nicht ohne weiteres zu, die genannten Fälle zu erfassen. Auch wenn der tschechische Gesetzgeber in der Begründung des Gesetzes hervorhebt, daß diese Formulierung den Vorgaben in der EG-Produkthaftungsrichtlinie entsprechen soll,[289] kann in diesem Punkt nicht von einer richtlinienkonformen Umsetzung ausgegangen werden. Es kann nicht ausreichen, daß erst durch die Rechtsprechung Umsetzungsfehler korrigiert werden.

§ 4 Abs. 1 c) verdeutlicht, daß für die Beurteilung, ob ein Produkt als fehlerhaft anzusehen ist, der Zeitpunkt des Inverkehrbringens eine zentrale Bedeutung hat. Was zu diesem Zeitpunkt fehlerfrei war, ist auch noch zu einem späteren Zeitpunkt fehlerfrei. Das entspricht der EG-Produkthaftungsrichtlinie.

Nach § 4 Abs. 2 ProdHaftG-Tsch gilt ein Produkt nicht schon deshalb als fehlerhaft, weil zu einem späteren Zeitpunkt ein verbessertes Produkt in den Verkehr gebracht worden ist. Hier ist eine fast wörtliche Übereinstimmung mit den Vorgaben in Art. 6 Abs. 2 der EG-Produkthaftungsrichtlinie festzustellen. Es kommt, wie bereits durch die Regelung in Abs. 1 c) dieser Vorschrift deutlich wird, für die Bestimmung der Fehlerhaftigkeit eines Produktes entscheidend auf den Zeitpunkt des Inverkehrbringens des Produktes an.

Im Ergebnis ist die Umsetzung des Fehlerbegriffs aus Art. 6 EG-Produkthaftungsrichtlinie nur teilweise in Übereinstimmung mit den Vorgaben des Gemeinschaftsgesetzgebers erfolgt.

---

[287] Graf von Westphalen, Produkthaftungshandbuch, Bd. 2, § 62, Rdnr. 39.
[288] Vgl. hierzu im Länderteil Polen unter „5. Der Fehlerbegriff".

6. Die Haftungsausschlußgründe

In § 5 ProdHaftG-Tsch sind die Gründe festgelegt, bei deren Vorliegen eine Haftung des Herstellers ausgeschlossen ist. Die Haftungsausschlußgründe sind abschließend geregelt. Nach § 5 Abs. 1 ProdHaftG-Tsch haftet der Hersteller nicht, wenn er beweist, daß er das Produkt nicht auf den Markt gebracht hat, der Fehler, der den Schaden verursacht hat, nicht im Zeitpunkt des Inverkehrbringens vorlag oder daß der Fehler später entstanden ist, er das Produkt weder für den Verkauf oder eine andere Form des Gebrauchs mit unternehmerischem Zweck, noch das Produkt im Rahmen seiner unternehmerischen Tätigkeit hergestellt oder vertrieben hat, der Fehler des Produktes die Folge der Einhaltung verbindlicher Rechtsvorschriften ist oder die wissenschaftlichen und technischen Kenntnisse zum Zeitpunkt des Inverkehrbringens des Produktes es nicht ermöglichten, dessen Fehler zu erkennen.

Nach § 5 Abs. 2 ProdHaftG-Tsch haftet der Hersteller eines Teilproduktes nicht, wenn er nachweist, daß der Fehler durch die Konstruktion des Produktes, in welches das Teilprodukt eingearbeitet wurde, oder durch die Anleitungen des Herstellers verursacht worden ist.

Im Hinblick auf die Regelung in § 5 ProdHaftG-Tsch ist zunächst festzustellen, daß die genannten Haftungsausschlußgründe grundsätzlich mit den in Art. 7 a) bis f) EG-Produkthaftungsrichtlinie aufgeführten Gründen in weiten Teilen wortgleich übereinstimmen.
Im folgenden wird auf die einzelnen Haftungsausschlußgründe näher eingegangen.

a. Produkt nicht vom Hersteller in den Verkehr gebracht

Nach§ 5 Abs. 1 a) ProdHaftG-Tsch haftet der Hersteller nicht, wenn er beweist, daß er das Produkt nicht in den Verkehr gebracht hat. Entscheidendes Merkmal für einen Haftungsausschluß nach dieser Vorschrift ist mithin das "Inverkehrbringen" des Produktes. Dieser Begriff ist im ProdHaftG-Tsch nicht definiert. Auch die Richtlinie enthält keine Definition dieses Begriffes, da der Begriff aufgrund seines natürlichen Wortsinns selbsterklärend sei.[290] Im Regelfall gelte ein Produkt als in den Verkehr gebracht, wenn nach Abschluß des Produktionsprozeß das Produkt in den Wirtschaftskreislauf eingeführt wurde.[291] Dies kann bereits bei Übergabe des Produktes an den Vertrieb der Fall sein.[292]
Der Begründungsbericht zum tschechischen Produkthaftungsgesetz definiert die in § 5 ProdHaftG-Tsch verwendeten Begriffe. Danach ist ein "Inverkehrbringen" eines Produktes im Sinne von § 5 Abs. 1 a) ProdHaftG-Tsch gegeben, wenn die Gebrauchseigenschaften eines Produktes dem Verbraucher im Rahmen einer ordnungsgemäßen Geschäftstätigkeit des Herstellers zugänglich gemacht werden. Dieser Vorgang müsse auf dem freien Entschluß des Herstellers beruhen.[293]
Dieses Begriffsverständnis entspricht dem des Gemeinschaftsrechts.

---

289 Begründungsbericht, Besonderer Teil, zu § 4.
290 Abl. EG Nr. C 271 vom 26.10.1979, S. 3 ff.
291 Ibid.
292 Taschner, Art. 7, Rdnr. 7; Schmidt-Salzer, Kommentar EG-Richtlinie, Produkthaftung, Art. 7 Rdnr. 36.
293 Begründungsbericht, Besonderer Teil, zu § 5 a).

b. Produkt bei Inverkehrbringen fehlerfrei

Nach § 5 Abs. 1 b) ProdHaftG-Tsch haftet der Hersteller nicht, wenn er beweist, daß der Fehler des Produktes, der den Schaden verursacht hat, zu dem Zeitpunkt, zu dem das Produkt in den Verkehr gebracht worden ist, nicht vorhanden war oder erst später entstanden ist. Dem Begründungsbericht ist hierzu zu entnehmen, daß die Auferlegung einer verschuldensunabhängigen Produzentenhaftung in diesen Fällen nicht gerechtfertigt sei. Der tschechische Gesetzgeber hat damit im Grundsatz die Regelung des Art. 7 b) EG-Produkthaftungsrichtlinie übernommen. Insbesondere hat er auch die Beweisführungslast dem Hersteller auferlegt. Er hat jedoch nicht, wie von dem Gemeinschaftsgesetzgeber vorgesehen, diese Beweisführungslast des Herstellers erleichtert. Nach der gemeinschaftsrechtlichen Formulierung „davon auszugehen ist, daß der Fehler ....nicht vorlag....oder später entstanden ist" muß der Hersteller nicht den positiven Nachweis erbringen, daß das Produkt ohne die schadensstiftenden Eigenschaften in den Verkehr gebracht wurde. Vielmehr genügt für die Beweisführung ein geringeres Maß an Wahrscheinlichkeit.[294] Durch diese Regelung soll der Schwierigkeit der Beweisführung für den Hersteller Rechnung getragen werden. Die tschechische Formulierung des Haftungsausschlußgrundes läßt eine solche Beweiserleichterung nicht zu. Es liegt daher in diesem Punkt keine richtlinienkonforme Umsetzung vor.

Der Begründungsbericht der tschechischen Regierung zu dieser Regelung[295] wirft weitere Fragen auf: Als Beispielsfälle für den zuvor genannten Haftungsausschluß werden die Verursachung der Fehlerhaftigkeit des Produktes durch unsachgemäßen Transport durch den Spediteur sowie die Nichteinhaltung der Lagerbedingungen durch den Zwischenhändler angeführt. Diese Begründung erscheint zumindest für die Fälle nicht ganz verständlich, in denen sich der Hersteller eines Dritten für den Transport bzw. die Lagerung bedient. Es stellt sich bei diesen Fallkonstellationen außerdem die Frage, ob ein Inverkehrbringen des Produktes mit Übergabe an die Transportperson bereits gegeben ist.

c. Entwicklungsrisiken

Nach § 5 Abs. 1 e) ProdHaftG-Tsch haftet der Hersteller nicht für das sogenannte Entwicklungsrisiko.

Der tschechische Gesetzgeber begründet diese Entscheidung damit, eine für den Hersteller günstigere Regelung habe den Vorteil, daß der Innovationsprozeß in vielen Bereichen der Industrie nicht gehemmt würde.[296] Diese Entscheidung überzeugt darüber hinaus auch unter folgendem Aspekt: In den meisten EU-Mitgliedstaaten haftet der Hersteller nicht für Entwicklungsrisiken. Gleichzeitig wird der Stand der Entwicklung von Wissenschaft und Technik in diesen Ländern regelmäßig höher sein als in der Tschechischen Republik. Die Einführung einer diesen Ländern gegenüber strengeren Haftung des Herstellers, der neue Produkte entwickelt und herstellt, könnte daher für die tschechische Industrie einen Wettbewerbsnachteil gegenüber den übrigen Mitgliedstaaten bedeuten.

Bei der Bestimmung des Stands von Wissenschaft und Technik kommt es auch im tsche-

---

294 Taschner, Art. 7, Rdnr.13.
295 Begründungsbericht, Besonderer Teil, zu § 5 b).
296 A. a. O., zu § 5 e).

chischen Recht nicht auf den einzelnen konkreten Herstellers an; entscheidend ist vielmehr der objektive Stand von Wissenschaft und Technik.[297]
Dieser Haftungsausschlußgrund stimmt daher mit den Vorgaben des Gemeinschaftsgesetzgebers überein.

d. Fehlerhaftigkeit des Teilproduktes entsteht erst durch Einarbeitung in das Endprodukt oder Herstellung auf Anleitung

Nach § 5 Abs. 2 ProdHaftG-Tsch haftet der Hersteller von Teilprodukten nicht, wenn er nachweist, daß der Fehler durch die Konstruktion des Produktes, in welches das Teilprodukt eingearbeitet worden ist, oder durch die Anleitung zu dem Produkt verursacht worden ist.
Der Haftungsausschlußgrund des Herstellers von Teilprodukten wird in der tschechischen Norm im Unterschied zu der gemeinschaftsrechtlichen Regelung in einem eigenen Absatz geregelt und damit systematisch von den Haftungsausschlußgründen des Herstellers getrennt. Dies erstaunt vor dem Hintergrund, daß bei der Definition des Herstellers in § 2 ProdHaftG-Tsch der Hersteller von Teilprodukten keine ausdrückliche Erwähnung findet; vielmehr soll der Begriff des Herstellers als Oberbegriff den Hersteller von Teilprodukten mitumfassen.[298]

Zudem ist die Formulierung des tschechischen Gesetzgebers im Vergleich zur Regelung des Art. 7 f) EG-Produkthaftungsrichtlinie weniger präzise: In der gemeinschaftsrechtlichen Vorschrift heißt es „....daß der Fehler....durch die Anleitungen des Herstellers des Produktes verursacht worden ist." Die Fehlerhaftigkeit des Produktes resultiert also aus den Anleitungen des Herstellers des Endproduktes. Nur wenn der Hersteller des Teilproduktes an der Konstruktion des Endproduktes nicht mehr beteiligt war, kann er sich gegebenenfalls von einer Haftung befreien.
Dies ist der tschechischen Vorschrift dem Wortlaut nach nicht zu entnehmen. Um Rechtssicherheit zu schaffen, sollte dieser Haftungsausschlußgrund überarbeitet werden.

7. Die Haftungsgrenzen

Gemäß § 6 ProdHaftG-Tsch haftet der Hersteller nur für Sachschäden, die 5000 Kronen übersteigen. Für Personenschäden wird in Übereinstimmung mit der EG-Produkthaftungsrichtlinie ohne eine Selbstbeteiligung gehaftet. Nach der tschechischen Regelung trifft den Hersteller demnach bei einem über 5000 Kronen liegenden Sachschaden nur die Pflicht, den Differenzbetrag an den Geschädigten zu leisten.[299] Diese Summe entspricht zum jetzigen Zeitpunkt etwa 125 ECU. Damit stimmt die Höhe der Summe nicht mit den Vorgaben aus Art. 9 Abs. 1 b EG-Produkthaftungsrichtlinie überein, wonach die Selbstbeteiligung des Verbrauchers bei Sachschäden 500 ECU beträgt. Diese Regelung wurde in die EG-Produkthaftungsrichtlinie aufgenommen, um den Ersatz von Bagatellschäden auszuschließen.[300]

---

[297] Ibid.
[298] Vgl. hierzu in diesem Länderteil unter „3. Der Herstellerbegriff".
[299] Weigl, WIRO 1998, 211, 214.
[300] Erläuterungen zum Vorschlag einer Richtlinie des Rates zur Angleichung der Rechts- und Verwaltungsvorschriften der Mitgliedstaaten über die Haftung für fehlerhafte Produkte, Beilage 11/1976 zum Bulletin der EG.

Der tschechische Gesetzgeber hat sich für eine Selbstbeteiligung des Verbrauchers entschieden, um die Anzahl der gerichtlich geltend gemachten Schadensfälle zu begrenzen. Gleichzeitig wollte er damit die Möglichkeit schaffen bzw. vergrößern, daß Geschädigter und Schädiger bei kleineren Schadensfällen untereinander bereits eine außergerichtliche Klärung herbeiführen.[301]
Die wesentlich geringere Höhe der Selbstbeteiligung des tschechischen Produkthaftungsgesetz gegenüber den Vorgaben der EG-Produkthaftungsrichtlinie wird mit dem - im Vergleich zu den Mitgliedstaaten der Union - erheblich geringeren Lebensstandard in der Tschechischen Republik begründet.[302] Die Höhe der Selbstbeteiligung des Verbrauchers war Gegenstand kontroverser Diskussionen. Im ersten Entwurf zu einem Produkthaftungsgesetz war sogar eine Selbstbeteiligung in Höhe von nur 2000 Kronen vorgesehen, was heute etwa 50 ECU und damit 10 % der in der EG-Produkthaftungsrichtlinie vorgegebenen Summe entspricht. Bei der endgültigen Festsetzung der Höhe der Selbstbeteiligung auf 5000 Kronen wurden insbesondere die Preise für Verbrauchsprodukte auf dem tschechischen Markt berücksichtigt, bei denen es am häufigsten zur Geltendmachung von Ansprüchen auf Grundlage des Produkthaftungsgesetzes kommen kann.

Nicht zu übersehen bleibt jedoch, daß die Festlegung eines niedrigeren Selbstbehalts herstellerunfreundlich ist, da er nach dieser Regelung auch für kleine Schäden verschuldensunabhängig haftet. Ob sich dies im Hinblick auf die sich in der Entwicklung befindlichen Unternehmen als vorteilhaft erweist, scheint fraglich. Auf der anderen Seite fördert die Anpassung an internationale Standards die Wettbewerbsfähigkeit der Unternehmen auf dem internationalen Markt. Diesem Wettbewerb werden die Unternehmen im europäischen Wirtschaftsraum künftig ohnehin verstärkt ausgesetzt sein, unabhängig von einem Beitritt.
Ebenso wie die Tschechische Republik hat Ungarn in seinem Produkthaftungsgesetz vom 16. Februar 1993 eine Selbstbeteiligungsgrenze[303] des Geschädigten festgelegt, die deutlich unter den Vorgaben der EG-Produkthaftungsrichtlinie liegt. Nach der Begründung zu dem ungarischen Produkthaftungsgesetz erfolgte die Herabsetzung des Selbstbehaltes vor dem Hintergrund der Preis- und Einkaufsverhältnisse in Ungarn, die im Vergleich zu den Mitgliedstaaten der Europäischen Union erheblich geringer seien.[304]
Die Einführung des gegenüber den Mitgliedstaaten der Europäischen Union wesentlich geringeren Selbstbehaltes macht die wirtschaftlichen Unterschiede zwischen den westlichen Staaten einerseits und den ehemals sozialistischen Staaten Osteuropas andererseits deutlich. Diese wirtschaftlichen Unterschiede spiegeln sich vor allem in dem erheblich geringeren Bruttosozialprodukt und den sehr viel niedrigeren Preisen und Einkommen wider. Ausweislich der Gesetzesbegründung soll bei einer Aufnahme der Tschechischen Republik in die Europäische Union die Höhe der Selbstbeteiligung zwar erneut Diskussionsgegenstand sein.[305] Es stellt sich jedoch vor dem Hintergrund dieser eklatanten Unterschiede im wirtschaftlichen Bereich die Frage, ob hier in absehbarer Zeit eine Anpas-

[301] Begründungsbericht, Besonderer Teil, zu § 6.
[302] Ibid.
[303] Die Selbstbeteiligungsgrenze des Geschädigten beträgt gemäß § 1 Abs. IV b ProdHaftG-Ungarn 10.000 Forint, was etwa 100 ECU entspricht.
[304] Vida, WIRO 1994, S. 5, 6.
[305] Begründungsbericht, Besonderer Teil, zu § 6.

sung an die EG-Produkthaftungsrichtlinie überhaupt - gemessen an der realen Situation in der Tschechischen Republik - sinnvoll ist.

Der tschechische Gesetzgeber hat nicht von der in Art. 16 EG-Produkthaftungsrichtlinie vorgesehenen Option Gebrauch gemacht, eine Haftung des Herstellers für Schäden infolge Todes oder Körperverletzungen, die durch gleiche Produkte mit demselben Fehler verursacht wurden, auf einen Betrag von nicht weniger als 70 Millionen ECU zu begrenzen. Dies entspricht den Regelungen der meisten europäischen Länder.
Die Frage der Einführung einer Haftungshöchstgrenze war in Tschechien jedoch vor Erlaß des Produkthaftungsgesetzes Gegenstand kontroverser Diskussionen. Es wurde vertreten, daß auch die in der EG-Produkthaftungsrichtlinie angegebene Haftungshöchstgrenze – ebenso wie die Haftungsuntergrenze - gemessen an der wirtschaftlichen Situation der Tschechischen Republik zu hoch sei.[306] Trotz kritischer Stimmen hat der tschechische Gesetzgeber die Höhe des Schadensersatzes jedoch nicht begrenzt. Der Begründungsbericht erläutert dies nicht näher.
Das tschechische Produkthaftungsgesetz ist somit in dieser Hinsicht als besonders verbraucherfreundlich einzustufen.

8. Die Mitwirkung einer dritten Person

§ 7 ProdHaftG-Tsch regelt die Haftung des Herstellers bei Mitwirkung einer dritten Person. Nach § 7 Abs. 1 ProdHaftG-Tsch haftet der Hersteller in vollem Umfang auch für die Schäden, die durch einen Produktfehler und zugleich durch das Handeln oder Unterlassen einer dritten Person entstanden sind. Nach § 7 Abs. 2 ProdHaftG-Tsch kann der Hersteller im Innenverhältnis auf den Dritten zurückgreifen.
Wie nach der Regelung in Art. 8 EG-Produkthaftungsrichtlinie ist es auch nach dem tschechischem Gesetz folglich für den Geschädigten bei der Geltendmachung seiner Schadensersatzansprüche gegen den Hersteller unerheblich, ob sein erlittener Schaden neben der Fehlerhaftigkeit des Produktes noch eine weitere Ursache hatte. Eine richtlinienkonforme Umsetzung ist in diesem Punkt somit erfolgt.

Das tschechische Produkthaftungsgesetz enthält jedoch keine dem Art. 8 Abs. 2 der EG-Produkthaftungsrichtlinie entsprechende Regelung, wonach die Haftung des Herstellers unter Berücksichtigung aller Umstände gemindert werden oder entfallen kann, wenn der Schaden durch einen Fehler des Produktes und zugleich durch ein Verschulden des Geschädigten oder einer Person, für die der Geschädigte haftet, verursacht worden ist. In einem solchen Fall ist daher auf die allgemeinen Grundsätze des BGB-Tsch zurückzugreifen. Nach § 441 BGB-Tsch trägt der Geschädigte den Schaden verhältnismäßig, wenn dieser auch durch sein Verschulden verursacht worden ist. Im Fall eines ausschließlichen Verschuldens des Geschädigten, trägt dieser den Schaden allein. Die Entscheidung über die Haftung als solche ist jedoch entgegen der europäischen Vorschrift nicht in das Ermessen des Richters gestellt. Wenn der Geschädigte zur Schadensverursachung mit beigetragen hat, haftet er nach tschechischem Recht zwingend anteilig. Dies ist insoweit nicht richtlinienkonform.

---

[306] Mrázek, Pravník 1998, 183, 203.

Darüber hinaus bleibt der Fall ungeregelt, daß der Schaden durch das Mitverschulden einer Person verursacht wurde, für die der Geschädigte haftet. Die Frage einer Haftungsmilderung in einer solchen Konstellation bleibt insgesamt den Gerichten überlassen.

9. Die Haftung mehrerer

Das tschechische Produkthaftungsgesetz enthält keine Vorschrift zur Haftung im Fall einer Schadenverursachung durch mehrere Schädiger. Es wurde mithin keine dem Art. 5 EG-Produkthaftungsrichtlinie entsprechende Regelung erlassen. Wurde ein Schaden durch mehrere Ersatzpflichtige verursacht, sind daher subsidiär die allgemeinen Vorschriften des Zivilrechts anzuwenden.

§ 438 BGB-Tsch ordnet bei einer Schadenverursachung durch mehrere Schädiger eine gesamtschuldnerische Haftung an. Der Hersteller haftet mithin auch nach der allgemeinen zivilrechtlichen Regelung des § 420 BGB-Tsch grundsätzlich für den gesamten Schaden, selbst wenn ein Dritter für den Schadenseintritt mitverantwortlich ist. Gemäß § 439 BGB-Tsch erfolgt eine Auseinandersetzung der Schädiger auch hier ausschließlich im Innenverhältnis.

Nach § 438 Abs. 2 BGB-Tsch kann das Gericht in begründeten Fällen jedoch entscheiden, daß diejenigen, die den Schaden verursacht haben, im Verhältnis des von ihnen verursachten Schadens haften. Die Gerichte haben also die Möglichkeit, die gesamtschuldnerische Haftung aufzuheben. Durch diese Regelung wird die Situation des Geschädigten verschlechtert. Sie steht zudem im Widerspruch der eindeutigen Regelung des Gemeinschaftsgesetzgebers in Art. 5 EG-Produkthaftungsrichtlinie. Hiernach soll gerade verhindert werden, daß der Geschädigte bei jedem Anspruchsgegner den auf diesen entfallenden Teil seines Schadensersatzes einzeln geltend machen muß.

9. Der Ausschluß von Freizeichnungsklauseln

Nach der Regelung in § 8 ProdHaftG-Tsch kann eine Haftung des Herstellers nach dem Produkthaftungsgesetz weder ausgeschlossen noch beschränkt werden. Diese Norm stimmt ihrem Regelungsinhalt nach mit Art. 12 EG-Produkthaftungsrichtlinie überein.

10. Die Anwendbarkeit des BGB

Nach § 10 ProdHaftG-Tsch sind die Vorschriften des Bürgerlichen Gesetzbuches anwendbar, soweit das Produkthaftungsgesetz nichts anderes festlegt. Das Produkthaftungsgesetz ist damit als lex specialis einzustufen.[307]

§ 10 ProdHaftG-Tsch sollte wohl in Anlehnung an Art. 13 EG-Produkthaftungsrichtlinie regeln, daß die Vorschriften über die Produkthaftung nicht etwaige Ansprüche des Geschädigten aus Vertrag oder aus sonstigen Haftungsregelungen ausschließen. Der Formulierung ist dies jedoch nicht eindeutig zu entnehmen. Vielmehr könnte man zu dem Ergebnis gelangen, daß bei Bejahung der Voraussetzungen des § 1 ProdHaftG-Tsch – als lex specialis Regelung - andere Ansprüche ausscheiden. Denn in diesem Fall trifft das Produkthaftungsgesetz gerade eine Regelung. Eine Klärung scheint in diesem Punkt daher dringend angeraten.

---

[307] Begründungsbericht, Besonderer Teil, zu § 10.

11. Die Verjährung

Gemäß § 9 Abs. 1 ProdHaftG-Tsch verjähren Ansprüche nach diesem Gesetz mit dem Ablauf von drei Jahren. Die Verjährungsfrist beginnt an dem Tag zu laufen, an dem der Geschädigte von dem Schaden, dem Produktfehler sowie der Identität des Herstellers Kenntnis erlangt hat oder es ihm möglich war, hiervon Kenntnis zu erlangen. Dies entspricht der Regelung in Art. 10 Abs. 1 der EG-Produkthaftungsrichtlinie.

Ein Anspruch auf Schadensersatz nach dem Produkthaftungsgesetz verjährt gemäß § 9 Abs. 2 jedoch spätestens mit Ablauf von zehn Jahren, beginnend mit dem Tag, an dem der Hersteller das Produkt, das den Schaden verursacht hat, in den Verkehr gebracht hat; in den Fällen, in denen der Hersteller eine längere Garantiefrist bestimmt oder verbindlich empfohlen hat, verjährt der Anspruch jedoch erst nach Ablauf dieser Garantiefrist. In den letztgenannten Fällen kann sich damit die Haftungszeit des Herstellers verlängern.

Zunächst fällt auf, daß die tschechische Vorschrift nicht zwischen der Verjährung und dem Erlöschen eines Anspruchs unterscheidet. Es stellt sich daher die Frage, ob auch die Zehnjahresfrist der tschechischen Regelung unterbrochen oder gehemmt werden kann. Wäre dies der Fall, hätte der tschechische Gesetzgeber in diesem Punkt eine von den Vorgaben des Gemeinschaftsrechts abweichende Regelung getroffen. Denn bei der in Art. 11 EG-Produkthaftungsrichtlinie festgelegten Zehnjahresfrist handelt es sich um eine absolute Frist. Eine Hemmung oder eine Unterbrechung dieser Frist kommt also gerade nicht in Betracht.

Es steht zudem im Widerspruch zu den Vorgaben des Gemeinschaftsgesetzgebers, daß der Haftungszeitraum des Herstellers nach dem tschechischen Produkthaftungsgesetz durch eine individuell vereinbarte Garantiefrist verlängert werden kann. Nach Art. 11 EG-Produkthaftungsrichtlinie erlischt der Schadensersatzanspruch dieser Richtlinie nach 10 Jahren. Hierfür besteht auch keine Notwendigkeit, da nach der europäischen Regelung der Geschädigte bei einer individuell vertraglich vereinbarten Garantie seine vertraglichen Ansprüche geltend machen könnte, was sich aus Art. 13 EG-Produkthaftungsrichtlinie ergibt. Nach tschechischem Produkthaftungsrecht scheint dies jedoch wegen § 10 ProdHaftG-Tsch fraglich. Auch vor diesem Hintergrund sollte die Norm daher dringend überarbeitet werden.

Im Ergebnis ist festzuhalten, daß der tschechische Gesetzgeber bei der Regelung der Verjährung von den Vorgaben des Gemeinschaftsrechts abgewichen ist.

Wie in Art. 10 Abs. 2 der EG-Produkthaftungsrichtlinie vorgesehen, richtet sich eine Hemmung oder Unterbrechung der Verjährung nach den allgemeinen Vorschriften des jeweiligen Einzelstaates. Daher findet § 112 BGB-Tsch hier Anwendung, wonach die Verjährung durch ein ordnungsgemäß eingeleitetes Gerichtsverfahren unterbrochen wird. Gegenüber der vor dem Erlaß des Produkthaftungsgesetzes geltenden Rechtslage bedeutet diese Verjährungsregelung für den Verbraucher eine Verbesserung seiner Rechtsposition, da bei einem Anspruch auf Grundlage von § 420 BGB-Tsch die Verjährungsfrist gemäß § 106 BGB-Tsch grundsätzlich nur zwei Jahre beträgt.

12. Das Inkrafttreten des Produkthaftungsgesetzes

Gemäß § 12 ProdHaftG-Tsch trat dieses Gesetz am ersten Tag des dritten Kalendermonats nach dem Tag seiner Verkündung in Kraft. Das Produkthaftungsgesetz wurde am 3. März 1998 verkündet und ist somit am 1. Juni 1998 in Kraft getreten. Für Haftungsfälle, die sich zeitlich kurz vor Inkrafttreten des Gesetzes ereignet haben, stellt sich die Frage, auf welchen Zeitpunkt hinsichtlich der Anwendbarkeit der neuen gesetzlichen Regelung abzustellen ist.

Nach § 11 S. 2 ProdHaftG-Tsch ist das Produkthaftungsgesetz-Tsch nicht auf die Fälle anwendbar, in denen der Schaden durch ein fehlerhaftes Produkt verursacht wurde, das bereits vor Geltung dieses Gesetzes in den Verkehr gebracht wurde. Für die Anwendbarkeit des Produkthaftungsgesetzes ist folglich der Zeitpunkt des Inverkehrbringens des Produktes entscheidend. Dies entspricht den Vorgaben in Art. 17 EG-Produkthaftungsrichtlinie, wonach die Richtlinie nicht auf Produkte anwendbar ist, die in den Verkehr gebracht wurden, bevor die in Art. 19 EG-Produkthaftungsrichtlinie genannten Vorschriften in Kraft getreten sind. Nach der gemeinschaftsrechtlichen Regelung ist damit auf den Tag abzustellen, an welchem in dem jeweiligen Mitgliedstaat das nationale Gesetz, das die Richtlinie umsetzt, in Kraft getreten ist.[308] Somit kann erst für solche Schäden nach der strengen Haftung des Produkthaftungsgesetz-Tsch Ersatz verlangt werden, die durch fehlerhafte Produkte verursacht wurden, die nach dem 1. Juni 1998 in Verkehr gebracht wurden.

Es stellt sich in diesem Zusammenhang die Frage, ob der Hersteller eines fehlerhaften Teilproduktes, das zwar vor Inkrafttreten des Gesetzes an den Hersteller des Endproduktes geliefert, von diesem jedoch erst nach Inkrafttreten des Gesetzes als Teil des Endproduktes in den Wirtschaftskreislauf gebracht wurde, bereits der strengen Haftung des neuen Gesetzes unterliegt. Dem Begründungsbericht des tschechischen Gesetzgebers zum Produkthaftungsgesetz ist hierzu nichts zu entnehmen. Es ist aber davon auszugehen, daß die Rechtslage für den Hersteller von Teilprodukten nicht anders sein kann, als für den Hersteller von Endprodukten. Auch für den Hersteller von Teilprodukten muß für das Eingreifen der strengen Haftung der Zeitpunkt des Inverkehrbringens "seines" Produktes - also des Teilproduktes - entscheidend sein.

---

308 Taschner, Art. 17, Rdnr. 1.

Slowenien - Die Haftung für fehlerhafte Produkte

Am 25. Juni 1991 hat sich die Republik Slowenien zu einem unabhängigen Staat erklärt. Seit dem 23. Dezember 1991 hat das Land eine neue Verfassung. Die Anerkennung als souveräner Staat durch die EU-Staaten erfolgte am 15. Januar 1992. Deutschland hatte seine Anerkennung bereits am 23. Dezember 1991 ausgesprochen. Am 22. Mai 1992 erfolgte die Aufnahme Sloweniens in die UNO.

Slowenien hat 1993 die Assoziationsverhandlungen mit der Europäischen Union aufgenommen. Bereits kurz nach Beginn der Verhandlungen wurde deutlich, daß Slowenien alle Voraussetzungen für eine Aufnahme erfüllt. Gleichwohl erfolgte die Unterzeichnung des Assoziationsabkommens mit der Europäischen Union erst am 10. Juni 1996 anläßlich des Ministerratstreffens in Luxemburg. Im unmittelbaren Anschluß an die Vertragsunterzeichnung stellte Sloweniens Premierminister Dernovsek den Antrag, Slowenien als Vollmitglied aufzunehmen.
Die zeitliche Verzögerung hinsichtlich des Abschlusses des Assoziationsabkommens ist der Blockadepolitik der italienischen Regierung Berlusconi zu verdanken.[309] Der Grund dieser Haltung Italiens war der Streit über die Forderungen der nach dem 2. Weltkrieg aus Istrien vertriebenen Italiener hinsichtlich der Rückgabe ihrer von der Sozialistischen Republik Jugoslawiens beschlagnahmten Grundstücke und Immobilien. Eine Änderung der italienischen Außenpolitik erfolgte erst durch die Regierung Prodi. Das Assoziationsabkommen wurde daraufhin von den Mitgliedstaaten der Europäischen Gemeinschaften - auch von Italien - ratifiziert. Eine Ratifizierung dieses Abkommens[310] durch den Nationalrat der Republik Slowenien erfolgte am 15. Juli 1997.

Die Republik Slowenien ist sichtlich darum bemüht, ihr Rechtssystem dem Recht der Europäischen Gemeinschaften anzupassen, wie es sich aus dem EA ergibt.
Im einzelnen: Aus Art. 93 EA folgt, daß eine Angleichung des Verbraucherschutzrechts erreicht werden soll. Folge davon ist die Verabschiedung des neuen slowenischen Verbraucherschutzgesetzes[311] vom 28. März 1998. Aus den Gesetzesmaterialien geht eindeutig hervor, daß durch die in diesem Gesetz enthaltenen Vorschriften zur Produkthaftung eine Angleichung an das europäische Produkthaftungsrecht beabsichtigt ist, und daß die EG-Produkthaftungsrichtlinie als Orientierung gedient hat.

I. Die Haftung für fehlerhafte Sachen

Vor dem Erlaß des VerbrSchG-SI wurde die Herstellerhaftung im Gesetz über die Schuldverhältnisse[312] geregelt. Das SchVG wurde am 3. März 1978 verabschiedet und ist seit dem 1. Oktober 1978 in Kraft.
Durch das SchVG wurde erstmalig für das gesamte Gebiet des ehemaligen Jugoslawien eine einheitliche Regelung des Bürgerlichen Rechts sowie des Handelsrechts geschaffen. Als Vorbild für das Gesetz über die Schuldverhältnisse hat den Verfassern der italienische

[309] Pintarić, Jahrbuch für Ostrecht 1995, S. 125.
[310] Im folgenden abgekürzt mit EA.
[311] Im folgenden abgekürzt mit VerbrSchG-SI.
[312] Im folgenden abgekürzt mit SchVG.

codice civile sowie das schweizerische Obligationenrecht gedient.[313] Dieses Gesetz weicht von der westeuropäischen zivilrechtlichen Tradition daher auch nur wenig ab und ist durch die sozialistische Ideologie kaum belastet.
Selbst nach dem Zerfall Jugoslawiens hat dieses Gesetzeswerk in der Republik Slowenien in großen Teilen weiterhin Bestand.[314] Dies folgt aus Art. 4 des Verfassungsgesetzes zur Durchführung der Grundlegenden Verfassungsurkunde über die Selbständigkeit und Unabhängigkeit der Republik Slowenien[315], wonach das SchVG zu Teilen weiterhin als Gesetz der Republik Slowenien in Kraft ist. Der Entwurf eines neuen Bürgerlichen Gesetzbuches befindet sich zur Zeit im Gesetzgebungsverfahren. Er unterscheidet sich von dem alten Gesetz jedoch nur wenig; es werden vornehmlich neue Vertragstypen geregelt.

Daneben gilt das SchVG auch weiterhin in anderen Teilen des ehemaligen Jugoslawien. Durch das Gesetz über die Übernahme des Gesetzes über die Schuldverhältnisse aus dem Jahre 1991 hat etwa auch die Republik Kroatien zu einem großen Teil das Gesetz über die Schuldverhältnisse als geltendes Recht übernommen. Dasselbe gilt für das heutige Jugoslawien.
Daraus erklärt sich, daß auch nach dem Zerfall der sozialistischen föderativen Republik Jugoslawien erhebliche Übereinstimmungen hinsichtlich des geltenden Rechts in den neu gegründeten Staaten bestehen.

Vor Erlaß des SchVG gab es keine besonderen gesetzlichen Bestimmungen zur Herstellerhaftung. Der durch eine fehlerhafte Sache Geschädigte konnte seine Ansprüche lediglich auf der Grundlage der allgemeinen schadensrechtlichen Vorschriften sowie in Einzelfällen auf vertraglicher Grundlage geltend machen. Es gibt zur Haftung des Herstellers eine Reihe von Gerichtsentscheidungen, die lange vor Erlaß des SchVG ergangen sind. Slowenien war damals Teil Jugoslawiens. Es wird daher das jugoslawisches Recht dargestellt.

A. Überblick über die Entwicklung des Zivilrechts

Vor Erlaß des SchVG gab es im ehemaligen Jugoslawien für den Bereich des Zivilrechts kein kodifiziertes Recht. Nach Beendigung des 2. Weltkrieges war im Jahr 1946 das Gesetz über die Ungültigkeit der vor dem 6. April 1941 geltenden und während der deutschen Besatzung erlassenen Rechtsvorschriften[316] verkündet worden.
Das bis dahin geltende Rechtssystem wurde mit Gründung der sozialistischen föderativen Republik Jugoslawien tiefgreifend geändert. Wie auch in den anderen Ländern des Ostblocks war das jugoslawische Recht durch die sozialistische Ideologie geprägt. Im Vergleich zu Polen und der Tschechischen Republik war der Einfluß des Sozialismus jedoch geringer. Das jugoslawische Sozialismus basierte auf der sogenannten Selbstverwaltung und auf dem gesellschaftlichen Eigentum, nicht aber auf der staatlichen Planwirtschaft. Das bedeutete, daß die Unternehmen selbständige wirtschaftliche Einrichtungen waren,

---

[313] Povh, Jahrbuch für Ostrecht 1988, S. 291, 292.
[314] Vgl. zur Gesetzgebung Kroatiens, Gliha, ZfRV 1993, S. 116 ff.
[315] Uradni List Republike Slovenije (Amtsblatt der Republik Slowenien) 1-6/1991-I.
[316] Službeni list SFRJ (Amtsblatt der Sozialistischen Föderativen Republik Jugoslawien) Nr. 86/1946.

die nicht an staatliche Planrichtlinien gebunden waren. Man spricht insofern auch von einer "Sozialistischen Marktwirtschaft".[317] Jugoslawien hatte im Gegensatz zu der Republik Polen und der Tschechischen Republik nur bis 1954 ein Arbitragesystem. Schon zu diesem Zeitpunkt wurde die Arbitrage abgeschafft. Die Kompetenzen der Arbitragekommissionen wurden besonderen Wirtschaftsgerichten übertragen.

Nach Art. 4 des Gesetzes über die Ungültigkeit der vor dem 6. April 1941 geltenden und während der deutschen Besatzung erlassenen Rechtsvorschriften[318] wurden außerdem diejenigen Rechtsvorschriften der vor dem 6. April 1941 für den Bereich des Zivilrechts geltenden Gesetze für anwendbar erklärt, die in neuen Vorschriften noch nicht geregelt waren. Zudem war Voraussetzung für ihre Anwendbarkeit, daß diese "alten" Vorschriften nicht im Gegensatz zu der Verfassung des Bundes und zu den Verfassungen der einzelnen Republiken und zu den geltenden Gesetzen der Republik Jugoslawien sowie den Grundsätzen seiner neuen Gesellschaftsordnung standen. In der Praxis kamen damit im Bereich des Zivilrechts wieder viele der Normen zur Anwendung, die vor dem 2. Weltkrieg gegolten hatten.

Vor dem 2. Weltkrieg bestand im gesamten Gebiet des ehemaligen Jugoslawien eine Aufteilung in das "Bürgerliche Recht" sowie das "Handelsrecht". In den einzelnen Republiken galten aber unterschiedliche Gesetze. Für den Bereich des Zivilrechts galt vor 1918 in der Republik Slowenien - wie auch in der Republik Kroatien - das in Teilen novellierte und in Teilen nicht novellierte österreichische ABGB aus dem Jahr 1811, da Slowenien damals der Habsburger Monarchie angehörte. In der Republik Serbien galt demgegenüber das Serbische Bürgerliche Gesetzbuch aus dem Jahr 1844 sowie daneben eine gekürzte Fassung des ABGB. Auch die handelsrechtlichen Vorschriften fanden sich je nach Republik in verschiedenen Gesetzen. Zu nennen sind hier das kroatische Handelsgesetz aus dem Jahr 1875, das serbisch-mazedonische Handelsgesetz aus dem Jahr 1860 sowie das bosnisch-herzegowinische Handelsgesetz aus dem Jahr 1883.

1918 wurde das Königreich Jugoslawien gegründet, zu dem auch Slowenien gehörte. Das neue jugoslawische Recht war weiterhin erheblich durch das österreichische Recht geprägt. Viele österreichische Gesetze des Privatrechts wurden übernommen.[319]

Das hatte zur Folge, daß in Jugoslawien in vielen Bereichen keine vollständige Trennung von den westeuropäischen Rechtssystemen erfolgte.

B. Die Haftung des Herstellers vor Erlaß des Gesetzes über die Schuldverhältnisse

Bereits vor Erlaß des Gesetzes über die Schuldverhältnisse 1978 haben das Oberste Bundesgericht des ehemaligen Jugoslawien sowie die Obersten Gerichte der Teilrepubliken eine verschuldensunabhängige Haftung der Hersteller von fehlerhaften Sachen entwickelt.

Hervorzuheben ist, daß sich im ehemaligen Jugoslawien die Obersten Gerichte sehr früh mit der Problematik der Haftung des Herstellers beschäftigten. Im Vergleich zu der Ent-

---

317 Schulze, Monatsheft für osteuropäisches Recht 1989, Nr. 283, 287.

318 Službeni list SFRJ (Amtsblatt der Sozialistischen Föderativen Republik Jugoslawien) Nr. 86/1946.

319 Die jugoslawische Zivilprozeßordnung aus dem Jahre 1929 ist im Grunde lediglich die Übersetzung der österreichischen Zivilprozeßordnung.

wicklung in Polen und im besonderen in der Tschechischen Republik war die Diskussion um diese Rechtsmaterie in Slowenien zeitlich früher und tiefgreifender. Der Grund hierfür liegt unter anderem darin, daß das ehemalige Jugoslawien sich nicht vollständig von den westeuropäischen Staaten und den USA abwendete, sondern vielmehr sehr genau die Entwicklung, insbesondere in wirtschaftlicher und rechtlicher Hinsicht, beobachtete. So wurden bereits frühzeitig die schweren Schadensfälle im Zusammenhang mit fehlerhaften Arzneimitteln wahrgenommen, und die in diesem Zusammenhang entstehenden haftungsrechtlichen Fragen aufgeworfen. In der jugoslawischen Rechtslehre entstand vor dem Hintergrund dieser Katastrophen die Ansicht, daß neben einer staatlichen Verantwortung bei Eintritt solcher Schäden auch eine zivilrechtliche Haftungsgrundlage für diese Fälle geschaffen werden muß.[320]

1. Die Entwicklung der Herstellerhaftung durch Rechtsprechung und Rechtslehre

Von Bedeutung ist in diesem Zusammenhang die Entscheidung des Obersten Gerichts Jugoslawiens vom 25.12.1962. Der Sachverhalt, der dieser Entscheidung zugrunde lag, erinnert sehr an die Mineralwasserflaschen - Entscheidung I. des BGH[321]: Eine Sodawasserflasche explodierte und verursachte bei dem Geschädigten erhebliche körperliche Verletzungen. Das Gericht sprach dem Verletzten Ersatz für seine erlittenen Schäden zu. Es nahm eine außervertragliche Schadenshaftung des Herstellers an. Hierzu führte das Gericht aus, daß durch eine vertragliche Haftung ein ausreichender Schutz nicht erreicht werden könne. Durch eine Vertragshaftung würden nur Personen geschützt, die ein Vertragsverhältnis mit dem Hersteller hätten. Andere Personen würden, obwohl sie mit dem Produkt in Kontakt kämen, im Schadensfall keine Ansprüche geltend machen können.
Das Gericht stufte in seiner Entscheidung eine Sodawasserflasche als ein "gefährliches Produkt" ein und begründete hierauf eine objektive Haftung des Herstellers.
Aus der Begründung der Entscheidung folgt jedoch eindeutig, daß – auch wenn das Gericht im vorliegenden Fall zu einem anderen Ergebnis gekommen ist - die Verschuldenshaftung immer noch den Regelfall bilde. Denn das Gericht führt aus, daß nur in begrenzten Ausnahmefällen eine objektive Haftung angenommen werden könne. Voraussetzung für eine solche objektive Haftung müßte stets das Vorliegen besonderer Umstände sein. Im Zusammenhang mit der Haftung des Herstellers seien als solche besonderen Umstände die "Gefährlichkeit" eines bestimmten Produktes zu sehen. Nur aufgrund der Herstellung von "gefährlichen" Produkten hafte der Hersteller verschuldensunabhängig.[322]
Auf der Grundlage dieser Entscheidung entwickelten Rechtsprechung und Rechtslehre erstmalig das Institut einer objektiven Herstellerhaftung. Der Hersteller sollte dann vom Verschulden unabhängig haften, wenn es sich um ein "gefährliches Produkt" handelte. Bei einem "ungefährlichen Produkt" sollte der Hersteller demgegenüber nur haften, wenn ihm ein Verschulden zur Last gelegt werden konnte.
Das Kriterium der „Gefährlichkeit“ eines Produktes findet sich auch im US-

---

320 Vizner, Komentar Zakona o obveznim (obligacionem) odnosima (Gesetzeskommentar über die Schuldverhältnisse), Bd. 2, Art. 179, S. 810.
321 BGH, NJW 1993, S. 528.
322 In Polen unterschieden die Gerichte demgegenüber nicht zwischen gefährlichen und ungefährlichen Produkten, sondern zwischen dem Fehler und der daraus resultierenden Gefährlichkeit des Produktes.

amerikanischen Produkthaftungsrecht. Nach § 402 (A) des Restatement (Second) of Torts unterliegt derjenige, der ein Produkt in einem mangelhaften Zustand, der sich als unverhältnismäßig gefährlich für den Benutzer oder Verbraucher persönlich oder für deren Eigentum erweist, verkauft, unter in dieser Vorschrift näher aufgeführten Voraussetzungen der Haftung für den körperlichen Schaden, der hierdurch dem Benutzer oder Verbraucher persönlich entsteht. Das Restatement stellt also auf die unverhältnismäßige Gefährlichkeit eines Produktes ab. Das ehemalige Jugoslawien hat auch während des Sozialismus die rechtliche Entwicklung im westlichen Ausland nicht aus den Augen verloren. In den frühen Kommentierungen zu Art. 179 SchVG wird auf die erheblichen Schadensfälle in den USA hingewiesen, die eine strenge Haftung des Herstellers erforderlich machten. Es ist daher wahrscheinlich, daß die Einführung des Instituts einer objektiven Herstellerhaftung durch die jugoslawische Rechtsprechung vor dem Hintergrund der Entwicklung des US-amerikanischen Produkthaftungsrechts erfolgte.

Es liegt auf der Hand, daß die Verwendung der Begriffe "gefährliches und ungefährliches Produkt" in der praktischen Anwendung erhebliche Abgrenzungsschwierigkeiten nach sich zog. Denn das Gericht führte in seiner Entscheidung nicht eindeutig aus, wann ein Produkt als gefährlich einzustufen sei. Auch die Rechtsliteratur entwickelte keine eindeutige Definition dieser Begriffe. Das führte zu einer gewissen Rechtsunsicherheit. In der Literatur wurde daher zunehmend gefordert, auf die Differenzierung zwischen "gefährlichen und ungefährlichen Produkten" zu verzichten. In diesem Zusammenhang sind besonders die Ausführungen von Radisic[323] von Bedeutung. Er forderte eine objektive Herstellerhaftung unabhängig von der Gefährlichkeit eines Produktes.
Seine Auffassung begründetet er damit, daß es für den Geschädigten schwer sei, den Verschuldensnachweis zu führen. Dieser stelle für den Geschädigten eine unbillige Erschwernis dar, die ihm, als der in der Regel schwächeren Partei, nicht aufgebürdet werden könne. Für den Hersteller würde demgegenüber eine vom Verschulden unabhängige Haftung regelmäßig nicht zu einer wirtschaftlichen Bedrohung führen, insbesondere unter dem Aspekt, daß er sich gegen dieses Risiko versichern könne.
In späteren Entscheidungen gehen die jugoslawischen Gerichte überhaupt nicht mehr auf die Frage des Verschuldens ein. Den Urteilsbegründungen läßt sich nicht entnehmen, ob es sich um eine objektive Haftung des Herstellers handelt und wenn ja, aus welchem Grund das Gericht eine solche Haftung angenommen hat. Aus den Entscheidungen folgt insbesondere nicht mehr, daß die "Gefährlichkeit" des Produktes das Kriterium war, aufgrund dessen der Hersteller verschuldensunabhängig zu haften habe. Auch in den USA hat der Begriff „unreasonable dangerous“ zu Schwierigkeiten bei der Abgrenzung geführt.[324]

Die Haftung des Herstellers wurde schließlich auf der Grundlage der Lehre vom "sozialen Kontakt" im jugoslawischen Recht als Haftungsinstitut etabliert. Nach dieser von Cigoj[325]

---

[323] Radišić, Garancija za trajan kvalitet i odgovornost za štetu od stvari sa nedostatkom (Garantie für dauerhafte Qualität und die Schadenshaftung für fehlerhafte Sachen) S. 115, 117, 121.
[324] Graf von Westphalen, Produkthaftungshandbuch, § 109, Rdnr. 10.
[325] Cigoj, Odgovornost proizvajalca za škodo po produktu (Die Haftung des Herstellers von Produkten), S. 149 ff.

begründeten Lehre muß derjenige, der seine Produkte der Gesellschaft zum Ge- oder Verbrauch zugänglich macht, zunächst dafür sorgen, daß der Verbraucher durch diese nicht in Gefahr gebracht wird. Realisiert sich diese Gefahr dann in einem Schaden, hat er dafür einzustehen. Anknüpfungspunkt der Herstellerhaftung ist nach dieser Lehre zum einen das Inverkehrbringen einer Sache und zum anderen der Gedanke, daß derjenige, der hieraus Profit zieht, auch für die negativen Folgen seines Handelns zur Verantwortung gezogen werden muß. Das Risiko eines Schadenseintritts schafft allein der Hersteller. Dem Geschädigten kann demgegenüber im Zusammenhang mit der Schadensverursachung durch ein fehlerhaftes Produkt in der Regel kein Fehlverhalten zur Last gelegt werden. Die Begründung der Lehre vom sozialen Kontakt deckt sich mit den Erwägungen zum Institut der Verkehrssicherungspflichten im deutschen Recht. Darunter ist die Pflicht des Verursachers von Gefahrenquellen zu verstehen, die notwendigen Vorkehrungen zum Schutz Dritter zu treffen. Diese Übereinstimmung zwischen den Begründungen für eine objektive Haftung des Herstellers im deutschen und im slowenischen Recht erstaunt. Inwiefern das deutsche Recht Pate gestanden hat, ist anhand der Literatur nicht nachzuvollziehen.

2. Bewertung

Im slowenischen Recht war die Entwicklung der Herstellerhaftung vor Erlaß des Gesetzes über die Schuldverhältnisse 1978 durch Rechtsprechung und Rechtslehre schon sehr weit entwickelt worden. Der Hersteller haftete in den meisten Fällen bereits unabhängig davon, ob ihm ein Verschulden zur Last gelegt werden konnte oder nicht. Die Einführung einer Beweislastumkehr zugunsten des durch ein Produkt Geschädigten hinsichtlich des Verschuldens war daher nicht erforderlich. Denn die Frage des Verschuldens stellte sich im Regelfall nicht. Gegenüber der Entwicklung der deliktischen Produkthaftung durch die deutschen Gerichte war die slowenische Rechtsprechung damit hinsichtlich einer Haftung des Herstellers wesentlich schärfer. Es wurde keine Haftungsverschärfung durch das Beweisrecht eingeführt, sondern eine Haftungsverschärfung auf Tatbestandsebene.
Hinzu kommt, daß die Beweislast hinsichtlich des Verschuldens bereits nach den gesetzlichen Vorschriften dem Schädiger oblag.

Es wird deutlich, daß im Vergleich zu anderen osteuropäischen Ländern im ehemaligen Jugoslawien frühzeitig Verbraucherschutzerwägungen bei der Rechtsentwicklung mit einflossen. Solche Erwägungen finden sich insbesondere auch bei Cigoj[326], der die Lehre vom "sozialen Kontakt" begründete.

C. Die Haftung des Herstellers nach dem Gesetz über die Schuldverhältnisse

Seit dem 1. Oktober 1978 ist das Gesetz über die Schuldverhältnisse in Kraft. In Art. 179 SchVG wird die Haftung des Herstellers für fehlerhafte Sachen erstmalig gesondert geregelt. Bei Erlaß dieser Norm hat der jugoslawische Gesetzgeber die bis dahin von Rechtsprechung und Rechtslehre entwickelten Grundsätze zur außervertraglichen Haftung des Herstellers berücksichtigt. Der Einfluß der Lehre vom sozialen Kontakt zeigt sich in der Ausgestaltung dieser Vorschrift.
Mit Erlaß des Art. 179 SchVG hatte Jugoslawien als eines der ersten Länder Europas

---

[326] Ibid.

eine spezialgesetzlich geregelte Produzentenhaftung.

Das Gesetz über die Schuldverhältnisse ist folglich ein ursprünglich jugoslawisches Gesetz, das vom slowenischen Gesetzgeber übernommen worden ist und heute noch Gültigkeit besitzt.

1. Das Gesetz über die Schuldverhältnisse

Das Gesetz über die Schuldverhältnisse ist untergliedert in Bestimmungen des allgemeinen Teils, des allgemeinen Teils über die vertraglichen Schuldverhältnisse und über spezielle Vertragstypen. Es werden besondere Verträge des Handelsrechts sowie außervertragliche Rechtsverhältnisse geregelt. Unter die außervertraglichen Rechtsverhältnisse fallen die Bestimmungen über die Haftung für einen Schaden, die ungerechtfertigte Bereicherung sowie die Geschäftsführung ohne Auftrag.

Im 2. Abschnitt des 1. Teils dieses Gesetzes wird die Schadenshaftung geregelt. Die Schadenshaftung ist auch im slowenischen Recht eine außervertragliche Haftung. Das Schadensersatzrecht gliedert sich in neun Unterabschnitte: Im 1. Unterabschnitt werden allgemeine Grundsätze aufgestellt. Es folgen unter anderem die Vorschriften zur Haftung aufgrund von Verschulden, zur Haftung für einen anderen, zur Haftung für einen durch gefährliche Sachen oder gefährliche Tätigkeiten verursachten Schaden, zu besonderen Haftungsfällen, zum Schadensersatz sowie zur Haftung mehrerer Personen für den gleichen Schaden.

Im ersten Unterabschnitt wird zunächst in Art. 154 SchVG eine Generalklausel aufgestellt: Danach ist derjenige, der einem anderen einen Schaden zufügt, diesem zum Ersatz verpflichtet, sofern er nicht nachweist, daß der Schaden ohne sein Verschulden entstanden ist. Diese Vorschrift wird durch die einzelnen speziellen Normen des Schadensersatzrechts ergänzt und konkretisiert.
Hervorzuheben ist, daß bereits nach der schadensersatzrechtlichen Generalklausel der Geschädigte ein Verschulden des Schädigers nicht nachweisen muß. Vielmehr muß der Schädiger den häufig schwierigen Nachweis führen, daß ihn kein Verschulden an dem Schadenseintritt trifft. Dies bedeutet für den Geschädigten eine erhebliche Erleichterung bei der Durchsetzung seiner Ansprüche. Ebenso wie die Schadenshaftung nach tschechischen Recht ist auch die allgemeine Schadenshaftung der Republik Slowenien damit eine Haftung für präsumiertes Verschulden.

Art. 154 Abs. 2 SchVG ordnet darüber hinaus eine vom Verschulden unabhängige Haftung an, wenn der Schaden auf eine Sache oder Tätigkeit zurückzuführen ist, von denen eine erhöhte Gefahr für die Umwelt ausgeht. Nach Art. 154 Abs. 3 SchVG gibt es darüber hinaus weitere gesetzlich geregelte Fälle, in denen ohne Rücksicht auf Verschulden gehaftet wird. Die Haftung für einen aus gefährlichen Sachen oder gefährlichen Tätigkeiten resultierenden Schaden wird durch die Art. 173 ff. SchVG konkretisiert. Die Artt. 173 bis 179 ff. SchVG bilden den 5. Unterabschnitt der Vorschriften über den Schadensersatz und regeln die Haftung für einen aus gefährlichen Sachen oder gefährlichen Tätigkeiten herrührenden Schaden. Daß es sich hierbei um Vorschriften zu einer vom Verschulden unabhängigen Haftung handelt, folgt - wie dargestellt - bereits aus

Art. 154 Abs. 2 und 3 SchVG.

In den Artt. 173 bis 177 SchVG sind zunächst die allgemeinen Bestimmungen zur vom Verschulden unabhängigen Haftung geregelt. Im Anschluß daran ist in Art. 178 SchVG die Haftung des Kraftfahrzeughalters und in Art. 179 SchVG die Haftung des Herstellers für eine fehlerhafte Sache normiert.

2. Die Voraussetzungen einer Haftung nach Art. 179 SchVG

Nach Art. 179 SchVG haftet derjenige, der eine von ihm hergestellte Sache in den Verkehr bringt, die wegen eines ihm nicht bekannten Fehlers die Gefahr eines Schadens für Personen oder Sachen darstellt, für den Schaden, der durch diesen Fehler entsteht. Der Produzent haftet nach dieser Norm ferner für gefährliche Eigenschaften einer Sache, wenn er nicht alles Notwendige unternommen hat, um den Schaden, den er vorhersehen konnte, durch einen Hinweis, eine sichere Verpackung oder eine andere geeignete Maßnahme zu verhindern.
Die Haftung des Herstellers für eine fehlerhafte Sache ist eine verschuldensunabhängige Haftung.[327] Das folgt bereits aus der systematischen Stellung dieser Norm.[328] Daraus ergibt sich auch, daß die allgemeinen Bestimmungen zur verschuldensunabhängigen Haftung auf die Haftung des Herstellers anzuwenden sind.
Für die Haftung des Herstellers einer fehlerhaften Sache nach Art. 179 SchVG sind insbesondere die Artt. 173 und 177 SchVG von Bedeutung. Art. 173 SchVG regelt die Kausalität im Rahmen der verschuldensunabhängigen Haftung. In Art. 177 SchVG sind die Fälle festgelegt, in denen sich der Hersteller von seiner Haftung befreien kann.

Eine Haftung nach Art. 179 SchVG setzt voraus, daß der Hersteller eine fehlerhafte Sache in den Verkehr gebracht hat und durch diesen Fehler ein Schaden entstanden ist.

a. Der Herstellerbegriff

Art. 179 SchVG definiert nicht, wer unter den Begriff des Herstellers zu subsumieren ist. Aus der Formulierung "...eine von ihm hergestellte Sache..." folgt zunächst unzweifelhaft, daß der Hersteller des Endproduktes Hersteller im Sinne dieser Vorschrift ist. Bereits bei dem Hersteller eines Teilproduktes ergibt sich aus dem Wortlaut kein eindeutiges Ergebnis. Dieser hat zwar die fehlerhafte Sache als solche nicht selbst hergestellt; er hat aber eine Sache hergestellt. Nach dem Wortlaut könnte daher auch der Hersteller eines Teilproduktes zu dem nach Art. 179 SchVG haftenden Personenkreis gehören. In Rechtsprechung[329] und Rechtsliteratur[330] wird eine Haftung des Herstellers von Teilprodukten jedoch überwiegend abgelehnt.
Das Oberste Gericht Jugoslawiens verurteilte in seiner Entscheidung vom 26.2.1964[331] den Hersteller eines Boilers zum Schadensersatz. Ein Boiler war explodiert und hatte er-

[327] In der slowenischen Rechtsprechung und Rechtslehre wird diese Haftung auch als objektive Haftung bezeichnet.
[328] Cigoj, ROW 1988, S. 280.
[329] Vrhovni sud Jugoslavije (Oberstes Gericht Jugoslawiens) v. 26.2.1964, veröffentlicht in Odvjetnik 1965, S. 189 ff.
[330] Jelčić, Naša Zakonitost 1987, S. 1170, 1172.
[331] Vrhovni sud Jugoslavije (Oberstes Gericht Jugoslawiens) v. 26.2.1964, veröffentlicht in Odvjet-

hebliche Schäden verursacht. Die Explosion war durch ein schadhaftes Ventil hervorgerufen worden, das der Hersteller des Endproduktes von einem Zulieferer erhalten hatte.

Nach Boric soll es darauf ankommen, wer das Produkt unter seinem Namen in den Verkehr gebracht oder verkauft hat; bei dem Zulieferer sei dies nicht der Fall. Nach dem in der Literatur vorherrschenden Verständnis des Begriffes des Inverkehrbringens ergibt sich ein solches Ergebnis aber gerade nicht. Ein Inverkehrbringen liegt nach Ansicht der Rechtsprechung[332] bei der willentliche Übergabe einer Sache in die Verfügungsgewalt eines Dritten zum Gebrauch oder zur Verwendung vor. Daneben gilt ein Produkt auch mit Versendung als in den Verkehr gebracht.[333] Auf die Person, in deren Verfügungsgewalt das Produkt zum Gebrauch oder zur Versendung übergeben wird, kommt es mithin nicht an. Auch ein Teilprodukt kann daher nach der oben genannten Definition mit der Übergabe durch den Hersteller des Teilproduktes an den Hersteller des Endproduktes in den Verkehr gebracht worden sein. Diese Übergabe kann der Hersteller des Teilproduktes auch unter seinem Namen vorgenommen haben.
Sowohl der Hersteller des Endproduktes als auch der Hersteller des Teilproduktes können damit "ihre" Produkte in den Verkehr bringen. Die dargelegte Begründung, um den Hersteller von Teilprodukten nicht nach Art. 179 SchVG haften zu lassen, ist somit nicht schlüssig, entsprach aber dennoch der herrschenden Auffassung in Rechtsprechung und Rechtslehre.

Hersteller kann im Rahmen des Art. 179 Abs. 1 SchVG daneben auch derjenige sein, der das Endprodukt unter seinem Namen in den Verkehr gebracht bzw. verkauft hat.[334] Mit erfaßt wird also auch der Hersteller, der sich als solcher ausgibt, ohne es tatsächlich zu sein.
Nach überwiegender Meinung in Rechtsprechung und Rechtslehre haftet auch derjenige gemäß Art. 179 SchVG, der ein Produkt von einem ausländischen Hersteller erworben hat und nach Slwoenien bzw. in das ehemalige Jugoslawien eingeführt hat, also der Importeur.

b. Der Fehlerbegriff

In der Vorschrift zur Haftung für fehlerhafte Sachen wird ebenfalls nicht definiert, wann eine Sache fehlerhaft im Sinne dieser Vorschrift ist. Die Fehlerhaftigkeit einer Sache kann sich zunächst aus einem zwischen dem Hersteller und dem Geschädigten geschlossenen Vertrag ergeben. Wie auch im deutschen Recht ist bei der Bestimmung der Fehlerhaftigkeit der Sache auf die vertragliche Vereinbarung abzustellen.[335] Im Verhältnis zwischen dem Hersteller und dem Geschädigten werden jedoch in der Regel keine vertraglichen Beziehungen bestehen, da ein direkter Erwerb vom Hersteller in der Praxis den Ausnahmefall bildet. Daher ist der Anwendungsbereich der vertraglichen Herstellerhaftung sehr gering. Dies ergibt sich auch aus den Länderteilen zu Polen und zur Tschechischen Re-

---

nik 1965, S. 189 ff.
[332] Presuda Vrhovnog suda Vojvodine (Entscheidung des Obersten Gerichts der Vojvodina) v. 19.11.1986, veröffentlicht in Sudska praksa 1987/76-37.
[333] Jelčić, Naša Zakonitost 1987, S. 1173.
[334] Borić, PHI 1990, S. 172, 176.
[335] Borić, ROW 1988, S. 280, 281.

publik; beide Länder lösen die Haftung für Schäden, die durch fehlerhafte Sachen verursacht wurden, über die Vorschriften zur außervertraglichen Schadenshaftung. Dies gilt im übrigen auch für das deutsche Recht.

Die slowenische Literatur greift bei der Definition des Fehlerbegriffs im Rahmen der Herstellerhaftung daher auch nicht auf die vertraglichen Vereinbarungen zurück. Vielmehr nimmt sie einen Fehler an, wenn eine Sache nicht die Eigenschaften besitzt, welche im Verkehr von einer gleichartigen Sache gewöhnlich erwartet werden oder nicht über eine ausdrücklich zugesicherte Eigenschaft verfügt, so daß hieraus eine Gefahr resultiert.[336]
Die Fehlerhaftigkeit im Rahmen der Produkthaftung ist darin begründet, daß eine Sache aufgrund ihrer vorhandenen oder aufgrund ihrer fehlenden Eigenschaften Schäden verursacht. Es kommt also nicht darauf an, ob die Gebrauchsfähigkeit einer Sache aufgrund ihrer Eigenschaften eingeschränkt ist. Dies sind kaufrechtliche Erwägungen. In der Definition des Fehlers im slowenischen Recht werden die Eigenschaften der Sache zu der hieraus resultierenden Gefahr in Beziehung gesetzt. Eine Sache ist also fehlerhaft, wenn sie aufgrund vorhandener oder fehlender Eigenschaften die Gefahr eines Schadens in sich birgt, wobei unter einem Schaden der Sachschaden, der Personenschaden sowie der Vermögensschaden zu verstehen ist.[337] Der Gebrauchsfähigkeit der Sache kommt in diesem Zusammenhang hingegen keine Bedeutung zu.
Der Fehlerbegriff der slowenischen Produkthaftung vor Umsetzung der EG-Produkthaftungsrichtlinie entspricht also vom Grundgedanken her bereits dem Begriffsverständnis des EG-Rechts. Eine Abweichung zwischen den Fehlerbegriffen ergibt sich jedoch aufgrund des unterschiedlichen Verständnisses von dem Begriff des Schadens. Gemäß Art. 9 EG-Produkthaftungsrichtlinie werden - im Unterschied zu der Haftung nach Art. 179 SchVG - Vermögensschäden nicht ersetzt.

Sowohl in der slowenischen Rechtsprechung als auch in der Rechtslehre wird zwischen den einzelnen Fehlerarten unterschieden.
Fabrikationsfehler sind solche, die bei der serienmäßigen Herstellung infolge von Nachlässigkeit des Arbeiters oder der fehlerhaften Arbeit der Maschinen bzw. aufgrund unterbliebener Kontrolle im Herstellungsablauf auftreten.[338]
Konstruktionsfehler entstehen aufgrund eines Fehlers bei der Produktkonzeption. Das Oberste Gericht Kroatiens stellte einen Konstruktionsfehler bei dem Bau eines Gebäudes fest und ordnete eine Haftung sowohl des Bauunternehmers als auch des Architekten an.[339] Der Fehler lag zum einen in dem Bauplan des Architekten, zum anderen in der Umsetzung dieses Bauplans durch den Bauunternehmer.
Ist die Gebrauchsinformation zu dem Produkt ungenügend, liegt ein Instruktionsfehler vor.[340]

---

[336] Vizner, Komentar Zakona o obveznim (obligacionem) odnosima (Gesetzeskommentar über die Schuldverhältnisse), Bd. 2, Art. 179, S. 809; Cigoj, ROW 1988, S. 280, 281.
[337] Vgl. zum Begriff des Schaden in diesem Länderteil unter „d. Der Schaden".
[338] Vizner, Komentar Zakona o obveznim (obligacionem) odnosima (Gesetzeskommentar über die Schuldverhältnisse), Bd. 2, Art. 179, S. 809.
[339] Vrhovni sud Hrvatske (Entscheidung des Obersten Gerichts Kroatiens) v. 28.2.1973, veröffentlicht in Zbirka sudskih odluka (Sammlung der Gerichtsentscheidungen) 1973, Nr. 8.
[340] Odluka Vrhovnog suda Slovenije (Entscheidung des Obersten Gerichts Sloweniens) v. 6.8.1975, veröffentlicht in Pravnik 1975/1-3, Civilne Odložbe S. 240.

Zum Begriff des Instruktionsfehlers ist die Entscheidung des Obersten Gerichts Sloweniens aus dem Jahr 1975[341] von Bedeutung. Das Gericht hatte den Hersteller eines Pflanzenschutzmittels mit der Aufschrift "ungiftiges Mittel" zum Ersatz des Schadens verurteilt, der am Fischbestand eines Baches entstanden ist. Bei der Reinigung des Spritzgerätes war Pflanzenschutzmittel in das Wasser des Baches gelangt, wodurch die Fische verendeten. Obwohl auch dem Benutzer des Pflanzenschutzmittels ein Fahrlässigkeitsvorwurf hinsichtlich der Reinigung des Spritzgerätes gemacht werden konnte, hat das Gericht dies bei seiner Entscheidung nicht berücksichtigt. Vielmehr hat es seine Entscheidung dahingehend begründet, daß der Hersteller eines Produktes das Wissen um dessen Gefährlichkeit bei dem Verbraucher nicht grundsätzlich voraussetzen könne. Gingen Gefahren im Zusammenhang mit der Benutzung eines Produktes aus, habe der Hersteller die Pflicht, den Verbraucher hierüber in ausreichendem Maß zu informieren und ihn zu warnen. Im konkreten Fall sei der Hersteller dieser Verpflichtung nicht nachgekommen. Durch die auf dem Produkt befindliche Aufschrift sei der Verbraucher nicht ausreichend über die Gefahren informiert worden, die beim Umgang mit diesem Produkt entstehen können. Er habe auch nicht auf diese schließen können. Dies habe dazu geführt, daß der Verbraucher bei der Verwendung des Produktes keine ausreichende Sorgfalt walten ließ.
Das Gericht stufte das Pflanzenschutzmittel aufgrund der unzureichenden Gebrauchsinformationen als fehlerhaft ein und begründete hiermit die Haftung des Herstellers.

Aufgrund des Wortlautes des Art. 179 SchVG stellt sich die Frage, ob ein weiteres Kriterium des Fehlerbegriffs das Wissen des Herstellers um diesen ist. In der Norm heißt es "...wegen eines Fehlers, den er (gemeint ist der Hersteller) nicht kannte....". Das wird jedoch von der ganz herrschenden Rechtsmeinung[342] verneint. Der slowenische Gesetzgeber habe diese Formulierung nicht gewählt, um die Haftung des Herstellers für Fehler, die ihm bekannt sind, auszuschließen. Vielmehr habe er im Gegenteil durch diese Formulierung klarstellen wollen, daß es auf ein Verschulden des Herstellers eben gerade nicht ankomme.[343] Es ist nicht möglich, in diesem Punkt zu einem anderen Ergebnis zu kommen: Denn wenn der Hersteller für ihm unbekannte Fehler haftet, muß er erst recht für ihm bekannte Fehler haften. Im letzteren Fall träfe ihn sogar ein Verschulden. Die Kenntnis des Herstellers spielt daher keine Rolle hinsichtlich des Vorliegens eines Fehlers.

Da der Hersteller nach Art. 179 SchVG auch für ihm unbekannte Fehler haftet, wurde in der Rechtslehre[344] erneut[345] die Frage aufgeworfen, ob daraus eine Haftung des Herstellers für solche Fehler folge, die zum Zeitpunkt des Inverkehrbringens wissenschaftlich noch nicht bekannt waren. Insofern wurde auch in dieser Hinsicht eine weitere Verschärfung der objektiven Herstellerhaftung gefordert.

---

341 Ibid.
342 Vizner, Komentar Zakona o obveznim (obligacionem) odnosima (Gesetzeskommentar über die Schuldverhältnisse), Bd. 2, Art. 179, S. 809, 810; Cigoj, ROW 1988, S. 280, 281; Borić, PHI 1990, S. 172, 175.
343 Ibid.
344 Cigoj, ROW 1988, S. 280, 281.
345 Schon 1977 fragte Cigoj, Odgovornost proizvajalca za škodo po produktu (Die Haftung des Herstellers von Produkten), S. 153, ob der Hersteller auch für solche Fehler haften solle, die er nach dem Stand von Wissenschaft und Technik nicht voraussehen konnte.

Die Rechtsprechung hat das vor Erlaß der Vorschrift des Art. 179 SchVG zunächst abgelehnt. Das Oberste Wirtschaftsgericht Sloweniens verneinte in seiner Entscheidung aus dem Jahr 1973[346] eine Haftung des Bauunternehmers wegen fehlenden Verschuldens, weil dieser bei dem Bau eines Gebäudes Materialien verwendet hatte, welche sich noch in der Erprobungsphase befanden. Hinsichtlich der durch das noch nicht ausreichend erprobte Baumaterial hervorgerufenen Schäden könne dem Bauunternehmer kein Verschulden zur Last gelegt werden.
Vor dem Hintergrund dieser Entscheidung forderte Cigoj,[347] daß der Hersteller auch dann verschuldensunabhängig haften solle, wenn er die Fehlerhaftigkeit des Produktes im Zeitpunkt des Inverkehrbringens nicht voraussehen konnte, weil der Fehler nach dem Stand von Wissenschaft und Technik nicht festgestellt werden konnte. Damit forderte er jedoch nicht, die Haftung des Herstellers auch auf die sogenannten Entwicklungsrisiken zu erweitern. Die Haftung für das Entwicklungsrisiko stützt sich auf folgende Erwägungen: Das Vorliegen eines Fehlers war zum Zeitpunkt des Inverkehrbringens nicht erkennbar, nicht zu entdecken. Und zwar nicht allein von dem Hersteller, sondern aufgrund des Stands von Wissenschaft und Technik von niemandem.[348] Es kommt also gerade nicht auf das subjektive Merkmal der Vorhersehbarkeit an; dieses Kriterium begründet regelmäßig den Fahrlässigkeitsvorwurf. Der Schuldvorwurf ist im Zusammenhang mit der Haftung für das Entwicklungsrisiko jedoch irrelevant.
Cigoj trat damit zwar nicht für eine Erweiterung der Herstellerhaftung für das Entwicklungsrisiko - nach dem Verständnis des Gemeinschaftsgesetzgeber - ein. Er forderte aber eine erhebliche Haftungsverschärfung. Es ist beeindruckend, daß in der slowenischen Rechtsliteratur bereits so frühzeitig eine solch weitgehende Haftung des Herstellers gefordert wurde. Vergleichbare Überlegungen finden sich weder in der polnischen noch in der tschechischen Rechtsliteratur.

Das Gericht hat in obigem Fall seine Entscheidung auf das fehlende Verschulden des Bauunternehmers gestützt. Es ist davon auszugehen, daß es nach Erlaß des Art. 179 SchVG zu einem anderen Ergebnis gekommen wäre. Die Haftung des Herstellers greift nach dieser Vorschrift unabhängig von seinem Verschulden. Das Entwicklungsrisiko ist auch nicht als Haftungsausschlußgrund gesetzlich geregelt worden. Somit müßte der Hersteller auch für Entwicklungsrisiken haften. Aufgrund der weiten Formulierung des Art. 179 SchVG ist ein solches Ergebnis jedenfalls gut vertretbar.

Zu den Überlegungen zum Fehlerbegriff ist folgendes zu sagen: Im Unterschied vor allem zum polnischen aber auch zum tschechischen Recht differenzieren die slowenische Rechtsprechung und Rechtsliteratur seit langem zwischen den einzelnen Fehlerkategorien. In den Entscheidungen der slowenischen Gerichte wird regelmäßig darauf eingegangen, in welche Kategorie der in Frage stehende Fehler fällt. Dies gilt im übrigen nicht nur für Slowenien, sondern für sämtliche Länder des ehemaligen Jugoslawien; es finden

---

346 Presuda Vrhovnog privrednog suda Slovenije (Oberstes Wirtschaftsgericht Sloweniens) v. 25.5.1973, veröffentlicht in Odvjetnik 1973, S. 418.
347 Cigoj, Odgovornost proizvajalca za škodo po produktu (Die Haftung des Herstellers von Produkten), S. 113 ff.
348 Taschner, Produkthaftung, Art. 7, Rdnr. 38.

sich insbesondere vergleichbare Ausführungen in den Entscheidungen der kroatischen Gerichte sowie in der kroatischen Rechtsliteratur. Es ist zu beachten, daß dies bereits vor Erlaß des Verbraucherschutzgesetzes gängige Rechtspraxis war. Bezüglich des Fehlerbegriffs erfolgte daher durch den Erlaß der besonderen Produkthaftungsnorm keine neue Regelung. Die Rechtsprechung änderte sich daher in dieser Hinsicht nicht.
Es ist beachtlich, mit welcher Klarheit die Gerichte eine Haftung des Herstellers begründen. Sie stützen die Haftung des Herstellers nicht im Einzelfall ausnahmsweise auf allgemeine schadensrechtliche Grundsätze, weil ein anderes Ergebnis unbillig wäre, sondern entwickeln bereits zu diesem frühen Zeitpunkt ein Haftungssystem. Dadurch wurde zum einen Rechtssicherheit geschaffen. Darüber hinaus wurden die Hersteller dazu angehalten, ihre Produkte zu verbessern und für den Verbraucher sicherer zu gestalten, um den Haftungsfall zu verhindern. Der slowenische Verbraucher wurde wesentlich stärker geschützt, als dies in anderen europäischen Ländern zu diesem Zeitpunkt der Fall war.

c. Die Kausalität

Aus Art. 173 i.V.m. Art. 177 SchVG folgt, daß ein Schaden, der im Zusammenhang mit einer gefährlichen Sache bzw. mit einer gefährlichen Tätigkeit entstanden ist, so betrachtet wird, als rühre er von dieser Sache bzw. dieser Tätigkeit her, es sei denn, daß diese nachweislich nicht die Ursache des Schadens gewesen sind. Nach Art. 173 SchVG, der auf die Fälle der Herstellerhaftung nach Art. 179 SchVG anwendbar ist, wird die Kausalität hinsichtlich des Schaden, der im Zusammenhang mit einer gefährlichen Sache bzw. einer gefährlichen Tätigkeit entsteht, folglich vermutet.

Aufgrund der Formulierung "gefährliche Sache" in Art. 173 SchVG könnte man zu dem Schluß gelangen, daß nur bei der Haftung des Herstellers einer gefährlichen Sache ein Kausalzusammenhang vermutet wird. Bei einem Schaden, der durch eine "ungefährliche" Sache verursacht wurde, würde die Kausalität demgegenüber nicht vermutet.
Diese Differenzierung zwischen "gefährlichen und ungefährlichen" Sachen im Rahmen der Herstellerhaftung nach Art. 179 SchVG kann jedoch nicht dem Willen des jugoslawischen Gesetzgebers entsprochen haben: Bereits vor Erlaß des Gesetzes über die Schuldverhältnisse findet sich die Unterscheidung zwischen "gefährlichen und ungefährlichen" Sachen in den Entscheidungen der Obersten Gerichte zur Haftung des Herstellers von fehlerhaften Sachen.[349] Bei einer Schadensverursachung durch eine "gefährliche" Sache haftete der Hersteller verschuldensunabhängig. Wurde der Schaden hingegen durch eine "ungefährliche" Sache verursacht, haftete der Hersteller nur, wenn ihm ein Verschulden zur Last gelegt werden konnte. Die Verwendung dieser beiden Begriffe führte zu Abgrenzungsproblemen und damit zu Rechtsunsicherheit. Durch die gesetzliche Normierung der Herstellerhaftung wollte der jugoslawische Gesetzgeber unter anderem diese Rechtsunsicherheit beseitigen. Aus diesem Grund differenziert er in Art. 179 Abs. 1 SchVG nicht mehr zwischen "gefährlichen und ungefährlichen" Sachen.
Es ist daher davon auszugehen, daß diese Unterscheidung auch nicht bei der Kausalität eine Rolle spielen sollte. Andernfalls wären zwar die Abgrenzungsprobleme bei Anwendung dieser Begriffe nicht mehr beim Merkmal des Verschuldens aufgetreten, dafür aber

[349] Vgl. dazu in diesem Länderteil unter „1. Die Entwicklung der Herstellerhaftung durch Rechtsprechung und Rechtslehre".

im Rahmen der Prüfung der Kausalität.

Etwas anderes gilt jedoch für die Vorschrift des Art. 179 Abs. 2 SchVG: Danach haftet der Hersteller auch für die gefährlichen Eigenschaften einer Sache, wenn er nicht alles Notwendige unternommen hat, um den Schaden, den er voraussehen konnte, durch eine sichere Verpackung oder andere entsprechende Maßnahmen zu verhindern. In dieser Vorschrift ist die "Gefährlichkeit" der Eigenschaft folglich Tatbestandsmerkmal. Aus diesem Grund wird weiterhin zwischen der "Gefährlichkeit und der Ungefährlichkeit" einer Sache im Rahmen der Gefährdungshaftung nach den Artt. 154 Abs. 2 und 3, 173 ff. SchVG unterschieden. Vor diesem Hintergrund wird auch die Überschrift des 5. Unterabschnitts des Gesetzes über die Schuldverhältnisse verständlich, die lautet: "Haftung für einen aus gefährlichen Sachen oder gefährlichen Tätigkeiten resultierenden Schaden". Eine Bedeutung für die Herstellerhaftung nach Art. 179 Abs. 1 SchVG folgt hieraus jedoch nicht.
In der Rechtslehre wird daher auch nicht auf diesen Unterschied in den Formulierungen in Art. 173 und in Art. 179 SchVG eingegangen. Er wird nicht problematisiert. Vielmehr folgt aus der einschlägigen Literatur übereinstimmend, daß im Rahmen der Haftung für fehlerhafte Sachen nach Art. 179 Abs. 1 SchVG der Kausalzusammenhang gemäß Art. 173 SchVG vermutet wird.[350]

Der Hersteller muß mithin den Nachweis erbringen, daß der Schaden nicht durch die Fehlerhaftigkeit des Produktes verursacht worden ist, Art. 173 2. Halbsatz SchVG. Dieser Nachweis kann im Einzelfall schwer zu führen sein. Durch diese Regelung wird die Haftung des Herstellers zusätzlich erheblich verschärft. Sie ist nicht nur eine verschuldensunabhängige, sondern darüber hinaus eine Kausalhaftung. Eine solche Haftungsverschärfung zu Lasten des Herstellers hat der Gemeinschaftsgesetzgeber verhindert. Nach Art. 4 EG-Produkthaftungsrichtlinie gilt die klassische Beweislastverteilung. Der Geschädigte muß den Beweis bezüglich der drei haftungsbegründenden Tatsachen - Schaden, Fehler, Kausalität - führen. Nach Taschner[351] könnte eine Beweislastumkehr hinsichtlich der Kausalität zu Lasten des Herstellers dazu führen, daß jeder Schaden, der im Zusammenhang mit einer Sache eintritt, einen Schadensersatzanspruch nach Produkthaftung nach sich ziehen würde, wenn der Hersteller den Gegenbeweis gegenüber der vermuteten Kausalität nicht würde führen können. Der Gemeinschaftsgesetzgeber hat dem Geschädigten aus diesem Grund die Beweislast bezüglich der Kausalität auferlegt, um ungerechtfertigte Ansprüche gegenüber der Industrie zu vermeiden. Insoweit schützt Art. 4 EG-Produkthaftungsrichtlinie den Hersteller. Um in diesem Punkt eine Rechtsentwicklung in den einzelnen Mitgliedstaaten zu verhindern, wurde die Beweislastverteilung in Art. 4 EG-Produkthaftungsrichtlinie festgelegt. Die EG-Produkthaftungsrichtlinie hat folglich insoweit Sperrwirkung. In diesem Punkt ist die Haftung des Herstellers nach Art. 179 Abs. SchVG nicht mit den Vorgaben des Gemeinschaftsgesetzgebers vereinbar. Im Falle eines Beitritts müßte in diesem Punkt eine Angleichung erfolgen.

---

[350] Vizner, Komentar Zakona o obveznim (obligacionem) odnosima (Gesetzeskommentar über die Schuldverhältnisse), Bd. 2, Art. 179, S. 811; Cigoj, ROW 1988, S. 280; Borić, PHI 1990, S. 172, 173.
[351] Taschner, Produkthaftung, Art. 4, Rdnr. 3.

Im Ergebnis ist festzuhalten, daß im Rahmen der Haftung des Herstellers für fehlerhafte Sachen nach Art. 179 SchVG die Kausalität zwischen der Fehlerhaftigkeit des Produktes und dem Schaden vermutet wird.

d. Der Schaden

Der Begriff des Schadens wird in Art. 155 SchVG definiert. Danach ist unter einem Schaden eine Vermögensminderung oder die Verhinderung einer Vermögensmehrung - also der entgangene Gewinn - zu verstehen. Außerdem ist die Zufügung von körperlichen oder seelischen Schmerzen oder das Hervorrufen von Angst ein Schaden im Sinne des Gesetzes über die Schuldverhältnisse. Der Schadensbegriff des slowenischen Rechts umfaßt damit sowohl materielle als auch immaterielle Schäden.

e. Die Haftungsausschlußgründe

Wie dargestellt, setzt die Haftung für fehlerhafte Sachen nach Art. 179 SchVG kein Verschulden des Herstellers voraus. Der Hersteller kann sich folglich nicht von seiner Haftung befreien, indem er nachweist, daß ihn kein Verschulden an dem Schadenseintritt trifft. Ein Ausschluß der Haftung nach dieser Vorschrift kommt nur in den gesetzlich geregelten Ausnahmefällen in Betracht.
Der Hersteller kann sich mithin von seiner Haftung nach Art. 179 SchVG nur befreien, wenn er nachweist, daß einer der in Art. 177 SchVG aufgeführten Haftungsausschlußgründe vorgelegen hat. Die in Art. 177 SchVG genannten Fälle eines Haftungsausschlusses sind abschließend.
Nach dieser Vorschrift kommt eine Befreiung von der Haftung in Betracht, wenn derjenige, der eine gefährliche Sache innehat oder eine gefährliche Tätigkeit ausführt, nachweist, daß
der Schaden von einer Ursache herrührt, die außerhalb der Sache liegt und deren Auswirkungen er weder vorhersehen, noch vermeiden oder abwenden konnte;
der Schaden ausschließlich durch ein Verhalten des Geschädigten oder eines Dritten entstanden ist, welches er nicht vorhersehen, vermeiden oder abwenden konnte; hat der Geschädigte anteilig zur Entstehung des Schadens beigetragen, kommt auch nur eine anteilige Haftung desjenigen in Betracht, der eine gefährliche Sache innehat oder eine gefährliche Tätigkeit ausführt; bei einer anteiligen Schadensverursachung durch eine dritte Person haftet er mit dieser gesamtschuldnerisch gegenüber dem Geschädigten.

Bei dem ersten Haftungsausschlußgrund handelt es sich um Fälle höherer Gewalt. Dieser Haftungsausschlußgrund setzt seinem Wortlaut nach voraus, daß die Ursache für den Fehler außerhalb des Bereiches der Herstellung der Sache liegt. Dies kann etwa bei Naturgewalten der Fall sein. Darüber hinaus muß diese Ursache unabwendbar gewesen sein. Der Haftungsausschlußgrund der höheren Gewalt liegt nur in seltenen Ausnahmefällen vor. Der Hersteller wird sich durch Berufung hierauf regelmäßig nicht von seiner Haftung befreien können.
Als weiterer Haftungsausschlußgrund kommt der Fall in Betracht, daß der Schaden ausschließlich durch ein Verhalten des Geschädigten oder eines Dritten entstanden ist. Dieser Haftungsausschlußgrund findet sich auch im tschechischen Recht. Entgegen der tschechischen Regelung ist die slowenische Vorschrift jedoch erheblich strenger: Eine Haftung ist danach nämlich nur ausgeschlossen, wenn der Hersteller das Verhalten des

Geschädigten oder eines Drittem nicht vorhersehen, vermeiden oder abwenden konnte. Eine Befreiung von der Haftung kommt folglich nur bei Vorliegen der zusätzlichen Voraussetzung der "Unabwendbarkeit" in Betracht. Dies entspricht den Voraussetzungen, die für den Haftungsausschlußgrund der höheren Gewalt gefordert werden.

3. Die Rechtsfolgen eines Anspruchs nach Art. 179 SchVG

Die Rechtsfolgen eines Anspruchs nach Art. 179 SchVG sind im 7. Unterabschnitt des Schadensersatzrechts unter dem Titel "Schadensersatz" in den Artt. 185 bis 209 SchVG geregelt. Diese Vorschriften gelten für das gesamte Schadensersatzrecht. Das bedeutet, daß sich sowohl die Rechtsfolgen der Ansprüche aus der Verschuldenshaftung als auch die Rechtsfolgen der Ansprüche aus der Gefährdungshaftung nach den genannten Vorschriften richten.

Die Artt. 185 bis 197 SchVG regeln Ersatz sowie Umfang des materiellen Schadensersatzes.

Nach dem in Art. 185 SchVG festgelegten Grundsatz ist die haftende Person verpflichtet, den Zustand wiederherzustellen, der vor Entstehung des Schadens bestanden hat. Wahlweise kann der Geschädigte Geldersatz verlangen. Grundsätzlich umfaßt der Schadensersatz den Ersatz des gewöhnlichen Schadens sowie des entgangenen Gewinns.

Besondere Vorschriften über den Ersatz des materiellen Schadens im Falle des Todes, der Körperverletzung und der Gesundheitsbeschädigung finden sich in den Artt. 193 bis 197 SchVG. Der Geschädigte kann nach diesen Vorschriften Kostenersetzung infolge Verdienstausfall und Heilungskosten verlangen. Die Kosten des Begräbnisses werden ersetzt. Ferner können die Hinterbliebenen, die gegenüber dem Verletzten einen Anspruch auf Unterhalt haben oder gehabt hätten, diesen Unterhalt verlangen.

Der immaterielle Schadensersatz sowie sein Umfang werden in den Artt. 199 bis 205 SchVG geregelt.

Nach Art. 200 SchVG hat der Geschädigte für erlittene körperliche Schmerzen oder erlittene seelische Schmerzen aufgrund seiner verminderten Lebensaktivität, einer körperlichen Verunstaltung, der Verletzung seines Ansehens, seiner Ehre, seiner Freiheit oder seines Persönlichkeitsrechts, für den Tod einer ihm nahestehenden Person sowie für erlittene Angst einen Anspruch auf eine gerechte Entschädigung in Geld. Voraussetzung für einen solchen Anspruch ist jedoch, daß das Gericht feststellt, daß die Umstände des Falles diesen Ersatz rechtfertigen.

Wie dargestellt, ist der Schmerzensgeldanspruch sowohl auf die Tatbestände der Verschuldens- als auch auf die der Gefährdungshaftung anwendbar. Diese Regelung ist mit dem europäischen Recht vereinbar, da es nach der EG-Produkthaftungsrichtlinie den Mitgliedstaaten freisteht, die Haftung des Herstellers auch auf immaterielle Schäden zu erweitern.

Anders stellt sich die Rechtslage in Deutschland dar. Der Geschädigte kann hier grundsätzlich nicht im Rahmen der Gefährdungshaftung den Ersatz von immateriellen Schäden verlangen[352]. Solche Schäden können nur ausnahmsweise im Rahmen der Haftung für unerlaubte Handlungen durch Geldersatz ausgeglichen werden. Die Vorschrift des § 847 BGB ist somit auf das Produkthaftungsgesetz nicht anwendbar. Damit kann der

---

[352] Deutsch, ZRP 1998, S. 291.

durch ein Produkt Geschädigte lediglich nach der deliktischen Produkthaftung - die im deutschen Recht jedoch eine Haftung für Verschulden ist - auch den Ersatz immaterieller Schäden verlangen. Der Grund für diese restriktive Handhabung des Schmerzensgeld ist zum einen darin begründet, daß das Schadensrecht keine pönale Funktion erfüllen solle[353], zum anderen, daß die Gefährdungshaftung summenmäßig begrenzt sein müsse. Durch die Gewährung von Schmerzensgeld sollen lediglich zwei andere Funktionen erfüllt werden: Zum einen kommt dem Schmerzensgeld eine Ausgleichs-, zum anderen eine Genugtuungsfunktion zu.[354] Vor dem Hintergrund dieser Funktionen des Schmerzensgeld ist jedoch nicht ersichtlich, warum ein solches nicht auch im Rahmen der Gefährdungshaftung gewährt wird. Insbesondere die Genugtuungsfunktion ist bei der Gefährdungshaftung ein selbstverständlicher Aspekt.[355] In Deutschland gibt es daher auch die starke rechtspolitische Tendenz, Schmerzensgeld auch im Rahmen von Gefährdungshaftungstatbeständen, insbesondere bei der Produkthaftung, zu gewähren.[356]
Im Ergebnis ist festzuhalten, daß nicht nur die Haftungsvoraussetzungen nach slowenischem Recht wesentlich strenger sind, sondern auch die Rechtsfolgen eines solchen Anspruchs erheblich weitergehend als dies nach deutschem Recht der Fall ist. Der Schutz des durch eine fehlerhafte Sache Geschädigten wurde folglich bereits vor Erlaß des neuen Verbraucherschutzgesetzes umfangreicher als nach deutschem Recht gewährleistet. Die slowenische Regelung ist wesentlich verbraucherfreundlicher als die deutsche.

Bemerkenswert ist, daß der durch ein fehlerhaftes Produkt Geschädigte bereits vor Erlaß des Gesetzes über die Schuldverhältnisse auch den Ersatz immaterieller Schäden verlangen konnte. Hierzu ist die Entscheidung des Obersten Gerichts Kroatiens[357] aus dem Jahre 1973 von Bedeutung. Dieser Entscheidung lag der folgende Sachverhalt zugrunde: Die Klägerin hatte das Haarshampoo eines bestimmten Herstellers verwendet, worauf sich ihre Haare blau verfärbten. Für das erlittene Unbehagen und die seelischen Qualen sprach ihr das Gericht ein angemessenes Schmerzensgeld zu.

4. Bewertung der Produkthaftung nach Art. 179 SchVG

Bereits vor Umsetzung der EG-Produkthaftungsrichtlinie war im slowenischen Recht eine verschuldensunabhängige Haftung des Herstellers gesetzlich fixiert.
Die Haftung des Herstellers nach dem slowenischen Zivilrecht ist damit wesentlich strenger, als die Haftung des Herstellers nach den deutschen, tschechischen und polnischen allgemeinen zivilrechtlichen Vorschriften. Zunächst ist die deliktische Haftung des Herstellers nach deutschem Recht eine Verschuldens- und keine Gefährdungshaftung. Dies gilt im übrigen auch für das tschechische und das polnische Recht. Eine gewisse Haftungsverschärfung wird im deutschen und im polnischen Recht nur dadurch erreicht, daß das Verschulden des Herstellers vermutet wird. Im deutschen Recht wurde dies erst durch die ständige Rechtsprechung des BGH eingeführt. Im tschechischen Recht folgt

---

353 Kern, AcP 1991, S. 247.
354 BGH, NJW 1955, S. 1675.
355 Deutsch, ZRP 1998, S. 291, 293.
356 Vgl. den Entwurf zu einem Zweiten Gesetz zur Änderung schadensrechtlicher Vorschriften vom 27.1.1998.
357 Vrhovni Sud Hrvatske (Oberstes Gericht Kroatiens) v. 16.11.1973, veröffentlicht in Pregled sudske Prakse 1974/4-76.

dies bereits aus dem Gesetz. Die polnische Rechtsprechung ist in dieser Hinsicht noch nicht gefestigt. Es gibt lediglich Ansätze in Rechtsprechung und Rechtsliteratur[358], die Herstellerhaftung als Haftung für präsumiertes Verschulden zu verstehen.

5. Die Haftung des Herstellers für fehlerhafte Sachen nach dem Gesetz über die Schuldverhältnisse im Falle eines Verschuldens des Herstellers

Kann der durch ein fehlerhaftes Produkt Geschädigte dem Hersteller im Einzelfall ein Verschulden nachweisen und liegt damit gleichzeitig eine vorsätzliche Straftat vor, hat er den zusätzlichen Anspruch aus Art. 189 Abs. 4 SchVG. Ist durch eine vorsätzlich begangene Straftat eine Sache beschädigt oder zerstört worden, kann das Gericht die Höhe des Ersatzes nach dem Wert bemessen, den die Sache für den Geschädigten hat.

II. Die Haftung des Herstellers nach dem neuen Verbraucherschutzgesetz

Am 28. März 1998 trat neben dem SchVG das neue slowenische Gesetz über den Verbraucherschutz in Kraft. Es enthält in seinem II. Kapitel Vorschriften über die Haftung für fehlerhafte Produkte. Der slowenische Gesetzgeber wollte durch die Einführung dieser Normen eine Angleichung seiner Rechtsordnung an das europäische Recht erreichen. Dies folgt eindeutig aus der Begründung der Regierung zu diesem Gesetz.[359]

Der 1. Abschnitt enthält Allgemeine Bestimmungen, die für das gesamte Verbraucherschutzgesetz von Bedeutung sind. Im 2. Abschnitt des VerbrSchG-Sl wird in den Artt. 4 bis 11 die Produkthaftung geregelt.

A. Die allgemeinen Bestimmungen des Verbraucherschutzgesetzes

Aus den Allgemeinen Vorschriften ergibt sich der Regelungsbereich dieses Gesetzes. Danach werden durch dieses Gesetz die Rechte des Verbrauchers beim Anbieten, beim Verkauf und bei anderen Formen der Vermarktung von Waren und Dienstleistungen durch Unternehmen geregelt. Gleichzeitig werden die Staatsorgane und andere Subjekte verpflichtet, diese Rechte sicherzustellen.

1. Der Verbraucherbegriff

In Art. 1 Abs. 2 VerbrSchG-Sl wird der Begriff des Verbrauchers definiert. Als Verbraucher gilt danach eine natürliche Person, die Waren oder Dienstleistungen hauptsächlich für den privaten oder den Gebrauch in ihrem Haushalt erwirbt oder in Anspruch nimmt. Diese Definition des Verbrauchers stimmt grundsätzlich mit der im EG-Recht herrschenden Begriffsbestimmung überein.
Aufgrund der Begriffsbestimmung in Art. 1 des neuen slowenischen Verbraucherschutzgesetzes drängt sich die Frage auf, ob sich hieraus ergibt, daß die Vorschriften über die Produkthaftung nur anwendbar sind, wenn der Geschädigte Verbraucher im Sinne dieser Definition ist. Dies widerspräche den Vorstellungen des Gemeinschaftsgesetzgebers, der die Produkthaftung nicht auf „Verbraucher" beschränkt. Auch wenn der Hauptanwen-

---

[358] In diesem Zusammenhang sind vor allem die Arbeit von Nesterowicz und Skąpski hervorzuheben.
[359] Porocevalec Dr Zavnega Zbora Republike Slovenije (abgekürzt Porocevalec) 43/1993, S. 36.

dungsbereich der Produkthaftung der Ausgleich von Schäden privater Produktbenutzer oder Verbraucher ist, kommt es für einen solchen Schadensersatzanspruch nicht auf die Verbrauchereigenschaft des Geschädigten an. Vielmehr gilt die verschuldensunabhängige Herstellerhaftung gegenüber jedermann.[360] Zur Verdeutlichung dient der folgende Fall: Das am Straßenrand spielende Kind wird von einem Reifen überrollt, der sich von einem vorbeifahrenden Fahrzeug gelöst hat. Das Kind ist sicher nicht Verbraucher des Fahrzeuges. Gleichwohl kann es aber nach den Vorgaben des Gemeinschaftsgesetzgebers Ansprüche gegen den Hersteller des Fahrzeuges aus Produkthaftung geltend machen.
Bei enger Auslegung von Art. 1 Abs. 2 VerbrSchG-SI könnte im obigen Beispielsfall das Kind seine Schadensersatzansprüche gegen den Hersteller des Fahrzeuges nicht auf der Grundlage des neuen slowenischen Verbraucherschutzgesetzes geltend machen. Zu diesem Ergebnis kommt auch Novak-Drol. Nach seiner Ansicht sollen lediglich die Vorschriften über die Garantie für ein störungsfreies Funktionieren von Sachen aus Kapitel IV des Verbraucherschutzgesetzes von Personen geltend gemacht werden können, die keine Verbraucher sind. Dies ergibt sich auch aus den Gesetzesmaterialien.[361] Nach der hier vertretenen Auffassung kann ein solches Ergebnis jedoch nicht der Absicht des slowenischen Gesetzgebers entsprochen haben. Bereits vor Erlaß des Verbraucherschutzgesetzes hätte im obigen Fall das Kind seine Schadensersatzansprüche vom Hersteller auf der Grundlage von Art. 179 SchVG ersetzt bekommen. Es ist kein Grund ersichtlich, warum der slowenische Gesetzgeber die Rechte unbeteiligter Dritter daher nach den neuen Vorschriften hätte einschränken sollen.

2. Der Herstellerbegriff

Der Begriff des Herstellers ist in den allgemeinen Bestimmungen des Verbraucherschutzgesetzes und nicht innerhalb der besonderen Vorschriften zur Produkthaftung geregelt. Die systematische Einordnung dieses Begriffes bei den Allgemeinen Bestimmungen erklärt sich mit dem Geltungsbereich dieses Gesetzes: Der Herstellerbegriff gilt nicht nur innerhalb der Vorschriften zur Produkthaftung, sondern für das gesamte Verbraucherschutzgesetz, insbesondere auch für den 4. Abschnitt des Gesetzes, der die Gewährleistung für das fehlerhafte Funktionieren eines Produktes regelt.
Die Haftung des Lieferanten ist nicht in Art. 1 Abs. 5 VerbrSch-SI geregelt, sondern in Art. 4 Abs. 3 VerbrSchG-SI. Dies begründet sich aus dem Umstand, daß der Lieferant nur im Rahmen der Vorschriften über die Produkthaftung als Hersteller gilt.

Nach Art. 1 Abs. 5 VerbrSchG-SI ist Hersteller ein Unternehmen, das End- oder Teilprodukte erzeugt oder Grundstoffe gewinnt oder eine Person, die sich mit ihrer Firma, ihrem Warenkennzeichen oder einem anderen Erkennungszeichen auf dem Produkt als sein Hersteller ausgibt. Als Hersteller gilt auch der Importeur eines Produktes.
Der slowenische Gesetzgeber unterscheidet bei der Definition des Herstellers zunächst zwischen Unternehmen und Personen. Diese Unterscheidung zwischen Unternehmen und Personen innerhalb des Herstellerbegriffes ist nicht ganz verständlich. Sie läßt sich zum Teil damit erklären, daß das Verbraucherschutzgesetz das Verhältnis zwischen einem Unternehmen und einem Konsumenten regelt. Nur auf dieses Verhältnis sind folglich

[360] Taschner/Frietsch § 1, Rdnr. 27.
[361] Porocevalec 7/1995, S. 29.

auch die Vorschriften der Produkthaftung anwendbar. Damit erklärt sich aber nicht, weshalb im Hinblick auf den Hersteller von End- oder Teilprodukten sowie den Erzeuger von Grundstoffen von Unternehmen gesprochen wird, hinsichtlich des "Als-ob-Herstellers" jedoch von Personen. Den Gesetzesmaterialien läßt sich hierzu nichts entnehmen. Da eine Erklärung nicht ersichtlich ist, ist davon auszugehen, daß es sich hierbei um ein Versehen des slowenischen Gesetzgebers handelt. Im Hinblick auf eine Gleichbehandlung der nach diesem Gesetz haftenden Personen muß Voraussetzung für die Annahme eines "Als-ob-Herstellers" sein, daß auch diesem Unternehmenseigenschaft im Sinne von Art. 1 Abs. 3 VerbrSchG-Sl zukommt.

Erste Voraussetzung für die Annahme eines Herstellers von End- oder Teilprodukten sowie für den Erzeuger eines Grundstoffes im Sinne des Verbraucherschutzgesetzes ist, daß es sich hierbei um ein Unternehmen handelt. Der Begriff des Unternehmens wird in Art. 1 Abs. 3 VerbrSchG-Sl definiert. Unter einem Unternehmen ist danach eine juristische oder natürliche Person zu verstehen, die eine Erwerbstätigkeit auf dem Markt ausübt, ohne Rücksicht auf ihre Rechtsform. Auch nach der Begriffsbestimmung des Art. 3 EG-Produkthaftungsrichtlinie ist es ohne Bedeutung, ob der Hersteller eine natürliche Person oder ein Unternehmen ist. Es ist auch ohne Belang, welche Rechtsform das Unternehmen hat. Insoweit liegt eine Übereinstimmung zwischen dem europäischen und dem slowenischen Begriffsverständnis vor.

Aus dem Umkehrschluß von Art. 7 c EG-Produkthaftungsrichtlinie folgt, daß Hersteller nur ist, wer die Herstellung von Produkten gewerbsmäßig betreibt. Die Voraussetzung der Erwerbstätigkeit des Herstellers entspricht demnach ebenfalls den Vorgaben des Gemeinschaftsgesetzgebers.

In der slowenischen Definition des Herstellers wird zunächst zwischen dem Hersteller von End- und Teilprodukten sowie dem Erzeuger von Grundstoffen unterschieden. Dies entspricht dem Regelfall des Herstellers, wie er in Art. 3 Abs. 1 EG-Produkthaftungsrichtlinie festgelegt ist.

Der Hersteller eines Teilproduktes haftet nach der slowenischen Vorschrift, wenn dieses Produkt als solches fehlerhaft war. Daneben haftet auch der Hersteller des Endproduktes, da durch die Einarbeitung des fehlerhaften Teilproduktes das Endprodukt ebenfalls fehlerhaft geworden ist. Der Hersteller des Endproduktes kann sich also nicht durch die Haftung des Herstellers des Teilproduktes entlasten. Das eben Gesagte gilt ebenfalls für den Erzeuger eines Grundstoffes. Ist der Grundstoff fehlerhaft und wird er später in ein Endprodukt eingearbeitet, haften sowohl der Erzeuger des Grundstoffes als auch der Hersteller des Endproduktes. Auch in dieser Hinsicht liegt eine richtlinienkonforme Umsetzung vor.

Die Definition des Herstellers von End- oder Teilprodukten sowie des Erzeugers von Grundstoffen erfolgte in Übereinstimmung mit Art. 3 Abs. 1 EG-Produkthaftungsrichtlinie.

Gegenüber der Herstellerhaftung nach dem Gesetz über die Schuldverhältnisse haftet nach den neuen Vorschriften des Verbraucherschutzgesetzes nunmehr auch der Hersteller von Teilprodukten. Insoweit ändert sich folglich die bisherige Rechtslage. Es ist jedoch nicht zu erwarten, daß die Umsetzung dieser neuen Regelung in der Rechtspraxis Schwierigkeiten bereiten wird. Der Ausschluß des Herstellers von Teilprodukten aus dem

Kreis der haftenden Personen nach Art. 179 SchVG ließ sich bereits dem Wortlaut der Vorschrift nach nicht begründen. Zudem war die Frage der Haftung des Herstellers von Teilprodukten bereits frühzeitig Gegenstand der Diskussion in der Rechtslehre. Insoweit handelt es sich hier um keinen vollkommen neuen Aspekt.

Hersteller ist nach der slowenischen Vorschrift darüber hinaus jede Person[362], die sich als tatsächlicher Hersteller eines Produktes ausgibt, ohne es zu sein, der sogenannte Als-ob-Hersteller. Dies kann gemäß Art. 1 Abs. 5 VerbrSchG-SI durch Anbringen der Firmennamens, einer Warenmarke oder eines anderen Erkennungszeichens auf dem Produkt geschehen. Durch ein solches Verhalten muß bei dem Erwerber des Produkts der Eindruck hervorgerufen werden, bei der aus dem jeweiligen Erkennungszeichen hervorgehenden Person handele es sich um den tatsächlichen Hersteller.[363] In der slowenischen Norm ist ebenso wie in der EG-Produkthaftungsrichtlinie beispielhaft aufgeführt, wodurch dieser Eindruck erweckt werden kann. Tatbestandsmerkmal ist nach beiden Regelungen, daß das Erkennungszeichen auf dem Produkt angebracht ist.
Hinsichtlich des Als-ob-Herstellers entspricht die slowenische Regelung den Vorgaben des Gemeinschaftsgesetzgebers in Art. 3 EG-Produkthaftungsrichtlinie.

Als Hersteller gilt darüber hinaus auch der Importeur eines Produktes. Dieser haftet neben dem Hersteller. Die Regelung des Art. 1 Abs. 5 VerbrSchG-SI enthält keine Definition des Importeurs. Insbesondere folgt aus dieser Vorschrift nicht ausdrücklich, daß der Importeur das Produkt zum Zwecke des Vertriebs eingeführt haben muß. Insofern liegt hier ein Unterschied zu dem Wortlaut von Art. 3 Abs. 2 EG-Produkthaftungsrichtlinie vor, der als Importeur jede Person definiert, die ein Produkt zum Zwecke des Verkaufs, der Vermietung, des Mietkaufs oder einer anderen Form des Vertriebs im Rahmen ihrer geschäftlichen Tätigkeit in die Gemeinschaft eingeführt hat. Bei einer Einfuhr zu einem privaten Zweck scheidet eine Haftung damit aus.
Ein Grund für die fehlende Begriffspräzisierung in der slowenischen Regelung könnte Art. 1 Abs. 3 VerbrSchG-SI sein. In dieser Vorschrift wird der Begriff des Unternehmens definiert. Die Unternehmenseigenschaft setzt voraus, daß eine Erwerbstätigkeit auf dem Markt ausgeübt wird. Jede Form des Vertriebs fällt unter den Begriff der Erwerbstätigkeit. Das Verbraucherschutzgesetz ist - wie dargestellt - nur auf das Verhältnis zwischen Unternehmen und Konsumenten anwendbar. Aus diesem Zusammenhang ergibt sich folglich bereits, daß auch der Importeur nur dann Hersteller im Sinne des Verbraucherschutzgesetzes ist, wenn ihm Unternehmenseigenschaft im Sinne dieses Gesetzes zukommt. Wie Rudolf[364] zutreffend feststellt, wird der slowenische Gesetzgeber stillschweigend von der Voraussetzung ausgegangen sein, daß Importeur nur ist, wer Produkte zum Zwecke des Vertriebs einführt. Für dieses Ergebnis spricht auch, daß als Hersteller nur

---

362 Vgl. dazu in diesem Länderteil unter „2. Der Herstellerbegriff" die Ausführungen zu der Unterscheidung zwischen Unternehmen und Person.
363 Nach der tschechischen Regelung kann es demgegenüber für die Qualifizierung als Als-Ob-Hersteller ausreichen, daß ein Kennzeichen auf dem Produkt angebracht wurde; vgl. hierzu im Länderteil Tschechische Republik unter „3. Der Herstellerbegriff".
364 Rudolf, PHI, 1998, S. 206, 212.

gilt, wer Unternehmen im Sinne von Art. 1 Abs. 3 VerbrSchG-Sl ist. Würde man diese Voraussetzung für den Importeur verneinen, hätte dies eine Ungleichbehandlung des Importeurs gegenüber den übrigen nach diesem Gesetz haftenden Personen zur Folge. Bei einem Import für eigene Verwendung scheidet eine Haftung folglich auch nach slowenischem Produkthaftungsrecht aus.
Ebenso wie in der tschechischen Vorschrift zur Haftung des Importeurs ist auch in der slowenischen Vorschrift nicht das Bestimmungsgebiet festgelegt, in das eine Einfuhr durch den Importeur erfolgt sein muß. Diese Abweichung beruht auch hier auf der Tatsache, daß Slowenien noch nicht Mitglied der Europäischen Union ist und ist insofern gerechtfertigt.[365]
Es ist daher abschließend festzuhalten, daß hinsichtlich der Einbeziehung des Importeurs in den Kreis der haftenden Personen eine richtlinienkonforme Umsetzung erfolgt ist.

In Art. 4 Abs. 3 VerbrSchG-Sl wird die Haftung des Lieferanten geregelt. Können Hersteller oder Importeur eines Produktes nicht festgestellt werden, gilt jeder Lieferant des Produktes als dessen Hersteller, es sei denn, er teilt dem Geschädigten innerhalb einer angemessenen Frist mit, wer der Hersteller oder Importeur ist, oder welche Person ihm das Produkt geliefert hat.
Die Haftung des Lieferanten entspricht der des Herstellers. Der Lieferant haftet jedoch nur, wenn weder der Hersteller noch der Importeur des fehlerhaften Produktes festgestellt werden können. Damit ist die Haftung des Lieferanten subsidiär gegenüber der Haftung von Hersteller und Importeur. Er haftet also auch nicht neben diesen. Der Lieferant kann sich darüber hinaus auch durch die Nennung des Lieferanten befreien, der ihm das Produkt geliefert hat.
Diese Regelung stimmt mit den Vorgaben in Art. 3 Abs. 3 EG-Produkthaftungsrichtlinie überein.

B. Die besonderen Bestimmungen des Verbraucherschutzgesetzes zur Haftung für fehlerhafte Produkte

Im 2. Abschnitt des neuen slowenischen Verbraucherschutzgesetzes wird die Haftung für fehlerhafte Produkte geregelt.

1. Der Haftungsgrundsatz gemäß Art. 4 VerbrSchG-Sl

Nach Art. 4 VerbrSchG-Sl ist der Hersteller eines Produktes in Übereinstimmung mit den allgemeinen Vorschriften über die Haftung für den Schaden und die Haftung des Herstellers einer fehlerhaften Sache verpflichtet, den entstandenen Schaden zu ersetzen, wenn das fehlerhafte Produkt den Tod, eine Körperverletzung oder Gesundheitsbeschädigung eines Menschen verursacht hat oder wenn wegen eines fehlerhaften Produkts ein Schaden an einer anderen Sache entstanden ist.
Durch diese Norm wird zunächst das Verhältnis zwischen dem neuen Verbraucherschutzgesetz und den Vorschriften des Allgemeinen Zivilrechts zur Schadenshaftung und zur Haftung des Herstellers einer fehlerhaften Sache geregelt. Die Normen des Scha-

[365] Vgl. zum Importeur im Länderteil Polen unter „2. Der Herstellerbegriff" sowie im Länderteil Tschechische Republik unter „3. Der Herstellerbegriff".

densersatzrechts des Gesetzes über die Schuldverhältnisse sind danach subsidiär hinter den spezielleren Vorschriften des Verbraucherschutzgesetzes anwendbar. Die Vorschriften des Gesetzes über die Schuldverhältnisse kommen zur Anwendung, wenn das Verbraucherschutzgesetz keine Regelung enthält. Dies gilt insbesondere für den Begriff der Kausalität, zu Inhalt und Umfang des Schadensersatzes sowie zur Verjährung.
In Art. 1 Abs. 6 VerbrSchG-SI ist außerdem festgelegt, daß die Rechte, die dem Verbraucher nach diesem Gesetz zustehen, nicht seine Rechte beeinträchtigen, die er nach den allgemeinen Bestimmungen über die Schuldverhältnisse hat. Diese Vorschrift stimmt mit Art. 13 EG-Produkthaftungsrichtlinie überein.

Art. 4 Abs. 1 VerbrSchG-SI legt fest, daß der Hersteller für die durch den Tod eines Menschen entstandenen Schäden, Körperschäden sowie Schäden an anderen Sachen als dem fehlerhaften Produkt selbst haften soll. Nach Absatz 2 dieser Norm werden Sachschäden jedoch nur ersetzt, wenn sie den Wert von 10.000 Tolar[366] übersteigen, sowie wenn die beschädigte Sache gewöhnlich für den privaten Gebrauch bestimmt ist und der Geschädigte sie überwiegend für den privaten Gebrauch verwendet hat.
Die nach Art. 4 VerbrSchG-SI zu ersetzenden Schäden entsprechen grundsätzlich dem in Art. 9 EG-Produkthaftungsrichtlinie festgelegten Umfang der vom Hersteller zu ersetzenden Schäden.

Die EG-Produkthaftungsrichtlinie sieht in Art. 9 eine Selbstbeteiligung des Geschädigten bei Sachschäden in Höhe von 500 ECU vor.
Der slowenische Gesetzgeber hat eine erheblich geringere Selbstbeteiligung eingeführt. Diese liegt bei 10.000 slowenischen Tolar, was heute nur noch knapp 100,- DM entspricht. Der erste Entwurf zum Produkthaftungsgesetz sah noch eine Selbstbeteiligung in Höhe von 20.000 slowenischen Tolar vor. Auf Antrag des Konsumentenverbandes erfolgte dann jedoch eine Senkung des Betrages auf 10.000 slowenische Tolar.[367] Die wesentlich geringere Höhe der Selbstbeteiligung erklärt sich aus dem den meisten anderen Mitgliedsstaaten gegenüber insgesamt niedrigerem Lebensstandard in der Slowenischen Republik.[368]

Ebenso wie der tschechische Gesetzgeber hat auch der slowenische Gesetzgeber die Haftung des Herstellers für Schäden infolge Todes oder Körperverletzungen nicht der Höhe nach begrenzt. Die slowenischen Vorschriften zur Produzentenhaftung enthalten folglich keine Haftungshöchstgrenze.

Gemäß den Vorgaben in Art. 9 b) i) und ii) EG-Produkthaftungsrichtlinie ist die Frage, ob es sich bei der beschädigten Sache um eine privat genutzte handelt, auch nach der slowenischen Regelung anhand eines objektiven sowie anhand eines subjektiven Kriteriums

[366] Im Januar 1998 entsprach ein slowenischer Tolar 0,01058 DM. Im Januar 2000 liegt er bei 0,009763 DM.
[367] Porocevalec 7/1995, S. 29.
[368] Vgl. hierzu die Ausführungen zu den Haftungsgrenzen nach dem tschechischen Produkthaftungsgesetz im Länderteil Tschechische Republik unter „7. Haftungsgrenzen".

zu beurteilen. Bei der beschädigten Sache muß es sich nach beiden Vorschriften objektiv um eine Sache handeln, die "gewöhnlich" für den privaten Gebrauch bestimmt ist. In subjektiver Hinsicht muß der konkret Geschädigte die Sache in der Hauptsache zum privaten Ge- oder Verbrauch verwendet haben.
Nach den Vorstellungen des Gemeinschaftsgesetzgebers ist der Begriff "privat" im Gegensatz zu beruflich oder gewerbsmäßig zu verstehen.[369] Der slowenische Gesetzgeber geht von einem entsprechenden Begriffsverständnis aus. Dies folgt bereits aus dem Anwendungsbereich des Verbraucherschutzgesetzes. Das Verbraucherschutzgesetz ist auf das Verhältnis zwischen Unternehmen und Konsumenten anwendbar. Das Unternehmen übt eine Erwerbstätigkeit auf dem Markt aus, wohingegen der Konsument Waren für den privaten oder den Gebrauch in seinem Haushalt erwirbt.
Insoweit ist eine richtlinienkonforme Umsetzung erfolgt.

2. Der Produktbegriff

Nach Art. 5 VerbrSchG-SI ist unter einem Produkt i. S. der Produkthaftung des Verbraucherschutzgesetzes jede bewegliche Sache zu verstehen, auch wenn sie Teil einer anderen beweglichen Sache ist oder mit einer unbeweglichen Sache verbunden ist, einschließlich Elektrizität.
Unter den Produktbegriff fallen damit auch landwirtschaftliche Naturprodukte und Jagderzeugnisse. Damit hat der slowenische Gesetzgeber bereits die am 29. April 1999 vom EU-Ministerrat beschlossene Erweiterung des Produktbegriffs der EG-Produkthaftungsrichtlinie[370] umgesetzt, wonach nunmehr auch unverarbeitete landwirtschaftliche Naturprodukte und Jagderzeugnisse Produkte i. S. von Art. 2 EG-Produkthaftungsrichtlinie sind.
Die slowenischen Gesetzentwürfe zur Produkthaftung aus den Jahren 1993[371] und 1995[372] sahen vor, unverarbeitete Erzeugnisse aus der Landwirtschaft, der Fischerei, der Fischzucht, der Jagd und der Forstwirtschaft aus dem Produktbegriff auszuklammern. Ursprünglich wollte der slowenische Gesetzgeber mithin land- und forstwirtschaftliche Naturprodukte, die noch keiner ersten Verarbeitung unterzogen sind, nicht in die Herstellerhaftung einbeziehen. In dem Begründungsbericht zu dem Gesetzentwurf aus dem Jahre 1995 wird ausgeführt, daß es keinen Grund gäbe, die Haftung auf unverarbeitete landwirtschaftliche Naturprodukte und Jagderzeugnisse auszudehnen. Diese Frage war auf Antrag des Wirtschafts- und Landwirtschaftsausschusses nochmals geprüft worden. Aus welchem Grund der slowenische Gesetzgeber in diesem Punkt schließlich von der ursprünglichen Fassung der Gesetzentwürfe abgewichen ist, ist dem Begründungsbericht zu den Produkthaftungsvorschriften nicht zu entnehmen. Es ist unwahrscheinlich, daß es sich hierbei um ein Versehen handelt. Vielmehr ist davon auszugehen, daß der slowenische Gesetzgeber bereits die Überlegungen der EU zu dieser Fragestellung umsetzen wollte. Bereits vor Erlaß des slowenischen Verbraucherschutzgesetzes strebte der Gemeinschaftsgesetzgeber eine Änderung des Produktbegriffes der EG-Produkthaftungsrichtlinie im obigen Sinne an und hat einen entsprechenden Vorschlag

---

369 Taschner, Art. 9, Rdnr. 11.
370 Richtlinie 1999/34/EG des Europäischen Parlaments und des Rates vom 10. Mai 1999, veröffentlicht in Abl. EG Nr. L 141 vom 04.06.1999, S. 20, 21.
371 Porocevalec 43/1993, S. 38.
372 Porocevalec 7/1995, S. 22.

gemacht.[373] Die Regelung, unverarbeitete landwirtschaftliche Naturprodukte und Jagderzeugnisse von der Herstellerhaftung auszunehmen, war bereits bei Verabschiedung der EG-Produkthaftungsrichtlinie 1985 umstritten. Vor dem Hintergrund der industriellen Erzeugung von landwirtschaftlichen Naturprodukten war kein Grund für eine solche Ausnahme ersichtlich. Es handelte sich hierbei vielmehr um eine rein politisch motivierte Lösung.[374]

Slowenien ist sichtlich um eine Harmonisierung seines Rechtssystems mit dem europäischen Recht bemüht. Es spricht viel dafür, daß der slowenische Gesetzgeber aus diesem Grund die ursprüngliche Fassung der EG-Produkthaftungsrichtlinie nicht übernommen, sondern sofort die zu erwartende Änderung des Gemeinschaftsgesetzgebers umgesetzt hat. Darüber hinaus konnte er hierdurch die absehbare Änderung seines Gesetzes, die im Falle eines Beitritts zur Europäischen Gemeinschaft erforderlich geworden wäre, umgehen.

3. Der Fehlerbegriff

Art. 6 VerbrSchG-Sl regelt den Begriff des Fehlers eines Produktes. Danach ist ein Produkt fehlerhaft, wenn es nicht die Sicherheit bietet, die ein Verbraucher zu erwarten berechtigt ist. Bei der Beurteilung, welche Sicherheit ein Verbraucher berechtigterweise erwarten kann, sind insbesondere die Darbietung des Produktes im Hinblick auf seine Verwendungsbestimmung, der vorhersehbare Gebrauch des Produktes, mit dem billigerweise gerechnet werden kann und der Zeitpunkt, zu dem das Produkt in den Verkehr gebracht worden ist, zu berücksichtigen.

Der Fehlerbegriff der slowenischen Produkthaftung basiert also auf dem Kriterium der "Sicherheit" eines Produktes. Dies entspricht der Konzeption des Gemeinschaftsgesetzgebers in Art. 6 Abs. 1 EG-Produkthaftungsrichtlinie. Der slowenische Gesetzgeber hat diese Vorschrift fast wörtlich übernommen. Im Unterschied zu dem Text der EG-Produkthaftungsrichtlinie benutzt der slowenische Gesetzgeber jedoch nicht das unpersönliche Wort "man", sondern ersetzt dieses durch den Begriff des Verbrauchers. Fraglich ist, ob diese Formulierung auch eine inhaltliche Abweichung nach sich zieht. Der Gemeinschaftsgesetzgeber stellt durch das Wort "man" klar, daß es nicht auf die Sicherheitserwartungen des konkreten Geschädigten ankommt, sondern auf die Sicherheitserwartung der Allgemeinheit.

Der Begriff „ein Verbraucher" könnte dahingehend ausgelegt werden, daß auf den einzelnen geschädigten Verbraucher abzustellen ist. Es erscheint aber auch möglich, die Vorschrift dahingehend zu interpretieren, daß nicht auf die Erwartungen des einzelnen konkret Geschädigten abgestellt wird, sondern auf die Sicherheitserwartungen der Verbraucherschaft und damit grundsätzlich auf die Allgemeinheit.[375]

Als problematisch könnte sich diese Formulierung dennoch in dem oben beschriebenen Beispielsfall erweisen, in dem das Kind, das nicht Verbraucher des fehlerhaften Produktes ist, zu Schaden kommt. Durch den Begriff "Verbraucher" wird der Kreis der Personen, auf deren Sicherheitserwartungen bei der Bestimmung der Fehlerhaftigkeit eines Pro-

[373] Abl. EG Nr. C 337 vom 7.11.1997, S. 54.
[374] Taschner, Art. 2, Rdnr. 10.
[375] Dies ergibt sich aus dem Begründungsbericht des slowenischen Gesetzgebers; Rudolf, PHI 1998, S. 207, 210.

duktes abgestellt wird, eingeschränkt. Das Kind läßt sich demgegenüber nur unter den Begriff "man" in der europäischen Norm subsumieren. Wie oben bereits dargestellt, kann eine solche Einschränkung des Anwendungsbereiches vom europäischen Gesetzgeber nicht beabsichtigt gewesen sein.[376] Nach der hier vertretenen Ansicht ist diese Regelung daher nicht richtlinienkonform.

Die Erwartungen müssen sowohl nach der Regelung des Gemeinschaftsgesetzgebers als auch nach der Regelung des slowenischen Gesetzgebers berechtigt sein. Für die Beurteilung, welche Sicherheitserwartungen der Allgemeinheit im Einzelfall berechtigt sind, werden in beiden Vorschriften - sowohl in Art. 6 Abs. 1 EG-Produkthaftungsrichtlinie als auch in Art. 6 Abs. 1 VerbrSchG-SI - beispielhaft drei Fälle aufgeführt.
Eine Abweichung der slowenischen Vorschrift von den Vorgaben des Art. 6 Abs. 1 1 EG-Produkthaftungsrichtlinie besteht in folgender Hinsicht: In der slowenischen Vorschrift wurden dem Text der EG-Produkthaftungsrichtlinie -"der Darbietung des Produkts" - die Worte - "im Hinblick auf seine Verwendungsbestimmung" hinzugefügt. Der Gemeinschaftsgesetzgeber versteht unter dem Begriff der Darbietung des Produktes die Beschreibungen des Produktes durch Aufzeigen seiner Besonderheiten sowie durch Anweisungen zu dessen Gebrauch.[377] Diese Regelung will einen wirkungsvollen Schutz des Verbrauchers dadurch erreichen, daß dieser auf die besonderen Eigenschaften des Produktes aufmerksam gemacht wird, die bei der Benutzung durch einen Unkundigen bei bestimmungsgemäßen Gebrauch gefährlich werden können. Unterläßt der Hersteller solche Hinweise, kann ihm ein Instruktionsfehler zur Last gelegt werden.[378] Er muß nicht auf die Gefahren hinweisen, die durch einen bestimmungswidrigen Gebrauch des Produktes entstehen können. Durch die Formulierung "im Hinblick auf seine Verwendungsbestimmung" in Art. 6 VerbrSchG-SI wird diese Aussage gesetzlich festgelegt. Dieser Zusatz in der slowenischen Regelung steht folglich nicht im Widerspruch zu den Vorgaben des Gemeinschaftsgesetzgebers. Er stellt vielmehr nur eine gesetzliche Konkretisierung der gemeinschaftsrechtlichen Vorgaben dar.

In Art. 6 Abs. 1 Ziff. 2 VerbrSchG-SI heißt es, "der vorhersehbare Gebrauch, mit dem billigerweise gerechnet werden kann". Gegenüber Art. 6 Abs. 1 b) EG-Produkthaftungsrichtlinie spricht die slowenische Norm zusätzlich vom "vorhersehbaren" Gebrauch. Ein Gebrauch, mit dem billigerweise gerechnet werden kann, ist im Regelfall auch vorhersehbar.
Bei dem Gebrauch, mit dem billigerweise gerechnet werden kann, muß es sich nicht gleichzeitig um den bestimmungsgemäßen Gebrauch handeln. Vielmehr werden nach den Vorstellungen des Gemeinschaftsgesetzgebers auch solche Verwendungsarten des Produktes erfaßt, die der Zweckbestimmung eines Produktes zwar nicht zuwiderlaufen, dieser aber nicht genau entsprechen. Taschner[379] führt als Beispiel hierfür den Fall an, daß Kleinkinder Holzspielzeug häufig in den Mund nehmen. Hierbei handele es sich zwar nicht um einen bestimmungsgemäßen Gebrauch, dennoch sei ein solcher Gebrauch sozialadäquat - also ein solcher Gebrauch, mit dem billigerweise gerechnet werden kann.

---

[376] Vgl. dazu in diesem Länderteil unter „1. Der Begriff des Verbrauchers“.
[377] Taschner, Art. 6, Rdnr. 14.
[378] Ibid.
[379] A. a. O., Rdnr. 17.

Ein mit giftiger Farbe angestrichenes Holzspielzeug wäre folglich ein fehlerhaftes Produkt im Sinne der EG-Produkthaftungsrichtlinie. Zu einem solchen Ergebnis käme man auch bei Anwendung der slowenischen Norm: Denn es ist auch vorhersehbar, daß ein Kleinkind Holzspielzeug in den Mund nimmt. Das zusätzliche Merkmal "vorhersehbar" ist lediglich eine Wiederholung dessen, was durch die Formulierung "der Gebrauch, mit dem billigerweise gerechnet werden kann" bereits ausgedrückt wird. Es hat folglich keinen zusätzlichen eigenen Aussagegehalt.

Nach Art. 6 Abs. 1 Ziff. 3 VerbrSchG-SI ist in Übereinstimmung mit Art. 6 Abs. 1 c) EG-Produkthaftungsrichtlinie für die Beurteilung der Fehlerhaftigkeit eines Produktes ferner der Moment des Inverkehrbringens des Produktes von entscheidender Bedeutung. Der Grund für diese Regelung liegt darin, daß der Verbraucher von einem älteren Produkt nicht denselben Grad an Sicherheit erwarten kann wie von einem später auf den Markt gebrachten und verbessertem Produkt.
Entgegen der EG-Produkthaftungsrichtlinie enthält das slowenische Verbraucherschutzgesetz eine Definition des Begriffs des Inverkehrbringens. Nach Art. 8 VerbrSchG-SI ist ein Produkt zu dem Zeitpunkt in den Verkehr gebracht, zu dem es der Hersteller, gleich aufgrund welchen Eigentumsrechts, zur Verfügung gestellt oder zum Gebrauch überlassen oder versendet hat. Nach den Vorstellungen des Gemeinschaftsgesetzgebers gilt ein Produkt als in den Verkehr gebracht, wenn der Hersteller das Produkt in den Wirtschaftskreislauf einführt. Dies geschieht regelmäßig dadurch, daß er es in die Verteilerkette gibt. Der Hersteller muß mit Wissen und Wollen die Verfügungsgewalt über das Produkt verloren haben,[380] was regelmäßig der Fall sein wird, wenn das Produkt das Fabrikgelände verlassen hat. Insoweit spricht man auch von "Werktorprinzip".[381] Nach der Definition im slowenischen Verbraucherschutzgesetz hängt das Inverkehrbringen eines Produktes ausschließlich von einer Handlung des Herstellers ab, die darauf gerichtet ist, die Verfügungsgewalt über das Produkt aufzugeben. Dies stimmt insoweit mit dem Verständnis des europäischen Gesetzgebers überein. Der slowenische Gesetzgeber definiert den Begriff des Inverkehrbringens durch die Aufzählung von Beispielsfällen, in denen der Hersteller ein Produkt in die Verteilerkette gibt. Weitere Fälle des Inverkehrbringens, die von dieser Definition nicht erfaßt sein könnten, sind nicht denkbar.
Insofern entspricht die Definition des Inverkehrbringens den Vorgaben des Gemeinschaftsgesetzgebers.

Nach Art. 6 Abs. 2 VerbrSchG-SI gilt ein Produkt nicht deshalb als fehlerhaft, weil später ein verbessertes Produkt in den Verkehr gebracht worden ist. Diese Vorschrift stimmt wörtlich mit der Regelung in Art. 6 Abs. 2 EG-Produkthaftungsrichtlinie überein.

Im Ergebnis ist daher festzuhalten, daß der Fehlerbegriff in Übereinstimmung mit der EG-Produkthaftungsrichtlinie umgesetzt wurde. Die Unterscheidung zwischen den einzelnen Fehlerarten ist im slowenischen Recht seit langem bekannt. Die Gerichte haben diese

---

[380] Graf von Westphalen, Produkthaftungshandbuch, Bd. 2, § 60, Rdnr. 34.
[381] Hollmann, DB 1985, S. 2389, 2396.

Differenzierung in ständiger Rechtsprechung angewendet. Die Umsetzung der Regelung des slowenischen Verbraucherschutzgesetzes bedeutet im Hinblick auf den Fehlerbegriff daher keine Neuerung für die Rechtspraxis.

4. Die Haftungsausschlußgründe

In Art. 10 VerbrSchG-Sl sind abschließend die Gründe aufgezählt, bei deren Vorliegen eine Haftung des Herstellers ausgeschlossen ist. Danach haftet der Hersteller nicht für den Schaden, wenn er beweist, daß er das Produkt nicht in den Verkehr gebracht hat, aus den Umständen folgt, daß der Fehler, der den Schaden verursacht hat, zu dem Zeitpunkt, zu dem er das Produkt in den Verkehr gebracht hat, wahrscheinlich nicht vorlag, daß der Fehler darauf zurückzuführen ist, daß er zwingenden hoheitlichen Normen, denen das Produkt entsprechen mußte, eingehalten hat, er nur ein Teilprodukt hergestellt bzw. einen Grund- oder Zusatzstoff oder Additive gewonnen hat und der Fehler durch die Konstruktion des Produktes, in welches das Teilprodukt eingearbeitet worden bzw. für das der Grund- oder Zusatzstoff bzw. das Additiv verwendet worden ist, oder der Fehler durch die Anleitung des Herstellers dieses Produktes verursacht worden ist, sowei daß der weltweite Stand von Wissenschaft und Technik zu dem Zeitpunkt, zu dem er das Produkt in den Verkehr gebracht, nicht derart war, daß es möglich gewesen wäre, den Fehler am Produkt zu entdecken (z.B. mit bekannten Methoden und Analysen).

a. Produkt nicht vom Hersteller in den Verkehr gebracht

Die Definition des Begriffs des Inverkehrbringens des Art. 8 VerbrSchG-Sl stimmt mit dem Begriffsverständnis des Gemeinschaftsgesetzgebers überein. Im übrigen entspricht dieser Haftungsausschlußgrund bereits seinem Wortlaut nach den Vorgaben in Art. 7 a) EG-Produkthaftungsrichtlinie.

b. Produkt bei Inverkehrbringen fehlerfrei

Der zweite Haftungsausschlußgrund des Art. 10 VerbrSchG-Sl weicht im Wortlaut von dem Text der EG-Produkthaftungsrichtlinie ab. In Art. 7 b) EG-Produkthaftungsrichtlinie heißt es „daß....davon auszugehen ist, daß der Fehler....nicht vorlag". Demgegenüber lautet Art. 10 Punkt 2 VerbrSchG-Sl "...daß der....Fehler.....wahrscheinlich nicht vorlag". Dies hat jedoch keine inhaltliche Abweichung zur Folge. Durch beide Formulierungen wird zum Ausdruck gebracht, daß der Hersteller das Nichtvorhandensein des Fehlers bei Inverkehrbringen des Produktes nicht positiv nachweisen muß. Eine Wahrscheinlichkeit, daß der Fehler zu diesem Zeitpunkt nicht vorlag, reicht im Rahmen der Beweisführung vielmehr aus. Dem Richter wurde auf diese Weise ein Beurteilungsspielraum eingeräumt. Grund für diese Regelung ist die Schwierigkeit bei der Beweisführung, daß das Produkt bei Inverkehrbringen nicht fehlerhaft war. Der Gemeinschaftsgesetzgeber wollte daher eine gewisse Vereinfachung hinsichtlich des durch den Hersteller zu führenden Nachweises erreichen.

Darüber hinaus enthält die slowenische Vorschrift entgegen Art. 7 b) EG-Produkthaftungsrichtlinie nicht den Fall, daß der Fehler später entstanden ist. Dies hat jedoch keine erheblichen inhaltlichen Abweichungen zur Folge: Denn wenn ein Produkt fehlerfrei in den Verkehr gebracht wurde, es später aber aufgrund eines Fehlers einen Schaden verursacht, kann dieser Fehler nur später entstanden sein. Eine Abweichung

ergibt sich hieraus nur hinsichtlich des Beweisthemas. Nach der slowenischen Regelung bliebe dem Hersteller nur die Möglichkeit zu beweisen, daß das Produkt bei Inverkehrbringen fehlerfrei war. Nach der gemeinschaftsrechtlichen Regelung könnte er auch den Beweis führen, daß der Fehler später entstanden ist.
Der slowenische Gesetzgeber hat durch das Weglassen dieses Halbsatzes hinsichtlich des Beweisthemas eine von der EG-Produkthaftungsrichtlinie abweichende Regelung getroffen.

c. Herstellung nach verbindlichen hoheitlichen Normen

Dieser Haftungsausschlußgrund stimmt mit den Vorgaben in Art. 7 d) EG-Produkthaftungsrichtlinie überein. Unter "zwingenden Normen" sind Normen zu verstehen, die aufgrund eines Hoheitsakts erlassen wurden.[382] Für einen Haftungsausschluß reicht es jedoch nicht aus, daß eine Norm zwar Inhalt eines hoheitlich erlassenen, aber nicht verbindlichen Rechtsakts ist.[383] Vielmehr kann sich der Hersteller nur entlasten, wenn er bei der Herstellung zwingend bestimmte Normen einhalten mußte. Dies ist nicht etwa der Fall, wenn eine staatliche Stelle hoheitlich verbindliche Sicherheitsvorschriften als Mindeststandards erläßt. Es liegt hier nämlich im Ermessen des Herstellers, eine über den Mindeststandard hinaus gehende Produktionsweise zu wählen. Der slowenische Gesetzgeber hat bereits im Gesetzestext klar gestellt, daß eine Haftungsbefreiung nach dieser Vorschrift nur möglich ist, wenn der Hersteller sich bei der Produktion an zwingende Normen halten mußte, ihm eben hinsichtlich der Produktionsweise kein Ermessen eingeräumt war. Denn im Gesetzestext heißt es ausdrücklich "...Normen, denen das Produkt entsprechen muß.....". Durch diese Klarstellung im Gesetz werden Mißverständnisse in der Praxis vermieden. Die Vorschrift des slowenischen Gesetzgebers schafft folglich mehr Klarheit als die Formulierung der EG-Produkthaftungsrichtlinie.[384]
In diesem Punkt erfolgte mithin nicht nur eine richtlinienkonforme Umsetzung, sondern darüber hinaus eine präzisere Regelung des Haftungsausschlußgrundes aus Art. 7 d) EG-Produkthaftungsrichtlinie.

d. Fehlerhaftigkeit des Teilproduktes entsteht erst durch Einarbeitung in das Endprodukt oder Herstellung auf Anleitung

Der Hersteller eines Teilproduktes und der Erzeuger eines Grundstoffes haften nicht, wenn das Teilprodukt oder der Grundstoff nicht fehlerhaft waren, sondern der Fehler erst durch die Herstellung des Endproduktes oder durch die Anleitung des Herstellers entstanden ist.
Es ergibt sich bereits aus Art. 6 VerbrSchG-SI, daß der Hersteller eines Teilproduktes nur haftet, wenn dieses fehlerhaft ist. Die Regelung dieses Haftungsausschlußgrundes hat daher lediglich klarstellende Bedeutung. Die fehlerhafte Konstruktion des Endproduktes kann nicht dem Hersteller des Teilproduktes angelastet werden, da dieser ein fehlerfreies Produkt geliefert hat und die Fehlerhaftigkeit erst durch die Gesamtkonzeption entstan-

[382] Novak-Drol, Zakon o varstvu potrošnikov s komentarjem (Kommentar zum Verbraucherschutzgesetz) , 1998, S. 21.
[383] Taschner, Art. 7, Rdnr. 31.
[384] Dies gilt im übrigen auch für die deutsche Vorschrift. § 1 Abs. 2 Nr. 4 ProdHaftG-D lautet: "wenn der Fehler darauf beruht, daß das Produkt in dem Zeitpunkt, in dem der Hersteller es in den Verkehr brachte, dazu zwingenden Rechtsvorschriften entsprochen hat".

den ist. Dasselbe muß gelten, wenn dem Hersteller des Teilproduktes nicht die Konstruktion seines Teilproduktes obliegt, sondern er dieses ausschließlich nach der Anleitung des Herstellers des Endproduktes anfertigt. Auch in diesem Fall ist das Teilprodukt als solches nicht fehlerhaft. Der Fehler entsteht auch in diesem Fall wiederum erst durch die Herstellung des Endproduktes. Für die Konzeption des Endproduktes ist ausschließlich dessen Hersteller verantwortlich.
Dasselbe gilt nach der slowenischen Regelung für den Erzeuger von Grundstoffen. In Art. 7 f) EG-Produkthaftungsrichtlinie findet der Hersteller eines Grundstoffes keine Erwähnung. Da sich dieser Ausschluß der Haftung auch für den Hersteller eines Grundstoffes bereits aus den allgemeinen Haftungsvoraussetzungen ergibt, führt dieser Unterschied in den Regelungen zu keinem anderen Ergebnis.
Eine richtlinienkonforme Umsetzung ist daher auch bezüglich dieses Punktes zu bejahen.

e. Entwicklungsrisiken

Der slowenische Gesetzgeber hat die Haftung des Herstellers nicht auf Entwicklungsrisiken erweitert.
Die Vorschrift des Art. 10 Punkt 5 VerbrSchG-Sl stimmt fast wörtlich mit den Vorgaben des Gemeinschaftsgesetzgebers in Art. 7 e) EG-Produkthaftungsrichtlinie überein. Der slowenische Gesetzestext enthält lediglich zusätzlich das Wort "weltweit". Hierdurch kommt es jedoch nicht zu einer inhaltlichen Abweichung. Der europäische Gesetzgeber versteht unter dem Begriff "Stand der Wissenschaft und Technik" die Summe an Wissen und Technik, die allgemein anerkannt ist und allgemein zur Verfügung steht. Dabei kommt es nicht ausschließlich auf die wissenschaftliche und technische Sachkunde im eigenen Land an; vielmehr ist gerade auf den weltweiten Kenntnisstand abzustellen. Es ist als vorteilhaft zu bewerten, daß der slowenische Gesetzgeber dies bereits durch die Formulierung des Haftungsausschlußgrundes klarstellt. Auf diese Weise werden etwaige Probleme bei der Anwendung und Auslegung der Vorschrift ausgeschlossen. Der Begriff des "Entwicklungsrisikos" findet sich bisher nicht im slowenischen Recht. Auch insofern ist die präzise Regelung begrüßenswert.

f. Haftungsausschluß aufgrund höherer Gewalt - Art. 7 Abs. 2 VerbrSchG-Sl

Ein weiterer Haftungsausschlußgrund ist in Art. 7 Abs. 2 VerbrSchG-Sl geregelt. Danach haftet der Hersteller nicht, wenn er beweist, daß der Schaden von einer Ursache herrührt, die außerhalb der Sache lag und deren Auswirkung nicht vorhergesehen, vermieden oder abgewendet werden konnte. Der Hersteller haftet nach dieser Vorschrift also nicht für höhere Gewalt.
In dem Text der EG-Produkthaftungsrichtlinie ist dieser Fall nicht ausdrücklich geregelt. Hierzu läßt sich jedoch den Erläuterungen zu dem geänderten Richtlinienvorschlag von 1976[385] folgendes entnehmen: Die Regelung des Haftungsausschlusses im Falle höherer Gewalt wurde als entbehrlich angesehen. Der Hersteller könne bereits nach den Rechten der einzelnen Mitgliedstaaten den Verteidigungsgrund der "höheren Gewalt" gegen einen

[385] Erläuterungen zum Vorschlag einer Richtlinie des Rates zur Angleichung der Rechts- und Verwaltungsvorschriften der Mitgliedstaaten über die Haftung für fehlerhafte Produkte, Beilage 11/1976 zum Bulletin der EG.

Anspruch des Geschädigten geltend machen.[386] In dem Richtlinienvorschlag von 1979[387] finden sich zu diesem Punkt keine Ausführungen, so daß davon auszugehen ist, daß sich die Auffassung des Gemeinschaftsgesetzgebers in diesem Punkt nicht geändert hat. Durch diese Norm wurde folglich kein weiterer Haftungsausschlußgrund eingeführt.
Im übrigen wäre die Rechtslage auch ohne die Normierung des Haftungsausschlußgrundes der höheren Gewalt im Verbraucherschutzgesetz nicht anders gewesen: Denn bereits nach der Regelung des Art. 177 Abs. 1 SchVG haftet der Hersteller eines Produktes nicht im Falle höherer Gewalt.

5. Die Beweislast

Nach Art. 7 Abs. 1 VerbrSchG-Sl hat der Geschädigte den Fehler und den Schaden zu beweisen. Entgegen der Regelung in Art. 4 EG-Produkthaftungsrichtlinie obliegt ihm mithin nicht die Beweislast hinsichtlich des Kausalzusammenhangs zwischen der Fehlerhaftigkeit des Produktes und dem eingetretenen Schaden. Es entspricht der bisherigen Regelung der Herstellerhaftung des slowenischen Zivilrechts, daß die Beweislast bezüglich mangelnder Kausalität dem Schädiger auferlegt ist. Nach Art. 173 SchVG gilt eine Kausalitätsvermutung.[388] Der Geschädigte mußte mithin bereits bei einer Geltendmachung seiner Schadensersatzansprüche auf der Grundlage von Art. 179 SchVG nicht den Nachweis der Kausalität zwischen der Fehlerhaftigkeit des Produktes und dem eingetretenen Schaden führen.
Die Regelung der Beweislast bei der Haftung für fehlerhafte Produkte im slowenischen Verbraucherschutzgesetz ist folglich nicht konform mit den Regelungen der EG-Produkthaftungsrichtlinie. Im Fall eines Beitritts der Republik Slowenien zur Europäischen Union müßte eine Nachbesserung dieser Vorschrift erfolgen: Die Mitgliedstaaten sind an die Regelung hinsichtlich der Beweislast gebunden. Die EG-Produkthaftungsrichtlinie hat in diesem Punkt Sperrwirkung.
Es stellt sich die Frage, inwiefern eine entsprechende Änderung der Produkthaftungsvorschriften des VerbrSchG-Sl mit den allgemeinen Haftungsgrundsätzen des slowenischen Zivilrechts zu vereinbaren wäre. Darüber hinaus ist fraglich, ob auch die Regelung der Herstellerhaftung nach Art. 179 Abs. 1 SchVG in diesem Sinn geändert werden müßte.
Im Falle eines Beitritts der Republik Sloweniens zur Europäischen Union müßte eine Angleichung der slowenischen Vorschriften zur Herstellerhaftung an die EG-Produkthaftungsrichtlinie erfolgen. Daraus ergibt sich unzweifelhaft - wie dargestellt -, daß die Vorschrift zur Beweislast des Verbraucherschutzgesetzes geändert werden müßte.

Aus Art. 13 EG-Produkthaftungsrichtlinie folgt, daß Ansprüche, die ein Geschädigter aufgrund der Vorschriften über die vertragliche und außervertragliche Haftung oder aufgrund einer zum Zeitpunkt der Bekanntgabe der EG-Produkthaftungsrichtlinie bestehenden besonderen Haftungsregelung geltend machen kann, durch die EG-Produkthaftungsrichtlinie nicht berührt werden. Durch diese Vorschrift wird dem Umstand Rechnung getragen, daß durch die EG-Produkthaftungsrichtlinie keine Rechtsvereinheitlichung, sondern nur eine Rechtsangleichung erzielt werden soll.

---

[386] BT-Drucksache 7/5812, S. 9.
[387] Abl. EG Nr. C 271 vom 26.10.1979, S. 3 ff.
[388] Vgl. dazu in diesem Länderteil unter „c. Die Kausalität".

Man könnte auf den Gedanken kommen, daß Art. 179 SchVG eine besondere Haftungsregelung im Sinne des Art. 13 EG-Produkthaftungsrichtlinie darstellt. Art. 179 SchVG regelt die verschuldensunabhängige Haftung des Herstellers für durch fehlerhafte Sachen verursachte Schäden. Ebenso wie das deutsche Gesetz zur Neuordnung des Arzneimittelrechts (AMG) regelt Art. 179 SchVG damit eine besondere Haftung. Gleichwohl ist diese Vorschrift nicht als „bestehende besondere Haftungsregelung" anzusehen. Denn das würde voraussetzen, daß Art. 179 SchVG an dem Tag der Bekanntgabe der EG-Produkthaftungsrichtlinie - dem 30. Juli 1985 – in einem Mitgliedstaat der Europäischen Gemeinschaften bereits bestanden hat.[389] Slowenien ist bis heute nicht Mitglied der Europäischen Gemeinschaften, so daß Art. 179 SchVG sehr wohl durch die EG-Produkthaftungsrichtlinie berührt wird. Aus dem genannten Grund konnte auch das spanische „Allgemeine Gesetz zum Schutz der Konsumenten und Benutzer" nicht als „bestehende besondere Haftungsregelung" angesehen werden.
Das bedeutet gleichzeitig, daß die Beweislastverteilung bei der Kausalität zulasten des Herstellers im Rahmen der Herstellerhaftung nach dem Gesetz über die Schuldverhältnisse nicht zulässig ist.

6. Erlöschen eines Anspruchs

In Art. 9 VerbrSchG-SI wird in Übereinstimmung mit Art. 11 EG-Produkthaftungsrichtlinie festgelegt, daß Ansprüche nach den Vorschriften über die Produkthaftung nach zehn Jahren von dem Tag an, an dem der Hersteller das fehlerhafte Produkt in den Verkehr gebracht hat, erlöschen. Diese Norm regelt entgegen der entsprechenden Vorschrift der EG-Produkthaftungsrichtlinie jedoch nicht, daß der Anspruch mit Ablauf von zehn Jahren nicht erlischt, wenn der Geschädigte vor Ablauf dieser 10-Jahresfrist ein gerichtliches Verfahren gegen den Hersteller eingeleitet hat. Rudolf[390] vertritt die Ansicht, daß der slowenische Gesetzgeber eine gesetzliche Fixierung dieses Punktes für überflüssig erachtet hat, da die Unterbrechung einer Frist durch die Einleitung eines Gerichtsverfahrens bereits aus den allgemeinen Vorschriften über die Verjährung folge.

7. Die Verjährung

Die Verjährung von Ansprüchen nach den Vorschriften über die Produkthaftung wurde im VerbrSchG-SI nicht gesondert normiert. In Art. 9 Abs. 1 VerbrSchG-SI ist das Erlöschen eines Anspruchs geregelt. Zwischen der Verjährung eines Anspruchs und dem Erlöschen eines Anspruchs besteht jedoch ein entscheidender Unterschied: Die Verjährung eines Anspruchs hemmt lediglich seine Durchsetzbarkeit, wohingegen der Anspruch mit Erlöschen nicht mehr besteht. Es erscheint daher fraglich, ob der slowenische Gesetzgeber bezüglich der Verjährung eines Anspruchs nach den Produkthaftungsvorschriften selbstverständlich von einer Anwendung der entsprechenden Verjährungsvorschriften des Gesetzes über die Schuldverhältnisse ausgegangen ist.
Bejaht man dies, ist auf die allgemeine Bestimmungen zur Verjährung in Art. 376 Abs. 1 SchVG zurückzugreifen. Die Zulässigkeit eines Rückgriffs auf die allgemeinen Vorschriften des SchVG ergibt sich aus Art. 4 VerbrSchG-SI. Nach Art. 376 Abs. 1 SchVG verjährt ein Anspruch auf Schadensersatz in drei Jahren ab dem

[389] Taschner, Art. 13, Rdnr. 5.
[390] Rudolf, PHI 1998, S. 206, 216.

Zeitpunkt, an dem der Geschädigte Kenntnis von dem Schaden und der Person des Schädigers erlangt hat.
Nach dem Gesetzeswortlaut könnte der Eindruck entstehen, daß das slowenische Recht für den Verbraucher milder als das europäische Recht ist. Denn nach Art. 10 Abs. 1 EG-Produkthaftungsrichtlinie beginnt die Verjährungsfrist auch bereits ab dem Zeitpunkt zu laufen, ab dem der Kläger von dem Schaden und der Person des Schädigers Kenntnis hätte erlangen müssen. Es kommt nach der europäischen Regelung folglich nicht nur auf die positive Kenntnis an; fahrlässige Unkenntnis genügt auch. Nach ständiger Rechtsprechung[391] reicht jedoch auch nach slowenischem Recht das Kennenmüssen von Schaden und Person des Schädigers aus, um die Frist beginnen zu lassen. Es besteht insofern also eine Übereinstimmung.

8. Die Regelung des Art. 9 Abs. 2 VerbrSchG-Sl

Nicht ganz unproblematisch ist demgegenüber die Vorschrift des Art. 9 Abs. 2 VerbrSchG-Sl. Ist für ein Produkt eine Gebrauchsdauer bestimmt, haftet der Hersteller für den durch ein fehlerhaftes Produkt verursachten Schaden nur, wenn dieser innerhalb der Gebrauchsdauer entstanden ist. Eine entsprechende Regelung findet sich in der EG-Produkthaftungsrichtlinie nicht. Es stellt sich die Frage, ob diese Vorschrift nicht vielmehr im Widerspruch zu Art. 10 EG-Produkthaftungsrichtlinie stehen könnte. Gerade eine zeitliche Begrenzung der Herstellerhaftung erscheint durch Art. 9 Abs. 2 VerbrSchG-Sl möglich. Dies stünde im scharfen Gegensatz zu den Vorgaben des Gemeinschaftsgesetzgebers, da die Haftungsausschlußgründe in Art. 7 EG-Produkthaftungsrichtlinie abschließend aufgeführt sind.
Auch in der slowenischen Rechtsliteratur[392] wird Art. 9 Abs. 2 VerbrSchG-Sl teilweise als Möglichkeit zur Verkürzung der 10-Jahresfrist verstanden und damit als ein zusätzlicher Haftungsausschlußgrund. Den Gesetzesmaterialien läßt sich hierzu nichts entnehmen. Nach der Auffassung von Rudolf[393] ist die Regelung des Art. 9 Abs. 2 VerbrSchG-Sl jedoch nicht in diesem Sinne zu verstehen. Durch Absatz 1 dieser Vorschrift werde bestimmt, daß der Hersteller zehn Jahre ab dem Zeitpunkt des Inverkehrbringens des fehlerhaften Produktes für den innerhalb dieses Zeitraumes verursachten Schaden hafte. Nach Ablauf der zehn Jahre erlischt seine Haftung. Durch Absatz 2 dieser Vorschrift würde klargestellt, daß der Schaden, der durch ein fehlerhaftes Produkt verursacht wurde, welches einer Gebrauchsdauer unterliegt, innerhalb dieser Gebrauchsdauer entstanden sein müsse. Ab dem Zeitpunkt der Schadenentstehung könne der Hersteller für 10 Jahre in Anspruch genommen werden. Aus dem Wortlaut der Vorschrift ergibt sich diese Interpretation nicht. Denn es wird in Absatz 2 kein Zusammenhang zu der 10-Jahrefrist des Absatzes 1 hergestellt. Vielmehr scheint aus der systematischen Stellung des Absatz 2 zu folgen, daß er eine Ausnahme zu der grundsätzlichen Regelung des Absatz 1 darstellt. Die systematische Stellung des Absatz 2 spricht daher eher gegen die Ansicht von Rudolf.[394]

---

[391] Odluka Vrhovnog suda Slovenije II Ips 12/82 (Entscheidung des Obersten Gerichts Sloweniens) vom 18.3.1982.
[392] Novak-Drol, Zakon o varstvu potrošnikov s komentarjem (Kommentar zum Verbraucherschutzgesetz) , 1998, S. 20.
[393] Rudolf, PHI 1998, S. 206, 217.
[394] Dies räumt sie selbst auch ein; a.a.O., S. 216, 217.

Aber selbst wenn man diese Vorschrift im beschriebenen Sinne verstehen würde, ergäbe sich eine Vielzahl von Unklarheiten: Wie wirkt es sich aus, wenn der Schaden nach Ablauf der Gebrauchsdauer eintritt? Oder wenn der Schaden sogar innerhalb der Gebrauchsdauer entstanden ist, sich jedoch erst zu einem späteren Zeitpunkt - nach Ablauf der Frist - auswirkt oder sichtbar wird? Betrüge die Gebrauchsdauer weniger als zehn Jahre, könnte der Geschädigte auch nach der Auffassung von Rudolf Ansprüche nicht mehr geltend machen. Aus dem Wortlaut des Art. 9 Abs. 2 VerbrSchG-SI folgt ein solches Ergebnis ohnehin. Bei einer Gebrauchsdauer, die kürzer als zehn Jahre ist, wäre folglich keine richtlinienkonforme Umsetzung erreicht.
Aufgrund der erheblichen Fülle an neuen Gesetzen, die das slowenische Parlament erläßt, findet sich wenig Literatur zu den einzelnen neuen Gesetzen. Es sind auch noch keine Entscheidungen zu dieser Vorschrift ergangen. Es bleibt daher abzuwarten, wie die slowenischen Gerichte diese Norm verstehen werden. Nach der hier vertretenen Ansicht wäre in diesem Punkt eine Klarstellung dringend angeraten. Im Falle eines Beitritts Sloweniens zu der Europäischen Union müßte ohnehin eine Gesetzesänderung erfolgen, um eine richtlinienkonforme Umsetzung zu erreichen.

9. Der Ausschluß von Freizeichnungsklauseln

Nach Art. 11 VerbrSchG-SI kann die Haftung für einen Schaden nach den Vorschriften über die Produkthaftung des Verbraucherschutzgesetzes durch Vertrag weder beschränkt noch ausgeschlossen werden. Diese Vorschrift stimmt mit Art. 12 EG-Produkthaftungsrichtlinie überein.

10. Die Haftung mehrerer

Die Vorschriften über die Produkthaftung des Verbraucherschutzgesetzes regeln nicht den Fall, daß mehrere Personen für denselben Schaden haften. Das slowenische Gesetz enthält folglich keine dem Art. 5 EG-Produkthaftungsrichtlinie entsprechende Vorschrift, wonach mehrere Ersatzpflichtige gesamtschuldnerisch haften. Es ist daher auf die allgemeinen zivilrechtlichen Regelungen zurückzugreifen.[395] Nach Art. 206 SchVG haften für einen Schaden, den mehrere Personen verursacht haben, alle Beteiligten solidarisch. Grundsätzlich setzt die solidarische Haftung nach dieser Vorschrift voraus, daß der Geschädigte nachweist, daß jeder der Beteiligten den Schaden kausal verursacht hat. Im Rahmen einer Haftung mehrerer Hersteller würde dies bedeuten, daß der durch ein fehlerhaftes Produkt Geschädigte nachweisen müßte, daß die Teilnahme jedes einzelnen an der Produktion beteiligten Herstellers für den Schaden kausal war. Dies widerspräche jedoch der Regelung des Art. 173 SchVG, wonach der Geschädigte gerade nicht den Kausalzusammenhang zwischen der Fehlerhaftigkeit der Sache und dem Schaden nachweisen muß. Es stellt sich die Frage, ob die Beweislastumkehr zu Lasten des Herstellers nicht auch bei einer Schadenverursachung durch mehrere Ersatzpflichtige gelten muß. Aus der gesetzlichen Systematik kann kein anderes Ergebnis folgen. Dies bedeutet, daß etwa auch bei Fehlerhaftigkeit eines Teilproduktes der Kausalzusammenhang zwischen diesem Fehler und dem Schaden vermutet wird.

---

[395] Zum Verhältnis des neuen Verbraucherschutzgesetzes gegenüber den allgemeinen zivilrechtlichen Vorschriften vergleiche in diesem Länderteil unter „1. Der Haftungsgrundsatz gemäß Art. 4 VerbrSchG-SI".

11. Das Mitverschulden des Geschädigten

In den Vorschriften zur Produzentenhaftung des slowenischen Verbraucherschutzgesetzes wird auch nicht geregelt, wie der Hersteller im Falle eines Mitverschulden des Geschädigten haftet. Auch in diesem Punkt sind daher die allgemeinen Vorschriften des Zivilrechts anzuwenden. Nach Art. 192 Abs. 1 SchVG hat ein Geschädigter, der zur Entstehung des Schadens beigetragen hat oder dazu, daß dieser größer geworden ist, als er andernfalls gewesen wäre, nur einen entsprechend geminderten Schadensersatzanspruch. Es steht nach dieser Vorschrift nicht im Ermessen des Richters, im Einzelfall zu entscheiden, ob der Anspruch gegen den Hersteller aufgrund Mitverschuldens des Geschädigten überhaupt gemindert wird. Dies ergibt sich vielmehr bereits aus dem Gesetz selbst. Nach der Regelung in Art. 8 Abs. 2 EG-Produkthaftungsrichtlinie entscheidet demgegenüber allein der Richter über die Haftung des Herstellers sowie die Höhe der Haftung.

Gesamtbewertung der Vorschriften über die Produkthaftung in Polen, Tschechien und Slowenien

Zu einer Angleichung an das europäische Recht haben sich alle drei Staaten im Rahmen von Europa-Abkommen verpflichtet. Damit wurde auch eine Angleichung an das europäische Produkthaftungsrecht erforderlich. Die Tschechische Republik und die Republik Slowenien haben vor diesem Hintergrund bereits 1998 gesetzliche Regelungen zur Haftung des Herstellers für durch fehlerhafte Produkte verursachte Schäden erlassen. Die Republik Polen hat erst am 2. März 2000 ein solches Gesetz verabschiedet.

Dem polnischen, tschechischen und slowenischen Produkthaftungsgesetz ist gemein, daß der Hersteller unabhängig vom einem Verschulden haftet. Die Ausgestaltung der Haftung ist also in allen drei Ländern richtlinienkonform erfolgt.
Bei der Anwendung einer solchen Herstellerhaftung durch die Gerichte der einzelnen Staaten sind jedoch unterschiedliche Schwierigkeiten zu erwarten. Dies liegt vor allem daran, daß sich die Haftungssituation des Herstellers vor Erlaß der neuen Produkthaftungsgesetze in den einzelnen Ländern sehr unterschiedlich dargestellt hat.

Im Vergleich zu Polen und Tschechien wird voraussichtlich die slowenische Rechtspraxis die wenigsten Probleme bei der Umsetzung der neuen Produkthaftungsvorschriften haben.
Slowenien hat als Teilstaat Jugoslawiens seit 1978 die Haftung des Herstellers für fehlerhafte Sachen in einer besonderen Vorschrift geregelt. Bereits diese Haftung war als Gefährdungshaftung ausgestaltet, so daß durch die Umsetzung der EG-Richtlinie in dieser Hinsicht keine Änderung der Rechtslage eingetreten ist. Darüber hinaus entsprach es auch schon vor diesem Zeitpunkt der gängigen Rechtsprechung, den Hersteller verschuldensunabhängig haften zu lassen. Die Gerichte werden daher bei Anwendung der neuen Regelungen des Verbraucherschutzgesetzes keine Schwierigkeiten haben.
Damit stellt sich die Situation in Slowenien anders dar als in Polen und der Tschechischen Republik.

In Polen gab es bis zu diesem Jahr keine gesetzlichen Regelungen zur Produkthaftung. Ein Ausgleich für durch fehlerhafte Produkte verursachte Schäden erfolgte lediglich auf Grundlage der allgemeinen zivilrechtlichen Schadensersatznorm.
Es wird sich jedoch als vorteilhaft erweisen, daß die Rechtsmaterie der Produkthaftung seit langem Gegenstand der Diskussion von Rechtsprechung und Rechtslehre ist. Insbesondere Skapski und Nesterowicz haben einen erheblichen Beitrag in diesem Rechtsbereich geleistet. Seit Ende der Fünfzigerjahre gibt es in Polen Entscheidungen der Obersten Gerichte zur Haftung des Herstellers. In den jüngsten Entscheidungen gehen die Gerichte auf das Erfordernis eines Verschuldens des Herstellers kaum mehr ein. Aus dem Vorliegen eines Fehlers schließen sie vielmehr auf sein Verschulden. Der Hersteller haftete also für ein von ihm geschaffenes Risiko. Unter diesem Aspekt ist zu erwarten, daß die Anwendung eines Gesetzes, in dem die Herstellerhaftung als Gefährdungshaftung

ausgestaltet ist, den polnischen Gerichten keine Schwierigkeiten bereiten wird. Insbesondere vor diesem Hintergrund erstaunt es daher, daß eine Umsetzung der EG-Produkthaftungsrichtlinie erst vergleichsweise spät erfolgte.

Die Haftung des Herstellers war vor Erlaß des neuen Produkthaftungsgesetzes auch im tschechischen Zivilrecht nicht selbständig verankert. Ein Ausgleich für Schäden, die durch fehlerhafte Produkte verursacht wurden, war – ebenso wie in Polen – nur auf Grundlage der allgemeinen zivilrechtlichen Schadensersatznorm möglich. Bei dieser Vorschrift handelt es sich jedoch nicht um einen Gefährdungshaftungstatbestand, sondern um eine reine Verschuldenshaftung. Es gab lediglich eine Beweislastverteilung hinsichtlich des Verschuldens zugunsten des Geschädigten. Insofern bedeutet der Erlaß des Produkthaftungsgesetzes eine erhebliche Änderung der bisherigen Rechtslage. Hinzu kommt, daß die Haftung des Herstellers keine Rechtsmaterie war, die in einem besonderen Interesse der tschechischen Juristen gestanden hätte. Entgegen der polnischen sowie auch der slowenischen Rechtslehre forderte die tschechische Rechtslehre nicht bereits seit langem die Einführung einer vom Verschulden unabhängigen Herstellerhaftung. Es findet sich hierzu auch nur vergleichsweise wenig Rechtsprechung. Insoweit werden eine Vielzahl von Fragen aufgeworfen werden, die sinnvoller Weise im Vorfeld des Erlasses eines solchen Gesetzes diskutiert worden wären.
In der Tschechischen Republik sind daher erheblich mehr Probleme in der Rechtspraxis bei der Umsetzung des neuen Produkthaftungsgesetzes als in Polen und insbesondere in Slowenien zu erwarten.

Die Rechtslage zur Produzentenhaftung vor Erlaß der neuen Produkthaftungsgesetze stellte sich in den einzelnen Ländern folglich sehr unterschiedlich dar. Das ehemalige Jugoslawien hat auch während des Sozialismus die rechtliche Entwicklung im westlichen Ausland verfolgt. Die sozialistische Ideologie hat das jugoslawische Rechtssystem erheblich weniger geprägt, als es in Polen und Tschechien der Fall war. Aus diesen Gründen wird es für Slowenien wesentlich einfacher sein, sein Rechtssystem an das der Europäischen Gemeinschaften anzupassen.

Die neuen Produkthaftungsgesetze

Alle drei Länder haben sich bei Erlaß der Vorschriften zur Produkthaftung maßgeblich an der EG-Produkthaftungsrichtlinie orientiert und zum größten Teil deren Regelungen übernommen. In einzelnen Punkten bestehen jedoch noch Abweichungen, die im Falle eines Beitritts geändert – also angeglichen – werden müßten.

Slowenien hat den Herstellerbegriff entsprechend den Vorgaben des Art. 3 EG-Produkthaftungsrichtlinie umgesetzt. Der polnische Gesetzgeber sollte den Herstellerbegriff dahingehend präzisieren, daß die Qualifikation als Hersteller unabhängig von der Herstellung gefährlicher Produkte ist.
Tschechien hat demgegenüber eine von der gemeinschaftsrechtlichen Vorschrift abweichende Regelung des Herstellerbegriffs getroffen. Im Rahmen des Herstellerbegriffs wurde auf eine Unterscheidung in den Hersteller des Endproduktes, den Hersteller des Teilproduktes sowie den Hersteller des Grundstoffes verzichtet. Gleichwohl ist im Rahmen

der Haftungsausschlußgründe der Fall erwähnt, daß der Hersteller des Teilproduktes nicht haftet, wenn die Fehlerhaftigkeit des Teilproduktes erst durch die Einfügung in das Endprodukt entstanden ist oder durch die Herstellung des Produktes auf Anleitung. Trotz der Nichtnennung des Herstellers eines Teilproduktes im Rahmen des Herstellerbegriffs ist daher davon auszugehen, daß der tschechische Gesetzgeber auch den Hersteller eines Teilproduktes mit in die Herstellerhaftung einbeziehen wollte. Zweifelhaft ist dies jedoch hinsichtlich des Herstellers eines Grundstoffes, da dieser im Gesetz keine Erwähnung findet. Um Unklarheiten zu vermeiden, sollte in diesem Punkt eine Klarstellung erfolgen.

Keine richtlinienkonforme Umsetzung erfolgte außerdem im Hinblick auf den Als-Ob-Hersteller. Nach der tschechischen Norm gilt jeder als Hersteller, der sein Kennzeichen an einem Produkt anbringt. Es kommt nicht darauf an, ob er damit gleichzeitig den Eindruck erweckt, er sei der tatsächliche Hersteller. Auch wenn sich das Kennzeichen ausschließlich auf den Vertrieb des Produktes beschränkt, kann dies Herstellereigenschaft begründen und eine Haftung auslösen. Dies widerspricht den Vorgaben in Art. 3 EG-Produkthaftungsrichtlinie.

In allen drei Ländern wurde die Haftung des Importeurs abweichend geregelt. Die Vorschriften müßten im Falle eines Beitritts dahingehend geändert werden, daß eine Haftung nur bei der Einführung eines Produktes in die Gemeinschaft und nicht auch bei Einführung eines Produktes von einem Mitgliedstaat in einen anderen eine Haftung des Importeurs auslöst.

Es bestehen außerdem Unterschiede zwischen dem Produktbegriff der slowenischen und polnischen Produkthaftungsvorschriften auf der einen sowie des tschechischen Produkthaftungsgesetzes auf der anderen Seite: Der slowenische und der polnische Gesetzgeber haben bereits den geänderten Produktbegriff der EG-Produkthaftungsrichtlinie umgesetzt. Damit haften auch die Hersteller unverarbeiteter landwirtschaftlicher Naturprodukte und Jagderzeugnisse nach den neuen Vorschriften zur Produkthaftung. Für das slowenische Recht bedeutet dies jedoch keine Haftungsverschärfung, da die Hersteller solcher Produkte bereits nach Art. 179 SchVG verschuldensunabhängig haften.
Im Gegensatz dazu hat der tschechische Gesetzgeber den Hersteller unverarbeiteter landwirtschaftlicher Naturprodukte und Jagderzeugnisse von einer Haftung ausgenommen. In diesem Punkt müßte daher eine Angleichung an den im europäischen Recht geänderten Produktbegriff erfolgen.

Bei der Umsetzung des Fehlerbegriffs zeigen sich in den einzelnen Ländern die folgenden Unterschiede: In den polnischen Vorschriften zur Produkthaftung wird nicht auf den Begriff der „Fehlerhaftigkeit", sondern auf den Begriff der „Gefährlichkeit" eines Produktes abgestellt. Dies führt jedoch zu keiner inhaltlichen Abweichung.
Eine inhaltliche Abweichung des polnischen Fehlerbegriffs von den Vorgaben des Gemeinschaftsgesetzgebers entsteht jedoch dadurch, daß bei der Beurteilung der zu erwartenden Sicherheit nicht, wie in Art. 6 Abs. 1 EG-Produkthaftungsrichtlinie vorgesehen, auf die Gesamtumstände abgestellt wird, sondern auf den normalen Gebrauch des Produkts. Der polnische Fehlerbegriff ist damit enger als der europäische. Im Fall eines Beitritts von Polen zu den Europäischen Gemeinschaften müßte in diesem Punkt eine An-

gleichung erfolgen.

Der slowenische Gesetzgeber stellt hinsichtlich der berechtigterweise zu erwartenden Sicherheit auf „den Verbraucher“ ab. Er verwendet also nicht wie der Gemeinschaftsgesetzgeber und auch der tschechische Gesetzgeber den unpersönlichen Begriff „man“. Dadurch wird der Anwendungsbereich des Produkthaftungsgesetzes eingeschränkt.
Im übrigen erfolgte jedoch in beiden Ländern eine richtlinienkonforme Umsetzung des Fehlerbegriffs.
Eine erhebliche Abweichung von den Vorgaben des Gemeinschaftsrechts besteht in der slowenischen Regelung zur Beweislastverteilung. Die slowenische Herstellerhaftung ist – und war dies auch bereits vor Erlaß des neuen Gesetzes – gegenüber der Herstellerhaftung in den übrigen Ländern der Europäischen Union schärfer. Denn nach slowenischem Recht muß der Geschädigte nicht den Kausalzusammenhang zwischen der Fehlerhaftigkeit des Produktes und dem eingetretenen Schaden beweisen. Dieser wird vermutet. Das hat eine zusätzliche – in der EG-Richtlinie nicht vorgesehene – Haftungsverschärfung zur Folge. Müßte Slowenien im Falle eines Beitritts zu der Europäischen Union diese Vorschrift an die europäischen Vorgaben angleichen, könnten sich Schwierigkeiten ergeben. Eine Änderung der Beweislast bezüglich des Kausalzusammenhangs wäre mit der bisher geltenden Regelung des Zivilrechts nicht vereinbar. Die Gerichte müßten von ihrer seit Jahren bestehenden Rechtsprechung abweichen. In diesem Punkt müßte eine Lösung gefunden werden. Aufgrund der positiven Einstellung Sloweniens im Hinblick auf einen Beitritt kann jedoch sicher davon ausgegangen werden, daß sich eine solche finden lassen wird.

Demgegenüber haben Polen und Tschechien die Beweislastverteilung entsprechend den Vorgaben in Art. 4 EG-Produkthaftungsrichtlinie geregelt. Es entspricht den allgemeinen schadensrechtlichen Grundsätzen des polnischen sowie des tschechischen Zivilrechts, daß der Geschädigte die Beweislast hinsichtlich der Kausalität trägt. Anders als in Slowenien bedeutet die Regelung der Beweislast daher keine Änderung der bisherigen Rechtslage. Eine Umsetzung dieser Regelung wird somit nicht zu Schwierigkeiten führen.

Sowohl in Tschechien als auch in Slowenien ist die Höhe der Selbstbeteiligung des Verbrauchers deutlich geringer als es Art. 9 Abs. 1 b) EG-Produkthaftungsrichtlinie vorsieht. Dies erklärt sich mit dem – im Vergleich zu den übrigen Mitgliedstaaten der Union – erheblich geringeren Lebensstandard in den ehemaligen Ostblockstaaten. Im Hinblick auf die wirtschaftliche Situation ist jedoch in beiden Ländern eine positive Entwicklung zu verzeichnen. Insofern ist davon auszugehen, daß in diesem Punkt eine Anpassung an die gemeinschaftsrechtlichen Vorgaben in absehbarer Zeit möglich sein und auch erfolgen wird. Unter den derzeitigen Umständen erscheint eine geringere Selbstbeteiligung jedoch noch sinnvoll.
Polen hat demgegenüber die in der EG-Produkthaftungsrichtlinie vorgesehene Höhe der Selbstbeteiligung von 500 ECU übernommen. Der Grund dafür, daß Polen eine von den übrigen ehemaligen Ostblockstaaten abweichende Regelung getroffen hat, könnte seinen Grund in dem Zeitpunkt des Erlasses des Gesetzes haben. Polen hat fast zwei Jahre später als Tschechien und Slowenien ein Produkthaftungsgesetz erlassen. Die wirtschaftliche Situation des Landes hat sich innerhalb dieser Zeit bereits verbessert. Der Zeitpunkt

des Beitritts rückt zudem näher und eine Angleichung würde ohnehin erforderlich werden. Unter diesen Gesichtspunkten hat Polen wohl schon heute in diesem Punkt eine richtlinienkonforme Regelung getroffen.

In Tschechien wurden die Haftungsausschlußgründe überwiegend entsprechend der Vorgaben in Art. 7 EG-Produkthaftungsrichtlinie geregelt. Eine Abweichung findet sich hinsichtlich des Haftungsausschlußgrundes der Fehlerfreiheit des Produktes zum Zeitpunkt seines Inverkehrbringens: Der tschechische Gesetzgeber hat hier keine Beweiserleichterung zugunsten des Herstellers eingeführt. Auch der polnische Gesetzgeber hat bei der Beweisführung des genannten Haftungsausschlußgrundes nicht nuanciert, sondern die Beweisführungslast vollständig dem Hersteller auferlegt.
Ebenso wie der tschechische und der polnische Gesetzgeber hat auch der slowenische Gesetzgeber die Haftungsausschlußgründe größtenteils richtlinienkonform umgesetzt. Im Unterschied zu den gemeinschaftsrechtlichen Vorgaben kann sich der Hersteller nach der slowenischen Regelung jedoch nicht durch den Nachweis von seiner Haftung befreien, daß der Fehler des Produktes erst nach seinem Inverkehrbringen entstanden ist. Ihm bleibt nur die Möglichkeit zu beweisen, daß das Produkt bei Inverkehrbringen fehlerfrei war. Problematisch ist zudem die Vorschrift des Art.9 Abs. 2 VerbrSchG-Sl, wonach die Haftung des Herstellers für ein fehlerhaftes Produkt ausgeschlossen ist, wenn für das Produkt eine Gebrauchsdauer bestimmt wurde und der Schaden innerhalb dieses Zeitraumes entstanden ist. Der slowenische Gesetzgeber hat diese Regelung wohl in Anlehnung an das amerikanische Recht eingeführt. Der Einfluß des amerikanischen Produkthaftungsrechts auf das Recht des ehemaligen Jugoslawien und damit auch auf das heutige Recht Sloweniens ist insgesamt unverkennbar. Im Hinblick auf einen Beitritt zur Europäischen Union sollte Slowenien sich jedoch in Zukunft in erster Linie an dem europäischen Recht orientieren.
Im Falle eines Beitritts zur Europäischen Union müßte Slowenien diese Vorschriften entsprechend den europarechtlichen Vorgaben ändern.

In allen drei Ländern kann der Geschädigte den Ersatz von immateriellen Schäden verlangen. Dies entspricht den Regelungen in den meisten Mitgliedstaaten der Europäischen Gemeinschaften. Eine Ausnahme bildet hier nur Deutschland.
Für das polnische Recht folgt der Ersatz immaterieller Schäden bereits aus der gesetzessystematischen Stellung – der Eingliederung der Vorschriften zur Produkthaftung in das allgemeine Schadensrecht; die allgemeinen Vorschriften finden immer dann Anwendung, wenn das Produkthaftungsrecht keine speziellen Regelungen enthält.
Sowohl das tschechische als auch das slowenische Produkthaftungsgesetz enthalten eine Verweisung auf die allgemeinen Vorschriften des Zivilgesetzbuch für den Fall, daß keine besondere Regelung getroffen wurde. Dies gilt auch für die Vorschriften über Art und Umfang des Schadensersatz. In Slowenien entspricht es darüber hinaus seit langem gängiger Rechtsprechung der slowenischen bzw. jugoslawischen Gerichte, daß der durch ein fehlerhaftes Produkt Geschädigte Ersatz seiner immateriellen Schäden im Rahmen der verschuldensunabhängigen Herstellerhaftung verlangen kann.

Ergebnis

Polen hat als letztes der drei Länder ein Produkthaftungsgesetz erlassen. Dies lag vor allem an dem starken Widerstand eines großen Teils der polnischen Rechtslehre gegen eine schnelle Angleichung an das europäische Rechtssystem. Vor der Einführung neuer Normen bzw. der Änderung der alten Vorschriften wurde eine umfassende Prüfung hinsichtlich der Vereinbarkeit der beiden Rechtssysteme gefordert. Es ist davon auszugehen, daß dies nach acht Jahren für den Bereich der Produkthaftung erfolgt sein wird.
Die nunmehr verabschiedeten Vorschriften zur Produkthaftung stimmen daher auch im Vergleich zu Tschechien und Slowenien mit den Vorgaben der EG-Produkthaftungsrichtlinie am stärksten überein. Im Fall eines Beitritts von Polen zu den Europäischen Gemeinschaften müßte vor allem der Fehlerbegriff an die europäischen Vorgaben angeglichen werden.

Zu dem tschechischen Produkthaftungsgesetz läßt sich abschließend das Folgende sagen: Es stimmt in weiten Teilen mit der EG-Produkthaftungsrichtlinie überein. Einige Vorschriften wurden lediglich in das Tschechische übersetzt und somit wortgleich übernommen. Es finden sich nur einige Abweichungen, die im Falle eines Beitritts zur Europäischen Union geändert werden müßten.
Neben diesen Abweichungen des tschechischen Produkthaftungsgesetzes von den Vorgaben des Gemeinschaftsgesetzgebers wird sich die Anwendung des neuen Gesetzes in der Rechtspraxis als nicht einfach erweisen. Es könnten bei der Anwendung des tschechischen Produkthaftungsgesetzes hinsichtlich einiger in das tschechische Recht neu eingeführter Regelungen und Begriffe einige Unklarheiten entstehen, wie etwa „...vorwiegend für andere als wirtschaftliche Zwecke bestimmt und verwendet...".

Im Rahmen der Rechtsangleichung ist der Erlaß des Produkthaftungsgesetzes jedoch als ein nicht unerheblicher Schritt zu werten. Die schnelle und in weiten Teilen richtlinienkonforme Umsetzung zeigt das große Interesse der Tschechischen Republik an einer Angleichung seines Rechtssystems und damit an einem Beitritt zu den Europäischen Gemeinschaften.

Slowenien hat mit Erlaß der Vorschriften zur Produkthaftung im neuen Verbraucherschutzgesetz in weiten Teilen die EG-Produkthaftungsrichtlinie umgesetzt. Es wurde eine erhebliche Übereinstimmung mit den Vorgaben des Gemeinschaftsgesetzgebers erreicht. Im Falle eines Beitritts von Slowenien zur Europäischen Union müßte lediglich in den genannten Punkten eine Änderung erfolgen.
Zusammenfassend ist festzustellen, daß Slowenien seit langem das Rechtsinstitut der Herstellerhaftung kennt und in ständiger Rechtsprechung anwendet. Eine Übereinstimmung mit dem Gemeinschaftsrecht ist in diesem Bereich bereits vor Erlaß der EG-Produkthaftungsrichtlinie fast vollständig erzielt worden. Eine völlige Angleichung erscheint in absehbarer Zeit möglich.

In dieser Arbeit wurden die Vorschriften zur Produkthaftung in Polen, Tschechien und Slowenien detailliert aufgezeigt und im Hinblick auf ihre Übereinstimmung mit der EG-Produkthaftungsrichtlinie kritisch analysiert. Insbesondere vor dem Hintergrund der noch vor wenigen Jahren fundamental anderen Rechtssysteme in diesen Ländern ist die erfolgte Anpassung als große Leistung anzuerkennen. Dies stimmt optimistisch hinsichtlich einer vollständigen Angleichung der bestehenden und künftigen Rechtsvorschriften an das Gemeinschaftsrecht.

ANHANG – GESETZESTEXTE

POLEN

Das Zivilgesetzbuch

Art. 361
§ 1 Wer zum Schadensersatz verpflichtet ist, haftet nur für die normalen Folgen der schadensstiftenden Handlung oder Unterlassung.
§ 2 Der Schadensersatz umfaßt mangels abweichender Gesetzesvorschriften oder Vertragsvereinbarungen innerhalb der oben genannten Grenzen die Einbußen, die der Geschädigte erlitten hat, sowie die Vorteile, die er hätte erzielen können, wenn ihm der Schaden nicht entstanden wäre.

Art. 362
Hat der Geschädigte an der Entstehung oder der Vergrößerung des Schadens mitgewirkt, so wird die Schadensersatzpflicht den Umständen und insbesondere dem Grad des Verschuldens beider Seiten entsprechend verringert.

Art. 363
§ 1 Schadensersatz muß nach der Wahl des Geschädigten entweder durch Wiederherstellung des früheren Zustands oder durch Zahlung eines entsprechenden Geldbetrags geleistet werden. Ist die Wiederherstellung des früheren Zustands jedoch unmöglich, oder würde sie für den Verpflichteten übermäßige Schwierigkeiten oder Kosten nach sich ziehen, so beschränkt sich der Anspruch des Geschädigten auf eine Geldleistung.
§ 2 Hat die Schadensersatzleistung in Geld zu erfolgen, so bestimmt sich die Höhe der Entschädigung nach den Preisen bei ihrer Festlegung, es sei denn, daß wegen besonderer Umstände zu einem anderen Zeitpunkt geltende Preise zugrunde zu legen sind.

Art. 415
Wer einem anderen schuldhaft einen Schaden zugefügt hat, ist zum Schadensersatz verpflichtet.

Art. 416
Eine juristische Person ist zum Ersatz des Schadens verpflichtet, den ihr Organ schuldhaft verursacht hat.

Art. 431
§ 1 Wer ein Tier hält oder sich eines Tieres bedient, ist zum Ersatz eines durch dieses verursachten Schadens unabhängig davon verpflichtet, ob er es beaufsichtigt hat, ob es sich verirrt hat oder ob es entlaufen ist, es sei denn, daß weder er, noch ein anderer, für den er haftet, schuldhaft gehandelt haben.
§ 2 Der Geschädigte kann von demjenigen, der ein Tier hält oder sich eines Tieres bedient, den ganzen oder teilweisen Ersatz des Schadens verlangen, auch wenn dieser gemäß den Vorschriften des vorstehenden Paragraphen nicht haftet, wenn die Umstände

und insbesondere ein Vergleich des Vermögensstandes des Geschädigten mit dem des anderen ergeben, daß die Grundsätze des gesellschaftlichen Zusammenlebens dies erfordern.

Art. 435
§ 1 Wer auf eigene Rechnung ein Unternehmen oder einen Betrieb unterhält, das bzw. der mit Hilfe von Naturkräften (Dampf, Gas, Elektrizität, flüssige Brennstoffe u.a.) betrieben wird, haftet für einen Personen- oder Vermögensschaden, der jemandem durch das Unternehmen oder den Betrieb zugefügt wird, es sei denn, daß der Schaden auf höhere Gewalt oder ausschließlich auf das Verschulden des Geschädigten oder eines Dritten, für den der Unternehmer nicht haftet, zurückzuführen ist.
§ 2 Die vorstehende Vorschrift findet auf Unternehmen oder Betriebe entsprechende Anwendung, die Sprengstoffe herstellen oder sich ihrer bedienen.

Art. 436
§ 1 Die im vorstehenden Artikel vorgesehene Haftung trifft auch den Eigenbesitzer eines mechanischen, mit Hilfe von Naturkräften angetriebenen Verkehrsmittels. Hat der Eigenbesitzer das Verkehrsmittel jedoch in abhängigen Besitz gegeben, so haftet der abhängige Besitzer.
§ 2 ....

Art. 437
Die in den zwei vorstehenden Artikeln bestimmte Haftung kann im voraus weder ausgeschlossen noch beschränkt werden.

Art. 439
Derjenige, dem infolge des Verhaltens eines anderen, insbesondere infolge Fehlens gehöriger Aufsicht über den Betrieb eines von diesem geleiteten Unternehmens oder Betriebs oder über den Zustand eines in seinem Besitz befindlichen Gebäudes oder einer in seinem Besitz befindlichen anderen Einrichtung unmittelbar ein Schaden droht, kann verlangen, daß der andere die zur Abwendung der drohenden Gefahr unbedingt erforderlichen Maßnamen ergreift und erforderlichenfalls auch, daß er eine angemessene Sicherheit leistet.

Art. 441
§ 1 Haften mehrere Personen für einen durch eine unerlaubte Handlung verursachten Schaden, so haften sie gesamtschuldnerisch.
§ 2 ....

Art. 444
§ 1 Im Fall einer Körperverletzung oder Gesundheitsbeschädigung umfaßt der Schadensersatz alle aus diesem Anlaß entstehenden Kosten. Auf Verlangen des Geschädigten hat der zum Schadensersatz Verpflichtete im voraus den zur Deckung der Heilungskosten erforderlichen Betrag und, wenn der Geschädigte Invalide geworden ist, auch die für die Vorbereitung auf einen anderen Beruf erforderlichen Kosten zu tragen.
§ 2 Hat der Geschädigte die Fähigkeit zu einer Erwerbstätigkeit ganz oder teilweise ein-

gebüßt, oder haben sich seine Bedürfnisse erhöht oder seine Erfolgsaussichten für die Zukunft verringert, so kann er vom Ersatzpflichtigen eine angemessene Rente verlangen.
§ 3 Läßt sich zum Zeitpunkt der Verkündung des Urteils der Schaden nicht genau feststellen, kann dem Geschädigten eine vorläufige Rente zuerkannt werden.

Art. 445
§ 1 In den im vorstehenden Artikel vorgesehenen Fällen kann das Gericht dem Geschädigten als Wiedergutmachung für das erlittene Unrecht einen angemessenen Geldbetrag zuerkennen.
§ 2 ....
§ 3 Der Anspruch auf Wiedergutmachung geht auf die Erben nur dann über, wenn er schriftlich anerkannt oder wenn zu Lebzeiten des Geschädigten eine Klage erhoben worden ist.

Art. 449[1]
§1 Wer im Rahmen seiner Wirtschaftstätigkeit (Hersteller) ein gefährliches Produkt herstellt, haftet für den bei wem auch immer durch dieses Produkt verursachten Schaden.

§ 2 Unter einem Produkt ist eine bewegliche Sache zu verstehen, auch wenn sie mit einem anderen Sache verbunden ist. Als Produkte gelten auch Tiere und Elektrizität.

§ 3 Als gefährlich gilt ein Produkt, das nicht die Sicherheit bietet, die unter Berücksichtigung eines normalen Gebrauchs des Produkts zu erwarten ist. Darüber, ob ein Produkt gefährlich ist, entscheiden die Umstände zum Zeitpunkt seiner Einführung in den Verkehr, und insbesondere seiner Darstellung auf dem Markt sowie die dem Verbraucher erteilten Informationen über die Eigenschaften des Produkts. Ein Produkt kann nicht nur zu einem Produkt werden, das die Sicherheit nicht gewährleistet, weil später ein ähnliches verbessertes Produkt in den Verkehr gebracht wurde.

Art. 449[2]
§ 1 Der Hersteller haftet für einen Sachschaden nur dann, wenn eine zerstörte oder beschädigte Sache zu den Sachen gehört, die üblicherweise zum privaten Gebrauch bestimmt sind, und der Geschädigte sie vor allem auf diese Weise genutzt hat.

Art. 449[3]
§ 1 Der Hersteller haftet nicht für einen durch ein gefährliches Produkt verursachten Schaden, wenn er das Produkt nicht in den Verkehr gebracht hat, oder wenn das Inverkehrbringen des Produkts außerhalb des Rahmens seiner Wirtschaftstätigkeit erfolgte.

§ 2 Der Hersteller haftet auch dann nicht, wenn die gefährlichen Eigenschaften des Produkts nach dessen Inverkehrbringen bekannt geworden sind, es sei denn, sie sind aus einer Ursache, die vorher im Produkt angelegt war, hervorgegangen. Er haftet auch dann nicht, wenn die gefährlichen Eigenschaften des Produkts unter Berücksichtigung des Standes von Wissenschaft und Technik zum Zeitpunkt des Inverkehrbringens nicht erkennbar waren, oder wenn diese Eigenschaften aus der Anwendung von Rechtsnormen hervorgegangen sind.

Art. 449[4]
Es wird vermutet, daß ein gefährliches Produkt, das einen Schaden verursacht hat, im Rahmen der Wirtschaftstätigkeit des Herstellers hergestellt und in den Verkehr gebracht wurde.

Art. 449[5]
§ 1 Der Hersteller des Materials, des Grundstoffes oder eines Teilproduktes haftet wie der Hersteller, es sei denn, daß ausschließliche Ursache des Schadens eine fehlerhafte Konstruktion des Produktes oder die Anleitungen des Herstellers waren.

§ 2 Wer sich durch das Anbringen seiner Bezeichnung, seines Warenzeichens oder eines anderen Erkennungszeichen auf dem Produkt als Hersteller ausgibt, haftet als Hersteller. Genauso haftet derjenige, der ein Produkt ausländischer Herkunft im Rahmen seiner Wirtschaftstätigkeit in den Inlandsverkehr einführt (Importeur).

§ 3 Der Hersteller und die in den vorangegangenen Paragraphen genannten Personen haften gesamtschuldnerisch.

§ 4 Ist nicht bekannt, wer der Hersteller oder die im § 2 bestimmte Person ist, haftet derjenige, der im Rahmen seiner Wirtschaftstätigkeit das gefährliche Produkt geliefert hat, es sei denn, daß er binnen eines Monats vom Datum der Schadensmitteilung dem Geschädigten die Person und die Anschrift des Herstellers oder der im § 2 Satz 1 bestimmten Person, und im Fall einer Importware, die Person und die Anschrift des Importeurs angibt.

§ 5 Falls der Lieferant des Produktes weder den Hersteller noch die in § 4 bestimmten Personen angeben kann, befreit ihn die Angabe der Person, die ihm das Produkt geliefert hat, von der Haftung.

Art. 449[6]
Haftet für den durch das gefährliche Produkt verursachten Schaden auch ein Dritter, haftet dieser mit den in den vorgenannten Artikeln bestimmten Personen als Gesamtschuldner. Die Vorschriften des Artikels 441 § 2 und 3 Anwendung.

Art. 449[7]
§ 1 Der Ersatz für den Schaden an einer Sache umfaßt nicht den Schaden an dem Produkt selbst sowie den Gewinn, den der Geschädigte bei normaler Verwendung des Produkts hätte erzielen können.

§ 2 Ein Anspruch auf Schadensersatz auf der Grundlage von Artikel 449[1] besteht nicht, wenn der Schaden an einer Sache den Betrag, der dem Gegenwert von 500 ECU entspricht, nicht überschreitet.

Art. 449[8]
Ein Anspruch auf Ersatz des Schadens, der durch ein gefährliches Produkt verursacht wurde, verjährt mit Ablauf von drei Jahren von dem Tag an, an dem der Geschädigte von dem Schaden und von der Identität der zum Ersatz verpflichteten Person Kenntnis erlangt

hat. In jedem Fall verjährt der Anspruch mit Ablauf von zehn Jahren seit das Produkt in den Verkehr gebracht wurde.

Art. 449^{9}
Die Haftung für einen durch ein gefährliches Produkt verursachten Schaden kann weder ausgeschlossen noch beschränkt werden.

Art. 449^{10}
Die Vorschriften über die Haftung für durch fehlerhafte Produkte verursachte Schäden schließen die Schadenshaftung nach den allgemeinen Vorschriften, die Haftung wegen Nicht- oder Schlechterfüllung sowie die Haftung auf Grund der Sachmängelgewährleistung oder der Garantie nicht aus.

Art. 449^{11}
Ein Ausschluß oder eine Beschränkung der Haftung, die in den Vorschriften dieses Titels bestimmt wurde, ist nicht möglich.

Art. 471
Der Schuldner ist zum Ersatz des Schadens verpflichtet, der durch die Nichterfüllung oder durch die Schlechterfüllung des Schuldverhältnisses entstanden ist, es sei denn, daß die Nichterfüllung oder die Schlechterfüllung die Folge von Umständen ist, die der Schuldner nicht zu vertreten hat.

Art. 472
Der Schuldner haftet für die Nichteinhaltung der erforderlichen Sorgfalt, falls sich aus einer besonderen Gesetzesvorschrift oder aus Rechtsgeschäft nichts anderes ergibt.

Art. 556
§ 1 Der Verkäufer haftet dem Käufer, wenn die Kaufsache einen Mangel aufweist, der ihren Wert oder ihre Brauchbarkeit unter Berücksichtigung des Vertragszwecks oder des Zwecks, der sich aus den Umständen oder aus der Zweckbestimmung der Sache ergibt, mindert, wenn der Sache Eigenschaften fehlen, deren Vorhandensein der Verkäufer dem Käufer zugesichert hat, oder wenn er die Sache dem Käufer in unvollständigem Zustand übergeben hat (Gewährleistung für Sachmängel).
§ 2 Der Verkäufer haftet dem Käufer, wenn die Kaufsache Eigentum eines Dritten oder mit dem Recht eines Dritten belastet ist. Beim Verkauf von Rechten haftet der Verkäufer auch für das Bestehen der Rechte (Gewährleistung für Rechtsmängel).

Art. 566
§ 1 Tritt der Käufer aufgrund eines Sachmangels der verkauften Sache vom Vertrag zurück oder verlangt er Minderung des Kaufpreises, so kann er Ersatz des Schadens verlangen, den er infolge des Vorhandenseins des Mangels erlitten hat, es sei denn, daß der Schaden die Folge von Umständen ist, die der Verkäufer nicht zu vertreten hat. In diesem Fall kann der Käufer nur den Ersatz des Schadens verlangen, den er dadurch erlitten hat, daß er den Vertrag in Unkenntnis des Mangels abgeschlossen hat; insbesondere kann er Erstattung der Kosten des Vertragsschlusses, der Abnahme, Beförderung, Verwahrung

und Versicherung der Sache sowie Erstattung vorgenommener Aufwendungen in dem Umfang verlangen, in dem er aus diesen keine Vorteile gezogen hat.

§ 2 ....

TSCHECHISCHE REPUBLIK

1. Das Zivilgesetzbuch

§ 420

(1) Jeder haftet für den Schaden, den er durch Verletzung einer Rechtspflicht verursacht hat.

(2) Ein Schaden wird durch eine juristische oder natürliche Person verursacht, wenn er bei einer Tätigkeit derjenigen verursacht worden ist, derer sie sich bedient hat. Jene haften nach diesem Gesetz nicht persönlich für den auf diese Weise verursachten Schaden; ihre Haftung nach den arbeitsrechtlichen Vorschriften bleibt hiervon unberührt.

(3) Wer beweist, daß er den Schaden nicht schuldhaft verursacht hat, ist von der Haftung befreit.

§ 420a

(1) Jeder haftet für einen Schaden, den er einem anderen durch eine betriebliche Tätigkeit zufügt.

(2) Der Schaden wird durch eine betriebliche Tätigkeit zugefügt, wenn er verursacht ist

a) durch eine Tätigkeit, die einen betrieblichen Charakter hat oder durch eine Sache, die bei dieser Tätigkeit benutzt wird,

b) durch physikalische, chemische oder biologische Einflüsse des Betriebs auf die Umwelt,

c) durch die berechtigte Ausführung oder Sicherung von Arbeiten, durch die einem anderen ein Schaden an einer unbeweglichen Sache zugefügt wird oder durch die ihm die Benutzung einer unbeweglichen Sache erschwert oder unmöglich gemacht worden ist.

(3) Wer einen Schaden verursacht hat, wird von der Haftung befreit, wenn er beweist, daß der Schaden entweder durch ein unabwendbares Ereignis, das seinen Ursprung nicht im Betrieb hat, oder durch eine eigene Handlung des Geschädigten verursacht worden ist.

§ 421

Wer von einem anderen eine Sache angenommen hat, für die er verpflichtet sein soll, haftet für ihre Beschädigung, ihren Verlust oder ihren Untergang, es sei denn, daß ein Schaden auch ohne sein Zutun eingetreten wäre.

§ 421a

(1) Die Haftung tritt auch für einen Schaden ein, der durch Umstände verursacht worden ist, deren Ursprung in der Art des Geräts oder einer anderen Sache liegt, die bei der Erfüllung der Verbindlichkeit benutzt worden sind. Von dieser Haftung kann der Schädiger nicht befreit werden.

(2) Die Haftung gemäß Absatz 1 bezieht sich auch auf gesundheitliche, soziale, tierärztliche und andere biologische Dienstleistungen.

§ 427

(1) Die den Transport betreibenden natürlichen oder juristischen Personen haften für den durch die Eigenart dieses Betriebes hervorgerufenen Schaden.

(2) Ebenso haftet auch derjenige, der ein Motorfahrzeug, ein mit Motor betriebenes Wasserfahrzeug oder ein Flugzeug betreibt.

§ 428
Von der Haftung kann der Betreiber auch dann nicht befreit werden, wenn der Schaden durch betriebsbedingte Umstände verursacht worden ist. Er wird von der Haftung jedoch dann befreit, wenn er nachweist, daß der Schaden selbst bei Aufwendung aller Anstrengungen, die von ihm verlangt werden können, nicht abgewendet werden konnte.

§ 438
(1) Wird der Schaden durch mehrere Schädiger verursacht, haften sie gesamtschuldnerisch.
(2) In begründeten Fällen kann das Gericht entscheiden, daß diejenigen, die den Schaden verursacht haben, im Verhältnis des von ihnen verursachten Schadens haften.

§ 441
Ist der Schaden auch durch das Verschulden des Geschädigten verursacht worden, trägt er den Schaden verhältnismäßig; ist der Schaden ausschließlich durch sein Verschulden verursacht worden, trägt er ihn allein.

§ 442
(1) Ersetzt wird der tatsächliche Schaden und das, was dem Geschädigten entgangen ist (entgangener Gewinn).
(2) Schadensersatz wird in Geld geleistet; der Geschädigte kann die Wiederherstellung des vorherigen Zustands verlangen, wenn dies möglich und zweckmäßig ist.
(3) Ist der Schaden durch eine vorsätzliche Straftat verursacht worden, aus der der Täter einen Vermögensvorteil erlangt hat, kann das Gericht entscheiden, daß der Anspruch auf Schadensersatz aus den Sachen erfüllt werden kann, die er aufgrund des Vermögensvorteils erworben hat, und zwar auch, wenn die Sachen nach den Vorschriften der Zivilprozeßordnung der Zwangsvollstreckung nicht unterliegen. Solange der Anspruch auf Schadensersatz nicht erfüllt wird, darf der Schuldner über die in der Entscheidung bezeichneten Sachen nicht verfügen.

§ 443
Bei der Feststellung der Höhe des Schadens an einer Sache wird von dem Wert zum Zeitpunkt der Beschädigung ausgegangen.

§ 444
Bei einem Gesundheitsschaden werden einmalig die Schmerzen des Geschädigten und die Erschwerung seines gesellschaftlichen Fortkommens entschädigt.

2. Das Produkthaftungsgesetz

§ 1

Kommt es als Folge des Fehlers eines Produktes zu einem Gesundheitsschaden, zur Tötung eines Menschen oder zu einem Schaden an einer anderen Sache als dem fehlerhaften Produkt selbst, die vorwiegend für andere als wirtschaftliche Zwecke bestimmt und verwendet worden ist, haftet der Hersteller dem Geschädigten für den entstandenen Schaden, soweit der Geschädigte den Fehler des Produkts, den entstandenen Schaden und den Kausalzusammenhang zwischen dem Fehler des Produkts und dem Schaden beweist. Der Hersteller kann sich nur nach Maßgabe von § 5 der Haftung freistellen.

§ 2

(1) Als Hersteller im Sinne dieses Gesetzes gilt, wer das Produkt herstellt oder an dem Produkt seinen Namen, seine Marke oder ein anderes zuordnungskräftiges Kennzeichen anbringt.

(2) Weiterhin gilt als Hersteller im Sinne dieses Gesetzes, wer das Produkt zum Zweck des Verkaufs, der Vermietung oder anderer Formen der Nutzung im Rahmen seiner Geschäftstätigkeit einführt; die Haftung des Herstellers gemäß Absatz 1 bleibt hiervon unberührt.

(3) Ist der Hersteller gemäß Absatz 1 nicht bekannt, gilt als Hersteller im Sinne dieses Gesetzes jeder, der das Produkt liefert und nicht innerhalb einer Frist von einem Monat ab Geltendmachung des Anspruchs auf Schadensersatz dem Geschädigten die Identität des Herstellers mitteilt. Das Gleiche gilt im Falle der Einfuhr, soweit der Hersteller gemäß Absatz 2 nicht bekannt ist, selbst wenn der Name des Herstellers gemäß Absatz 1 bekannt ist.

§ 3

(1) Produkt im Sinne diese Gesetzes ist jede Sache, unabhängig vom Grad ihrer Verarbeitung, die hergestellt, zu Tage gefördert oder auf andere Weise gewonnen worden und dazu bestimmt ist, in den Verkehr gebracht zu werden. Produkte sind auch die Teile und das Zubehör beweglicher und unbeweglicher Sachen; als Produkt gilt auch Elektrizität. Nicht als Produkt gelten natürliche Produkte der Land- und Forstwirtschaft sowie Wild, soweit diese noch nicht einer ersten Verarbeitung unterzogen worden sind.

(2) Als erste Verarbeitung gilt eine Verarbeitung, die den Charakter des Produkts verändert oder ihm weitere Stoffe beimengt. Als Verarbeitung gilt darüber hinaus das Verpacken und jede andere Verarbeitung, die industriellen Charakter hat und dem Benutzer die Kontrolle des Produkts erschwert.

§ 4

(1) Das Produkt ist fehlerhaft im Sinne dieses Gesetzes, wenn seine Nutzung aus dem Gesichtspunkt der Sicherheit nicht diejenigen Eigenschaften bietet, die berechtigterweise von ihm erwartet werden können, insbesondere im Hinblick auf

die Informationen über das Produkt, die zusammen mit dem Produkt geliefert worden sind,

den vorausgesetzten Zweck, zu dem das Produkt dienen soll, oder

den Zeitpunkt, zu dem das Produkt in den Verkehr gebracht worden ist.

(2) Ein Produkt gilt nicht schon deshalb als fehlerhaft, weil zu einem späteren Zeitpunkt ein verbessertes Produkt in den Verkehr gebracht worden ist.

§ 5

(1) Der Hersteller haftet nicht, wenn er beweist,

a) daß er das Produkt nicht in den Verkehr gebracht hat,

b) daß der Fehler des Produkts, der den Schaden verursacht hat, zu dem Zeitpunkt, zu dem das Produkt in den Verkehr gebracht worden ist, nicht vorhanden war oder erst später entstanden ist,

c) daß er das Produkt nicht für den Verkauf oder andere Formen der Nutzung für wirtschaftliche Zwecke hergestellt hat, oder daß das Produkt im Rahmen seiner wirtschaftlichen Tätigkeit weder hergestellt noch vertrieben worden ist,

d) daß der Fehler des Produkts die Folge oder Erfüllung von Rechtsnormen ist oder

e) der Stand von Wissenschaft und Technik zu dem Zeitpunkt, zu dem das Produkt in den Verkehr gebracht worden ist, es nicht ermöglicht hat, den Fehler festzustellen.

(2) Der Hersteller von Teilprodukten haftet nicht, wenn er nachweist, daß der Fehler durch die Konstruktion des Produkts, in das das Teilprodukt eingearbeitet worden ist, oder durch die Gebrauchsanweisung verursacht worden ist.

§ 6

Im Fall einer Sachbeschädigung haftet der Hersteller für den entstandenen Schaden, soweit dieser Kc 5.000 übersteigt.

§ 7

(1) Ist der Schaden durch den Fehler des Produkts und gleichzeitig durch das Handeln oder Unterlassen eines Dritten entstanden, haftet der Hersteller in vollem Umfang für den Schaden.

(2) Der Hersteller kann jedoch gegenüber dem Dritten als Folge von dessen Handeln oder Unterlassen, das zu der Entstehung des Schadens beigetragen hat, Regreßansprüche geltend machen.

§ 8

Die Pflicht des Herstellers, den durch den Fehler seines Produkts entstandenen Schaden nach Maßgabe dieses Gesetzes zu ersetzen, kann nicht vorher durch einseitige Erklärung oder Vereinbarung ausgeschlossen oder beschränkt werden. Vereinbarungen, die einen derartigen Ausschluß oder eine derartige Beschränkung ermöglichen, sind von Anfang an unwirksam.

§ 9

(1) Das Recht auf Schadensersatz nach Maßgabe dieses Gesetzes verjährt in drei Jahren ab dem Tag, an dem der Geschädigte von dem Schaden, dem Fehler des Produkts und der Person, die dafür haftet, Kenntnis erlangt hat oder hätte Kenntnis erlangt haben können.

(2) Der Anspruch auf Schadensersatz nach Maßgabe dieses Gesetzes verjährt spätestens nach zehn Jahren ab dem Tag, an dem der Hersteller das Produkt, das den Schaden verursacht hat, in den Verkehr gebracht hat; hat der Hersteller jedoch eine längere

Garantiefrist bestimmt oder verbindlich empfohlen, nach Ablauf dieser Garantiefrist.

§ 10

Soweit in diesem Gesetz nichts anderes bestimmt ist, sind die Bestimmungen des Bürgerlichen Gesetzbuchs anwendbar.

§ 11

Dieses Gesetz bezieht sich nicht auf Schäden, die durch die Nutzung von Kernenergie verursacht worden sind und die durch ein besonderes Gesetz geregelt werden, sowie auf die Haftung für Schäden, die durch den Fehler von Produkten verursacht worden sind, die vor dem Inkrafttreten des Gesetzes in den Verkehr gebracht worden sind.

§ 12

Dieses Gesetz tritt am ersten Tag des dritten Kalendermonats nach dem Tag seiner Verkündung in Kraft.

SLOWENIEN

1. Das Gesetz über die Schuldverhältnisse

Art. 154
(1) Wer einem anderen einen Schaden zufügt, ist zum Ersatz verpflichtet, sofern er nicht nachweist, daß der Schaden ohne sein Verschulden entstanden ist.
(2) Ist der Schaden auf eine Sache oder Tätigkeit, von denen eine erhöhte Gefahr für die Umwelt ausgeht, zurückzuführen, so wird ohne Rücksicht auf Verschulden gehaftet.
(3) Für einen Schaden wird auch in anderen gesetzlich vorgesehenen Fällen ohne Rücksicht auf Verschulden gehaftet.

Art. 155
Ein Schaden ist die Verminderung gesellschaftlicher Mittel bzw. jemandes Vermögen (gewöhnlicher Schaden) und die Verhinderung dessen Vergrößerung (entgangener Gewinn) sowie die Zufügung eines psychischen oder physischen Schmerzes oder Angst (immaterieller Schaden).

Art. 173
Ein Schaden, der im Zusammenhang mit einer gefährlichen Sache bzw. mit einer gefährlichen Tätigkeit entstanden ist, wird so betrachtet, als rühre er von dieser Sache bzw. Tätigkeit her, es sei denn, daß diese nachweislich nicht die Ursache des Schadens gewesen ist.

Art. 177
(1) Der Inhaber ist von seiner Haftung befreit, wenn er nachweist, daß der Schaden von einer Ursache herrührt, die außerhalb der Sache liegt und deren Wirkung nicht vorhergesehen, vermieden oder abgewendet werden konnte.
(2) Der Inhaber einer Sache ist von der Haftung auch dann befreit, wenn er nachweist, daß der Schaden ausschließlich durch ein Verhalten des Geschädigten oder eines Dritten entstanden ist, das er nicht vorhersehen und deren Folgen er nicht vermeiden oder abwenden konnte.
(3) Der Inhaber ist von seiner Haftung teilweise befreit, wenn der Geschädigte das Entstehen des Schadens teilweise verschuldet hat.
(4) Hat ein Dritter das Entstehen des Schadens teilweise verschuldet, so haftet dieser dem Geschädigten mit dem Inhaber der Sache solidarisch, wobei er verpflichtet ist, im Verhältnis zur Schwere seines Verschulden Ersatz zu leisten.
(5) Eine Person, deren sich der Inhaber beim Gebrauch der Sache bedient, gilt nicht als dritte Person.

Art. 179
(1) Wer eine von ihm hergestellte Sache in den Verkehr bringt, die wegen eines ihm nicht bekannten Fehlers die Gefahr eines Schadens für Personen oder Sachen darstellt, haftet für den Schaden, der durch diesen Fehler entstanden ist.
(2) Der Hersteller haftet auch für die gefährlichen Eigenschaften einer Sache, wenn er nicht alles Notwendige unternommen hat, um den Schaden, den er voraussehen konnte,

durch Wahrung, sichere Verpackung oder andere entsprechende Maßnahmen zu verhindern.

Art. 192
(1) Hat der Geschädigte dazu beigetragen, daß der Schaden entsteht oder daß er größer ist als er sonst gewesen wäre, hat er nur einen entsprechend geringeren Ersatzanspruch.
(2) Ist es unmöglich festzustellen, welcher Teil des Schadens auf die Handlung des Geschädigten zurückgeht, spricht das Gericht Ersatz unter Berücksichtigung der Umstände des Einzelfalles zu.

2. Das Verbraucherschutzgesetz

I. Allgemeine Bestimmungen
Art. 1
(1) Dieses Gesetz regelt die Rechte des Verbrauchers beim Anbieten, Verkauf und bei anderen Formen der Vermarktung von Waren und Dienstleistungen durch Unternehmen und bestimmt die Pflichten der Staatsorgane und anderer Subjekte, diese Rechte sicherzustellen.
(2) Verbraucher ist nach diesem Gesetz eine natürliche Person, die Waren oder Dienstleistungen hauptsächlich für den privaten Gebrauch oder den Gebrauch in ihrem Haushalt erwirbt oder in Anspruch nimmt.
(3) Unternehmen ist nach diesem Gesetz eine juristische oder natürliche Person, die eine Erwerbstätigkeit auf dem Markt ausübt, ohne Rücksicht auf ihre Rechtsform oder ihre Eigentumsverhältnisse.
(4) Die Pflichten, die ein Unternehmen nach diesem Gesetz hat, beziehen sich auch auf Anstalten oder andere Organisationen bzw. andere natürliche Personen, die Waren oder Dienstleistungen für Konsumenten liefern bzw. erbringen.
(5) Hersteller ist nach diesem Gesetz ein Unternehmen, das End- oder Teilprodukte erzeugt oder Grundstoffe gewinnt oder eine Person, die sich mit ihrer Firma, ihrem Warenzeichen oder einem anderen Erkennungszeichen auf dem Produkt als sein Hersteller ausgibt. Als Hersteller gilt auch der Importeur des Produktes.
(6) Die Rechte, die dem Konsumenten nach diesem Gesetz zustehen, beeinträchtigen nicht seine Rechte, die er nach den allgemeinen Bestimmungen über die Schuldverhältnisse hat.
(....)

II. Produkthaftung
Art. 4
(1) In Übereinstimmung mit den allgemeinen Vorschriften über die Haftung für den Schaden und die Haftung des Herstellers einer fehlerhaften Sache ist der Hersteller eines Produkts verpflichtet, den entstandenen Schaden zu ersetzen, wenn das fehlerhafte Produkt den Tod, eine Körperverletzung oder Gesundheitsbeschädigung eines Menschen verursacht, oder wenn wegen eines fehlerhaften Produktes ein Schaden an einer anderen Sache entsteht.
(2) Der Hersteller ist verpflichtet, den Schaden an einer anderen Sache zu ersetzen, wenn er den Wert von 10.000,- Tolar übersteigt, jedoch nur dann, wenn die beschädigte Sache gewöhnlich für den privaten Gebrauch bestimmt ist, und die der Geschädigte ü-

berwiegend für den privaten Gebrauch verwendet hat.
(3) Kann der Hersteller oder Importeur eines Produktes nicht festgestellt werden, gilt jeder Lieferant des Produktes als Hersteller, es sei denn, er teilt dem Geschädigten innerhalb einer angemessenen Frist mit, wer der Hersteller bzw. Importeur ist, oder welche Person ihm das Produkt geliefert hat.

Art. 5
Produkt i.S. dieses Kapitels ist jede bewegliche Sache, auch wenn sie Teil einer anderen beweglichen Sache ist oder mit einer unbeweglichen Sache verbunden ist, einschließlich Elektrizität.

Art. 6
(1) Ein Produkt ist fehlerhaft, wenn es nicht die Sicherheit bietet, die ein Konsument zu erwarten berechtigt ist. Bei der Beurteilung, welche Sicherheit ein Konsument zu erwarten berechtigt ist, sind insbesondere zu berücksichtigen:
die Darbietung des Produktes im Hinblick auf seine Verwendungsbestimmung,
der vorhersehbare Gebrauch des Produktes mit dem billigerweise gerechnet werden kann,
der Zeitpunkt, zu dem das Produkt in den Verkehr gebracht worden ist.

(2) Ein Produkt gilt nicht allein deshalb als fehlerhaft, weil später ein verbessertes Produkt in den Verkehr gebracht worden ist.

Art. 7
(1) Der Geschädigte hat den Fehler und den Schaden zu beweisen.
(2) Der Hersteller haftet nicht, wenn er beweist, daß der Schaden von einer Ursache herrührt, die außerhalb der Sache lag und deren Wirkung nicht vorhergesehen, vermieden oder abgewendet werden konnte.

Art. 8
Das Produkt ist zu dem Zeitpunkt in den Verkehr gebracht, zu dem es der Hersteller, gleich aufgrund welchen Titels, zur Verfügung gestellt oder zum Gebrauch überlassen bzw. versendet hat.

Art. 9
(1) Der Hersteller haftet für den durch ein fehlerhaftes Produkt verursachten Schaden zehn Jahre ab dem Tag, an dem er dieses Produkt in den Verkehr gebracht hat.
(2) Ist für das Produkt eine Gebrauchsdauer bestimmt, haftet der Hersteller für den durch ein fehlerhaftes Produkt verursachten Schaden nur, wenn er innerhalb dieser Frist entstanden ist.

Art. 10
Der Hersteller haftet nicht für den Schaden, wenn er beweist, daß:
er das Produkt nicht in den Verkehr gebracht hat;
aus den Umständen folgt, daß der den Schaden verursachenden Fehler zu dem Zeitpunkt, zu dem er das Produkt in den Verkehr gebracht hat, wahrscheinlich nicht vorlag;

der Fehler darauf zurückzuführen ist, daß er zwingende Normen, denen das Produkt entsprechen muß, eingehalten hat;
er nur ein Teilprodukt des Produkts hergestellt bzw. einen Grund- oder Zusatzstoff oder Additive gewonnen hat, und der Fehler durch die Konstruktion des Produkts, in welches das Teilprodukt eingearbeitet worden ist bzw. für das der Grund- oder Zusatzstoff bzw. das Additiv verwendet worden ist, oder der Fehler durch die Anleitung des Herstellers dieses Produktes verursacht worden ist;
der weltweite Stand von Wissenschaft und Technik zu dem Zeitpunkt, zu dem er das Produkt in den Verkehr gebracht hat, nicht derart war, daß es möglich gewesen wäre, den Fehler am Produkt zu entdecken (z.B. mit bekannten Methoden und Analysen).

Art. 11
Die Haftung für den Schaden nach diesem Kapitel kann durch Vertrag weder beschränkt noch ausgeschlossen werden.

Literaturverzeichnis

Alexiev, E.
et altri
Consumer Protection in Bulgaria, Czech Republic, Estonia, Hungary, Latvia, Lithuania and Romania
in: Consumer Institutions and Consumer Policy Programm (CICPP)
European Union 1996

Bar, Christian von
Deliktsrecht in Europa
Landesbericht Polen
Deliktsrecht in Europa
Landesbericht Jugoslawien
Köln 1993

Bar, Christian von
Vereinheitlichung und Angleichung von Deliktsrecht in der Europäischen Union
in: ZfRV 1994, 221 ff.

Bassenge, Peter
et altri
Palandt Bürgerliches Gesetzbuch
59. Auflage
München 2000

Bieniek, Gerard
Ciepla, Helena
Dmowski, Stanisław
et altri
Komentarz
Do Kodeksu Cywilnego
(Kommentar zum Zivilgesetzbuch)
Band 2
Warschau 1996

Bohata, Peter
Die Tschechische Republik und die Slowakische Republik fünf Jahre nach der Revolution
in: JOR 1995, 235 ff.

Bohata, Peter
Gesetzgebungsprogramm der tschechischen Regierung - Osteuropa-Report
in: WIRO 1999, 70.

Bohata, Peter	Tschechoslowakische Justiz im Umbruch in: JOR 1992, 35 ff.
Bohata, Peter	Zeitplan für die EU-Beitrittsverhandlungen mit Tschechien in: WIRO 1998, 151.
Borić, Tomislav	Grundzüge der Produzentenhaftung in Jugoslawien in: PHI 1990, 172 ff.
Breidenbach, Stephan	Handbuch Wirtschaft und Recht in Osteuropa Band 1 Ergänzungslieferung 22, Juli 1998 München
Breidenbach, Stephan	Handbuch Wirtschaft und Recht in Osteuropa Band 2 Ergänzungslieferung 22, Juli 1998 München
Brodecki, Zdzisław	Die Geburt des polnischen Atomrechts in: Osteuropa-Recht 1988, 108 ff.
Bureš, Jaroslav Drápal, Ljubomir Mazanec, Michael	Občanský soudní řád (Zivilprozeßordnung) 2. Auflage Prag 1997
Cigoj, Stojan	Odgovornost proizvajalca za škodo po produktu (Die Haftung des Herstellers von Produkten) Ljubljana 1977
Cigoj, Stojan	Produzentenhaftung im jugoslawischen Recht in: ROW 1988, 280 ff.
Czachórski, W.	System prawa cywilnego (Systemumriß des Zivilrechts) Prawo zobowiązań (Das Recht der Schuldverhältnisse) Część ogólna (Allgemeiner Teil) Band 3, Teil 1 Warschau 1981

Deutsch, Erwin	Über die Zukunft des Schmerzensgeldes in: ZRP 1998, 291 ff.
Dvořák, Jan Kraft, Rainer Maria	Grundzüge der Produkthaftung in der ČSFR in: PHI 1991, 102 ff.
Garlicki, S.	Anmerkungen zum Urteil des Obersten Gerichts vom 28.4.1964, II CR 540/63 in: OSPIKA 1965, Heft 9, Nr. 198
Giese, E. Linsmeier P. Neupert, M. Vondrichová, E.	Tschechische Republik: Kaufrechtsregeln im tschechischen BGB (§§ 588-627) In: WIRO 1994, 393 ff.
Glatz, Walburga	Die Novellierung des polnischen Zivilgesetzbuches in: ROW 1993, 44 ff.
Gliha, Igor	Überblick der Gesetzgebung Kroatiens im Bereich des Schuld-, Sachen- und Erbrechts in: ZfRV 1993, 116 ff.
Gnela, Bogusława	Odpowiedzialność za produkt (Die Haftung für Produkte) 1. Ausgabe Kraków 1998
Gralla, Erhardt	Polen - Die Rechtsentwicklung 1990 in: Jahrbuch für Ostrecht 1991, 96 ff.
Gralla, Erhardt	Polen: Kauf und Eigentumsübertragung im polnischen Zivilgesetzbuch in: WiRO 1995, 59 ff.
Herman, S.	Odpowiedzialność producenta (Die Haftung des Herstellers) in: Palestra 1971, Heft 3, S. 15 ff.

Hernfeld, Hans-Holger	Recht europäisch Rechtsreform und Rechtsangleichung in den Visegrád-Staaten Gütersloh 1995
Hohloch, Gerhard	Produkthaftung in Europa in: ZEuP 1994, 409 ff.
Hohloch, Gerhard	Rechtsangleichung und Subsidiaritätsprinzip Anmerkungen zur Vereinheitlichung und zum Kollisionsrecht der Produkthaftung in Europa in: Rozprawy z polskiego i europejskiego prawa prywatnego (Abhandlung zum polnischen und europäischen Privatrecht) 1994, S. 105 ff.
Hollmann, Hermann	Die EG-Produkthaftungsrichtlinie I in: DB 1985, 2389
Holub, Milan Fiala, Josef Bicovský, Jaroslav	Občanský Zákoník (Bürgerliches Gesetzbuch) Komentar (Kommentar) 6. Auflage Prag 1998
Jäger, Jiří	Das Anspruchssystem der Gewährleistung im Falle mangelhafter Vertragsleistung im deutschen, österreichischen und tschechischen Recht in: Osteuropa Recht 1996, Seite 195 ff. 42. Jahrgang, Heft 3, September 1996
Jagielska, Monika	Odpowiedzialność za produkt w prawie polskim - uwagi de lege ferenda (Produkthaftung im polnischen Recht - Anmerkungen de lege ferenda) in: Rejent Nr. 9, 1995, 179 ff.
Janik, Andrzej	Grundzüge der Produkthaftung im polnischen Recht in: PHI 1988, 96 ff.

Jara, Zbigniew	Polen: Die besonderen Bedingungen für den Abschluß und die Erfüllung von Kaufverträgen über bewegliche Sachen unter Beteiligung von Verbrauchern in: WiRO 1996, 258 ff.
Jehlička, Oldřich Švestka, Jiři	Občanský zákoník Komentář (Kommentar zum Bürgerlichen Gesetzbuch) 3. Auflage Prag 1996
Jelčić, M.	Odgovornost proizvodaca stvari s nedostatkom (Die Haftung des Herstellers für fehlerhafte Sachen) in: Naša Zakonitost 1987, 1170 ff.
Kanda, Anton	Zur Rekodifizierung des tschechischen Privatrechts in: WIRO 1997, 441 ff.
Kern, Bernd-Rüdiger	Die Genugtuungsfunktion des Schmerzensgeldes – ein pönales Element im Schadensrecht? in: AcP 191 (1991), 247 ff.
Knappová, Marta Švestka, Jiří	Občanské pravo - Hmotne (Materielles Zivilrecht) Band 2 2. Auflage Prag 1998
Krčmář, Jan	Pravo občanské (Zivilrecht) Band 3 Prag 1947
Kufel, Jan Siuda, Wojciech	Cywilnoprawne Instrumenty Ochrony Indywidualnego Nabywcy (Die zivilrechtlichen Instrumente zum Schutz des individuellen Verkäufers) in: Nowe Prawo 1978, Heft 5, S. 711 ff.

Kuss, Klaus-Jürgen
Wirtschaftsrecht und Rechtsschutz in Ostmitteleuropa Polen, Tschechoslowakei, Ungarn - in: RIW Beilage 3 zu Heft 11/1991, 13 ff.

Langner, Sören D. A.
Der Fehlerbegriff bei der Sachmängelhaftung von Computersoftware im deutschen und tschechischen Recht in: WIRO 1998, 372 ff.

Łętowska, Ewa
Die Zielsetzungen bei der Novellierung des polnischen Zivilgesetzbuches in: JOR 1987, 315 ff.

Łętowska, Ewa
Uwagi na Niebezpieczne produkty (Anmerkungen zu gefährlichen Produkten) in: Prawo co dnia, vom 18. Februar 1998

Łętowska, Ewa
Ustawa o ochronie niektórych praw kosumentów Komentarz (Kommentar zum Gesetz über den Schutz einiger Verbraucherrechte) 1. Auflage Warschau 2000

Macur, Josef
Odpovědnost a zavinění v občanském pravu (Die Haftung und das Verschulden im Zivilrecht) Brünn 1980

Mokrý, Antonín
Recht und Rechtspflege in der Tschechischen Republik in: JOR 1995, 59 ff.

Molitoris, Michael
Weigl, Bernhard
Produkthaftung in der Tschechischen Republik in: PHI 1999, 22 ff.

Mrázek, Josef
Odpovědnost za škodu zpusobenou závadným výrobkem podle direktivy rady evropských společenství c. 85/374/EHS (Die Haftung für einen Schaden, der durch ein mangelhaftes Produkt verursacht wurde entsprechend der Richtlinie des Rates der Europäischen Gemeinschaften) in: Pravnik 1998, 183 ff.

Müller-Graff, Peter-Christian	East Central European States and the European Communities: Legal Adaption to the Market Economy 1. Auflage Baden-Baden 1993
Němec, Jiří	Die Neuregelung der Schiedsgerichtsbarkeit in der Tschechischen Republik von 1994 in: Monatsheft für osteuropäisches Recht 1995, 227 ff.
Nesterowicz, Mirosław	Anmerkung zum Urteil des Obersten Gerichts vom 26. März 1984, II CR 57/84 in: Nowe Prawo 1985, Heft 4, S. 94 ff.
Nesterowicz, Mirosław	Anmerkung zum Urteil des Obersten Gerichts vom 11. Mai 1983, IV CR 118/83 in: Nowe Prawo 1984, Heft 7-8, S. 185 ff.
Nesterowicz, Mirosław	Anmerkung zum Urteil des Obersten Gerichts vom 6. August 1981, I CR 219/81 in: OSPIKA 1983, Heft 2, Nr. 23
Nesterowicz, Mirosław	Anmerkung zum Urteil des Obersten Gerichts vom 21. November 1980, III CZP 50/80 in: Nowe Prawo 1982, Heft 11-12, S. 211 ff.
Nesterowicz, Mirosław	Odpowiedzialnosc za produkt (Produkthaftung) in: Kwartalnik Prawa Prywatnego II, 1993, Heft 4, S. 475 ff.
Nesterowicz, Mirosław	Ochrona prawna nabywcy pojazdu mechanicznego z wadami (Rechtsschutz des Käufers eines Fahrzeugs mit Mängeln) Warschau 1988
Nesterowicz, Mirosław	Protection Juridique De L'Acheteur Dans Le Droit Polonais (Rechtsschutz des Käufers im polnischen Recht) in: Cencenario del Codigo Civil Sonderdruck Universidad Popular Pinoso, Alicante 1989

Novak-Drol, A. | Zakon o varstvu potrošnikov s komentarjem (Kommentar zum Verbraucherschutzgesetz) Ljubljana 1998

Ohanowicz, A. | Anmerkungen zum Urteil des Obersten Gerichts vom 21.1.1965, III PR 65/64 in: OSPIKA 1967, Heft 1, Nr. 11.

Pazdan, Maksymilian | Zur Änderung des polnischen Zivilgesetzbuches in: Osteuropa Recht, 37. Jahrgang, Heft 1 März 1991, Seite 15 ff.

Petrzykowski, Krzysztof | Kodeks Cywilny, Kommentarz (Kommentar zum Zivilgesetzbuch) Band 1 Warschau 1997

Pintarič, Tomislav | Rechtsentwicklung Slowenien in: Jahrbuch für Ostrecht 1995, 125 ff.

Posch, Willibald | Neue Produkthaftungsgesetze in Frankreich und der Tschechischen Republik in: ZfRV 1998, 238 ff.

Povh, Zofija | Gesetz über die Schuldverhältnisse (Obligationenverhältnisse) in: Jahrbuch für Ostrecht 1988, 291 ff.

Pyrzyńska, Agnieszka | Odpowiedzialność za produkt w orzecznictwie sądów polskich (Die Haftung für Produkte in der Rechtsprechung der polnischen Gerichte) in: Monitor Prawnyczy 1996, Ausgabe 8, S. 276 ff.

Raban, Přemysl | Schiedsgerichtsverfahren in Tschechien und der in der Slowakei in: WIRO 2000, 92 ff.

Radišić, Jakov | Garancija za trajan kvalitet i odgovornost za štetu od stvari sa nedostatkom (Garantie für dauerhafte Qualität und die Schadenshaftung für fehlerhafte Sachen) Belgrad 1972

Radwański, Zbigniew — Zobowiaząnia (Schuldverhältnisse)
- część ogolna (Allgemeiner Teil)
2. Auflage
Warschau 1997

Radwański, Zbigniew
Panowicz, Janina — Zobowiązania (Schuldverhältnisse)
- część szczegółowa (Besonderer Teil)
1. Auflage
Warschau 1996

Rebmann, Kurt
Säcker, Franz Jürgen — Münchener Kommentar
zum Bürgerlichen Gesetzbuch
Band 5
Schuldrecht Besonderer Teil III, §§ 705-853
3. Auflage
München 1997

Rehbinder, Manfred
Włodyka, Stanisław — Die zivilrechtliche Haftung für mangelhafte Waren
Bielefeld 1982

Rembielinski, A.
Pryca, C. — Odpowiedzialność deliktowa za wady towaru
na tle innych sródkow ochrony nabywcy
(Die deliktische Haftung für Schäden an Sachen vor dem Hintergrund anderer Mittel zum Schutz des Verbrauchers)
in: Studio Prawo-Ekonomiczne 1983, t. 3, 86 ff.

Röhl, Klaus F. — Fehler in Druckwerken
in: JZ 1979, 369 ff.

Rudolf, Claudia — Produkthaftung in Slowenien
in: PHI 1998, 206 ff.

Rynkowski, Michał
Soja, Marcin — Die zivilrechtlichen Aspekte der neuen polnischen Verfassung vom 2. April 1997
in: ROW 1998, 235 ff.

Säcker, Franz-Jürgen
Seiffert, Wolfgang
Wolfrum, Rüdiger
Albrecht, Christian

Wirtschafts- und Gesellschaftsrecht
Osteuropas im Zeichen des Übergangs
zur Marktwirtschaft
München 1992

Schlechtriem, Peter

Privatrecht und Wirtschaftsverfassung
Baden-Baden 1994

Schmidt-Salzer, Joachim
Hollmann, Hermann

Kommentar
EG-Richtlinie Produkthaftung
Band 1
2. Auflage
Heidelberg 1988

Schulze, Ulrich

Die Einführung der Wirtschaftsgerichte in
Polen vor dem Hintergrund der Entwicklung der
osteuropäischen Arbitragesysteme
in: Monatsheft für osteuropäisches Recht
1989, 283 ff.

Skąpski, Josef

System prawa cywilnego
(Systemumriß des Zivilrechts)
Prawo zobowiązan (Das Recht der Schuldverhält-
nisse) Część szczegółowa (Besonderer Teil)
Band 3, Teil 2
Warschau 1976

Skąpski, Josef

Uwagi do projektu zmian w kodeksie cywilnym
wniesionego przez rząd do Sejmu w 1992 r.
Überlegungen zu dem von der Regierung im Sejm
1992 eingebrachten Entwurf der Änderungen zum
Bürgerlichen Gesetzbuch
in: Kwartalnik Prawa Prywatnego 1993, R.II, z. 1,
80 ff.

Švestka, Jiří

Nad úpravou opvědnosti za vady v občanském
zákoníku (Zur Regelung der Schadenshaftung im
Bürgerlichen Gesetzbuch)
in: Všehrd 1993, Nr. 10, 4 ff.

Taschner, Hans Claudius — Internationale Entwicklung in der Produkthaftung, insbesondere Stand der Umsetzung der EG-Richtlinie zur Produkthaftung
in: PHI 1997, 68 ff.

Taschner, Hans Claudius — Produkthaftung
1. Auflage
München 1986

Taschner, Hans Claudius
Frietsch, Edwin — Produkthaftungsgesetz und EG-Produkthaftungsrichtlinie
Kommentar
2. Auflage
München 1990

Věrný, A. — Transformationsgesetz der Tschechischen Republik / Osteuropa Recht
in: WIRO 1993, 61 ff.

Vida, Alexander — Ungarns freiwillige Anpassung an das Europarecht
in: WIRO 1994, 4 ff.

Vizner, Boris — Komentar zakona o obveznim (obligacionim) odnosima
(Kommentar zum Obligationengesetz)
Band 2
Zagreb 1978

Weigl, Bernhard — Das tschechische Produkthaftungsgesetz
in: WIRO 1998, 211 ff.

Westphalen, Friedrich Graf von — Produkthaftungshandbuch
Band 1 und 2
2. Auflage
München 1997

Zaruba, Petr — Odpovědnost za výrobek v České republice a v Evropske unii (Produkthaftung in der tschechischen Republik und in der Europäischen Union)
Prag 1998

Zoller, Michael — Die Produkthaftung des Importeurs
Baden Baden 1992

Żuławska, Czesława — Ewolucja odpowiedzialnośći za jakość świadczenia (Die Entwicklung der Haftung für die Qualität der Leistungen)
in: Tendencje rozwoju prawa cywilnego (Tendenzen in der Entwicklung des Zivilrechts)
Breslau 1983

Saarbrücker Studien zum Privat- und Wirtschaftsrecht

Herausgeber:
Johann Paul Bauer, Michael Martinek und Helmut Rüßmann

Band 1 Susanne Jaschinski: Die Haftung von Schwestergesellschaften im GmbH-Unterordnungskonzern. Ein Beitrag zum Konzernverfassungsrecht. 1997.

Band 2 Roman Sascha Ahnert: Die *actio individualis*. Ein Beitrag zur verfassungsrechtlichen Fundierung der Aktionärsklage bei sogenannten Aktien-Interessenverbänden. 1997.

Band 3 Torsten Peters: Der Cateringvertrag. Rechtstatsachen, Rechtsnatur und Rechtsprobleme eines modernen Dienstleistungsvertrags. 1998.

Band 4 Michael Meissner: Persönlichkeitsschutz juristischer Personen im deutschen und US-amerikanischen Recht. Eine rechtsvergleichende Untersuchung des allgemeinen Persönlichkeitsrechts juristischer Personen. 1998.

Band 5 Thomas Tegen: Joint Venture-Vertrag und Projektträgergesellschaft im amerikanischen und deutschen Recht. 1998.

Band 6 Gerhard Wolter: Treuhandrecht im Umbruch? Ein Blick nach Frankreich, Luxemburg, in die Schweiz und in den Libanon sowie auf das Haager Trust-Übereinkommen. 1999.

Band 7 Thomas Dehlfing: Das Recht der irreführenden Werbung in Deutschland, Großbritannien und Frankreich. 1999.

Band 8 Hanno Dornseifer: Börsentermingeschäfte und Börsentermingeschäftsfähigkeit. Zur börsengesetzlichen Behandlung von finanzwirtschaftlichen Festgeschäften, Options- und Optionsscheingeschäften. 1999.

Band 9 Patrick Lenz: Absatzförderung durch *zinssubventionierte* Darlehen. Eine wettbewerbs- und kartellrechtliche Studie zur Zulässigkeit von Niedrigzins-Kreditangeboten unter besonderer Berücksichtigung des Automobilmarktes. 1999.

Band 10 Mansur Pour Rafsendjani: Der Goodwill-Ausgleichsanspruch des Franchisenehmers. Ein Vergleich des deutschen, französischen und US-amerikanischen Franchiserechts. 1999.

Band 11 Jörg Hartmann: Juristische und ökonomische Regelungsprobleme des Insiderhandels. Eine rechtsvergleichende Darstellung USA – Deutschland. 1999.

Band 12 David Altmeier: Rückstellungsbilanzierung in Deutschland und Frankreich. Eine vergleichende Untersuchung der französischen Rückstellungsbilanzierung aus der Perspektive des deutschen Bilanzrechts. 1999.

Band 13 Barbara Günther: Aktivische Bilanzierungshilfen im deutschen und französischen Bilanzrecht. 1999.

Band 14 Bernhard Glasow: Vertikale Preisbindung, Wettbewerbstheorie und Wettbewerbsrecht in den USA, Deutschland und Europa. Bestandsaufnahmen, Kritik und Zukunftsperspektiven. 2000.

Band 15 Dorota Nowak-James: Der Börsenzugang für Anleger in Deutschland und Polen. Eine rechtsvergleichende Untersuchung zum deutschen Finanzkommissionsgeschäft und zum polnischen Brokerauftragsvertrag. 2000.

Band 16 Mathias Queck: Der Nießbrauch am Anteil einer offenen Handelsgesellschaft. Eine Form der (un-)mittelbaren Unternehmensbeteiligung. 2000.

Band 17 Ina Roth: Umweltbezogene Unternehmenskommunikation im deutschen und europäischen Wettbewerbsrecht. 2000.

Band 18 Jörg Preiss: Die Anwendung des markenrechtlichen Erschöpfungsgrundsatzes auf Dienstleistungsmarken. 2000.

Band 19 Kevin M. McDonald: Der Begriff der Dienstleistung im europäischen Binnemarkt und WTO-System (GATS). 2001.

Band 20 Carolin Opgenhoff: Die europäische Fusionskontrolle zwischen Wettbewerbsrecht und Industriepolitik. 2001.

Band 21 Susanne Schäfer: Die Deliktsfähigkeit juristischer Personen. Eine rechtsvergleichende Untersuchung zur Übertragbarkeit des englischen Modells. 2001.

Band 22 Kay Diedrich: Die Interventionswirkung – Ausprägung eines einheitlichen Konzepts zivilprozessualer Bindungswirkung. 2001.

Band 23 Michael Fröhlich: Zentrale Institutionen des deutschen Urheberrechts und des französischen Droit d'auteur auf dem Prüfstand der elektronischen Netzwerke. 2001.

Band 24 Joël Benjamin Münch: Abtretungsverbote im deutschen und französischen Recht. Rechtsvergleichende Untersuchung der Übertragungshindernisse im deutschen und französischen Forderungsverkehr als Beitrag zu einer weiteren Schuldrechtsvereinheitlichung in Europa. 2001.

Band 25 Monika Prieß: Der Begriff des Sachmangels im deutschen und englischen Kaufrecht. Reformbedarf aufgrund der Verbrauchsgüterkauf-Richtlinie 1999/44/EG. 2001.

Band 26 Katharina Siegel: Produkthaftung im polnischen, tschechischen und slowenischen Recht. 2002.

MIX
Papier | Fördert gute Waldnutzung
FSC® C083411

Kolibri 360 GmbH
Ferdinand-Jühlke-Straße 7
99095 Erfurt, Deutschland
produktsicherheit@kolibri360.de

Druck:
CPI Druckdienstleistungen GmbH
im Auftrag der
Kolibri 360 GmbH
Ferdinand-Jühlke-Str. 7
99095 Erfurt